Bem-aventurado o homem que não anda segundo o conselho dos ímpios,
nem se detém no caminho dos pecadores,
nem se assenta na roda dos escarnecedores.

Pois será como a árvore plantada junto a ribeiros de águas,
a qual dá o seu fruto no seu tempo;
as suas folhas não cairão,
e tudo quanto fizer prosperará.

Salmos 1: 1 e 3

DIREITO PENAL DO EQUILÍBRIO

UMA VISÃO MINIMALISTA DO DIREITO PENAL

ROGÉRIO GRECO

DIREITO PENAL DO EQUILÍBRIO

UMA VISÃO MINIMALISTA DO DIREITO PENAL

11ª EDIÇÃO REVISTA E ATUALIZADA

 © 2020, Editora Impetus Ltda.

Editora Impetus Ltda.
Rua Alexandre Moura, 51 – Gragoatá – Niterói – RJ
CEP: 24210-200 – Telefax: (21) 2621-7007

CONSELHO EDITORIAL
ANA PAULA CALDEIRA • BENJAMIN CESAR DE AZEVEDO COSTA
CELSO JORGE FERNANDES BELMIRO • ED LUIZ FERRARI • EUGÊNIO ROSA DE ARAÚJO
FÁBIO ZAMBITTE IBRAHIM • FERNANDA PONTES PIMENTEL
IZEQUIAS ESTEVAM DOS SANTOS • MARCELO LEONARDO TAVARES
RENATO MONTEIRO DE AQUINO • ROGÉRIO GRECO
VITOR MARCELO ARANHA AFONSO RODRIGUES • WILLIAM DOUGLAS

PROJETO GRÁFICO: EDITORA IMPETUS LTDA.
EDITORAÇÃO ELETRÔNICA: EDITORA IMPETUS LTDA.
CAPA: HASUM™ DESIGN GRÁFICO
PESQUISA: FLÁVIA DUARTE MANTIOLHE
REVISÃO DE PORTUGUÊS: C&C CRIAÇÕES E TEXTOS LTDA.
IMPRESSÃO E ENCADERNAÇÃO: EDITORA E GRÁFICA VOZES LTDA.

Data de fechamento da edição: 01/06/2020

G829d
  Greco, Rogério.
    Direito Penal do Equilíbrio: uma visão minimalista do Direito Penal / Rogério Greco. 11ª ed. – Niterói, RJ: Impetus, 2020.
    212 p. ; 16 x 23 cm.

    ISBN: 978-65-86044-02-7

    1. Direito Penal – Brasil. Título. II. Série.

CDD: 345.81

O autor é seu professor; respeite-o: não faça cópia ilegal.
TODOS OS DIREITOS RESERVADOS – É proibida a reprodução, salvo pequenos trechos, mencionando-se a fonte. A violação dos direitos autorais (Lei nº 9.610/1998) é crime (art. 184 do Código Penal). Depósito legal na Biblioteca Nacional, conforme Decreto nº 1.825, de 20/12/1907.

A Editora Impetus informa que quaisquer vícios do produto concernentes aos conceitos doutrinários, às concepções ideológicas, às referências, à originalidade e à atualização da obra são de total responsabilidade do autor/atualizador.

www.impetus.com.br

Dedicatória

Àquele que é chamado de Príncipe da Paz (Is 9:6), Deus Forte (Is 9:6), Maravilhoso, Conselheiro (Is 9:6), Santo de Deus (Mc 2:24), Cordeiro de Deus (Jo 1:29), Autor da Vida (At 3:15), Senhor Deus (Ap 15:3), Todo-Poderoso, Leão da Tribo de Judá (Ap 5:5), Raiz de Davi (Ap 22:16), Verbo da Vida (1 Jo 1:1), Autor e Consumador da Fé (Hb 12:2), Advogado (1 Jo 2:1), O Caminho (Jo 14:6), Sol Nascente (Lc 1:78), Senhor de Todos (At 10:36), Eu Sou (Jo 8:58), Filho de Deus (Jo 1:34), Pastor e Bispo das Almas (1 Pe 2:25), Messias (Jo 1:41), A Verdade (Jo 14:6), Salvador (2 Pe 2:20), Pedra Angular (Ef 2:20), Rei dos reis (Ap 19:16), Reto Juiz (2 Tm 4:8), Luz do Mundo (Jo 8:12), Cabeça da Igreja (Ef 1:22), Estrela da Manhã (Ap 22:16), Sol da Justiça (Mt 4:2), Supremo Pastor (1 Pe 5:4), Ressurreição e Vida (Jo 11:25), Plena Salvação (Lc 1:69), Guia (Mt 2:6), o Alfa e o Ômega (Ap 1:8) – a ti Jesus.

O Autor

Rogério Greco, casado com Fernanda Greco e pai de Daniela, Emanuella, Rafaella, João Paulo e Rogério, integrou o Ministério Público de Minas Gerais entre os anos de 1989 a 2019. Foi vice-presidente da Associação Mineira do Ministério Público (biênio 1997-1998) e membro do conselho consultivo daquela entidade de classe (biênio 2000-2001). É membro fundador do Instituto de Ciências Penais (ICP) e da Associação Brasileira dos Professores de Ciências Penais, e membro eleito para o Conselho Superior do Ministério Público durante os anos de 2003, 2006 e 2008; Professor do Curso de Pós-Graduação de Direito Penal da Fundação Escola Superior do Ministério Público de Minas Gerais; Pós-doutor pela Università Degli Studi di Messina (Itália); Doutor pela Universidade de Burgos (Espanha); Mestre em Ciências Penais pela Faculdade de Direito da Universidade Federal de Minas Gerais (UFMG); formado pela National Defense University (William J. Perry Center for Hemispheric Defense Studies) (Estados Unidos); especialista em Direito Penal (Teoria do Delito) pela Universidade de Salamanca (Espanha); Membro Titular da Banca Examinadora de Direito Penal do XLVIII Concurso para Ingresso no Ministério Público de Minas Gerais; palestrante em congressos e universidades em todo o País. É autor das seguintes obras: *Direito Penal* (Belo Horizonte: Cultura); *Estrutura Jurídica do Crime* (Belo Horizonte: Mandamentos); *Concurso de Pessoas* (Belo Horizonte: Mandamentos); *Direito Penal – Lições* (Rio de Janeiro: Impetus); *Curso de Direito Penal – Parte geral e Parte Especial* (Rio de Janeiro: Impetus); *Código Penal Comentado – Doutrina e Jurisprudência* (Rio de Janeiro: Impetus); *Atividade Policial – Aspectos Penais, Processuais Penais, Administrativos e Constitucionais* (Rio de Janeiro: Impetus); *Vade Mecum Penal e Processual Penal* (Coordenador) (Rio de Janeiro: Impetus); *A Retomada do Complexo do Alemão* (Rio de Janeiro: Impetus); *Virado do Avesso – Um Romance Histórico--Teológico sobre a Vida do Apóstolo Paulo* (Rio de Janeiro: Nah-Gash); *Sistema Prisional – Colapso Atual e Soluções Alternativas* (Rio de Janeiro: Impetus); *Crimes Hediondos e Tortura* (Rio de Janeiro: Impetus); *Terrorismo* (Rio de Janeiro: Impetus); *Organização Criminosa* (Rio de Janeiro: Impetus); *Abuso de Autoridade* (Salvador: Juspodivm); *Derechos Humanos, Crisis de la Prisión y Modelo de Justicia Penal* (Espanha: Publicia Editorial). É embaixador de Cristo.

Fale direto com o autor pelos *e-mails*: **atendimento@impetus.com.br** e **rogerio.greco@terra.com.br,** pelo Instagram: **@rogerio.greco** e pelo site: **www.rogeriogreco.com.br**

Prefácio

Prefaciar mais uma obra do Professor Rogério Greco é uma imensa satisfação. Não sei quem criou a tradição do prefácio mas, com certeza, foi uma pessoa iluminada. O prefácio é uma oportunidade de apresentação, explicações, homenagens, dando um cunho ainda mais humano e pessoal ao livro.

Em um prefácio fala-se da obra e/ou de seu autor e, caso se queira, de temas relacionados a qualquer dos dois. Seguindo a tradição, falarei inicialmente da obra.

Este livro é resultado da dissertação de mestrado. Repare: não é "a dissertação", mas resultado dela, uma vez que Rogério cuidou de traduzir para o leitor aquilo que pesquisou e criou de forma mais fluida, naturalmente sem perder o conteúdo científico e a profundidade técnica que caracterizam a produção acadêmica. O tema é de todo atraente: a busca de um Direito Penal do Equilíbrio.

O equilíbrio é a busca constante do homem, seja em sua alma, seja em seus pensamentos. É também o equilíbrio a busca permanente do artista, do pintor, do músico, do apaixonado e do esteta, quer do físico, quer do espírito. O protagonista de *A última carta do tenente*, ao final de sua vida, conclui que a grande conquista do homem em sua jornada na astronave Terra é "um coração pleno, um espírito estável". Contudo, se o equilíbrio é o desejo natural ou, para outros, o estado mais elevado do entendimento ou de uma produção da arte ou da ciência, é também mercadoria rara, escassa, poucas vezes encontrada, que também aflige o Direito, em especial o criminal.

As paixões humanas e os dramas da sociedade fazem com que o Direito Penal e o Direito Processual Penal sejam palco de exageros tanto para um lado ou para outro, vergando-se excessivamente para qualquer dos lados, apesar de o brocardo românico advertir que *in medio est virtus*. Logo, enfrentando o problema de se levar o Direito Penal para uma margem qualquer do rio, perdendo o recomendável trilhar meridiano da fronteira entre o rigor excessivo ou a permissividade, esta obra tem lugar especial na bibliografia dos livros que precisavam ser escritos e, finalmente, foram.

Nesse passo, abro um parêntese: ainda existem muitos e muitos livros a serem escritos. Todos nós, uma vez ou outra, nos flagramos desejando uma obra "assim ou assado", que fale sobre isto ou aquilo, que supra tal ou qual lacuna. A ciência jurídica ainda quer, dos mestres e dos operadores, ver um sem-número de temas enfrentados. Daí, instigante a vida de quem escreve e de quem edita, errantes no mundo do pensamento buscando oásis e pérolas que, cedo ou tarde, serão captados pelo gênio humano e disponibilizados a todos neste veículo do desejo, da eternidade, da compreensão e da ligação intelectual entre as pessoas: o livro.

A obra, portanto, tinha lugar reservado nas mesas e estantes de quem ama o Direito e persegue sua compreensão mais nobre.

Quanto ao autor, trata-se de nome cada dia mais conhecido e respeitado. Se as bibliotecas e estantes ainda estão com espaços vagos a serem preenchidos, o rol dos doutos, dos mestres respeitados também não se fecha ou esgota. Sempre haverá espaço para o estudioso, para o pensador, para aquele que tem o dom do ensino e o descortino do domínio singular do conhecimento. O surgimento do Professor Rogério Greco confirma essa conclusão: as homenagens e receptividade crescentes no sodalício dos grandes autores confirmam suas invejáveis qualidades e realçam o dinamismo da ciência jurídica.

Ainda sobre ele, cito o Salmo 1, de autoria do Rei Davi, mencionado na Nota do Autor do *best-seller* anterior de Rogério, *Direito Penal – Parte Geral*, texto bíblico que abre o livro ora prefaciado. O salmo em questão enaltece o homem sábio e assevera que ele será como árvore plantada a corrente de águas, a qual dará o seu fruto no seu tempo, as suas folhas não cairão e tudo quanto ele fizer prosperará.

O Professor Rogério Greco é destes homens, que tudo quanto faz prospera, e se assemelha à árvore bem plantada. Ao seu tempo, sem pressa nem demora, vem construindo um bosque de boas árvores: Procurador do Ministério Público de Minas Gerais, Professor festejado, Embaixador de Cristo e, dado conhecido dos mais próximos, marido e pai dedicado. E entre as árvores, ratificando o sucesso que tem, Rogério é figura de simpatia extrema, que sempre recebe a todos e a tudo com um sorriso otimista e confiante, capaz de contagiar expectativas positivas, mesmo diante de dilemas ou situações desafiadoras.

O livro é, assim, lição esperada e precisa, e seu autor uma das maiores revelações do Direito Penal nos últimos tempos, privilegiando não só a Editora, mas também professores, estudantes e operadores com sua participação na construção de uma sociedade harmônica e um Direito mais equilibrado.

Mais uma vez, sinto honra dupla ao poder ter mais de sua compreensão especial do Direito Penal em minhas mãos, privilégio que, a partir de agora, passa a ser coletivo.

William Douglas
Juiz Federal, Professor Universitário e
Presidente do Conselho Editorial

Sumário

Capítulo 1 – Introdução 1

Capítulo 2 – Abolicionismo, Direito Penal Mínimo e Movimento de Lei e Ordem 5

2.1. O Abolicionismo 5
2.2. O Movimento de Lei e Ordem 12
    2.2.1. *Fixing broken windows* (Consertando as janelas quebradas) *e Three strikes and you're out* 18
    2.2.2. Direito penal de emergência 21
    2.2.3. Direito penal do inimigo 23
2.3. O Direito Penal Mínimo 30
2.4. O Direito Penal Moderno 36

Capítulo 3 – Enfoques Criminológicos 37

3.1. Introdução 37
3.2. Principais Áreas de Estudo do Criminólogo 38
3.3. Teorias Criminológicas 41
    3.3.1. Teoria do delito como eleição 41
    3.3.2. Teorias das influências 43
    3.3.3. As predisposições agressivas 46
    3.3.4. O aprendizado da delinquência 48
    3.3.5. Teoria do etiquetamento *(labeling approach)* 48
    3.3.6. Bullying 50
3.4. Conclusão 53

Capítulo 4 – Síndrome da Mulher de Potifar, Síndrome de Estocolmo e Síndrome de Londres 55

4.1. Síndrome da Mulher de Potifar 55
4.2. Síndrome de Estocolmo 58
4.3. Síndrome de Londres 60

Capítulo 5 – Conceito de Princípios 61
5.1. O Caráter Normativo dos Princípios 64

Capítulo 6 – Princípios Fundamentais do Direito Penal do Equilíbrio 69
6.1. Princípio da Dignidade da Pessoa Humana 69
    6.1.1. A concepção normativa da dignidade da pessoa humana 71
    6.1.2. O desrespeito ao princípio da dignidade da pessoa humana pelo próprio Estado 74
    6.1.3. A relativização do princípio da dignidade da pessoa humana 75
6.2. Princípio da Intervenção Mínima 76
    6.2.1. Teoria do bem jurídico como fundamento da intervenção mínima 78
        6.2.1.1. O critério de seleção dos bens jurídico-penais e a criação típica 80
    6.2.2. Da natureza subsidiária do Direito Penal 87
6.3. Princípio da Lesividade 91
6.4. Princípio da Adequação Social 97
6.5. Princípio da Insignificância 100
    6.5.1. Origem e natureza jurídica do princípio da insignificância 101
    6.5.2. O Princípio da insignificância nos Tribunais Superiores 107
6.6. Princípio da Individualização da Pena 107
6.7. Princípio da Proporcionalidade 113
    6.7.1. Proibição de excesso e proibição de proteção deficiente 115
    6.7.2. A pena necessária 117
    6.7.3. A pena suficiente 121
6.8. Princípio da Responsabilidade Pessoal 123
6.9. Princípio da Limitação das Penas 127
    6.9.1. Da pena de morte 129
    6.9.2. Da pena de caráter perpétuo 131
    6.9.3. Da pena de trabalhos forçados 132
    6.9.4. Da pena de banimento 134
    6.9.5. Das penas cruéis 135
6.10. Princípio da Culpabilidade 137
6.11. Princípio da Legalidade 143
    6.11.1. *Nullum crimen nulla poena sine lege praevia* 146
    6.11.2. *Nullum crimen nulla poena sine lege scripta* 148
    6.11.3. *Nullum crimen nulla poena sine lege stricta* 149
    6.11.4. *Nullum crimen nulla poena sine lege certa* 153

Capítulo 7 – A Seletividade do Direito Penal 157

**Capítulo 8 – Implementação das Finalidades Sociais do Estado
Como Fator Inibidor da Prática de Infrações Penais** 163

Capítulo 9 – A Ideia da Ressocialização 169
9.1. A Ressocialização sob o enfoque do Direito Penal do Equilíbrio..................... 174

Capítulo 10 – Conclusão 179

Referências 183

Índice Remissivo 189

Capítulo 1
Introdução

Os meios de comunicação de massa não se cansam de divulgar notícias ligadas, de alguma forma, à criminalidade em nossa sociedade. Jornalistas, atores, apresentadores de televisão e rádio, enfim, todos os comunicadores têm sempre o crime, o criminoso e a vítima como temas de pauta.

As discussões travadas são as mais bisonhas e grotescas possíveis. Todos se intitulam especialistas no assunto. A fim de acabar com as práticas criminosas, propõem soluções sempre ligadas à neocriminalização ou a neopenalização, ou seja, as propostas são sempre dirigidas ao aumento das hipóteses típicas ou ao recrudescimento das penas já existentes.

Para a maioria, todos os problemas sociais serão resolvidos por intermédio do Direito Penal, desde que este seja aplicado da forma mais dura possível, tendo a finalidade de amedrontar aqueles que, possivelmente, ousariam praticar determinada infração penal.

A nossa proposta será a de tentar apontar e esclarecer os erros de um pensamento voltado para um Direito Penal Máximo, que conduz a uma insuportável situação de *inflação legislativa*, cujo único resultado é fazer com que cada vez mais o Direito Penal seja desacreditado.

Beccaria, já em 1764, em conclusão ao seu trabalho, no capítulo XLII de sua obra intitulada *Dos Delitos e das Penas*, dizia:

> Para que cada pena não seja uma violência de um ou de muitos contra um cidadão privado, deve ser essencialmente pública, eficaz, necessária, a mínima das possíveis nas circunstâncias dadas, proporcionada aos crimes, ditada pelas leis.

O título escolhido, *Direito Penal do Equilíbrio*, procura demonstrar que o Direito Penal, como o mais repressor de todos os ramos do ordenamento jurídico, somente poderá ser erigido quando estritamente necessário, isto é, quando indispensável à proteção dos bens mais importantes e vitais ao convívio em sociedade, cuja tutela pelos demais ramos do ordenamento jurídico mostrou-se insuficiente.

O trabalho terá como ponto central o Direito Penal Mínimo, aqui denominado Direito Penal do Equilíbrio, pois que procuraremos demonstrar que esta visão política do Direito Penal é a que mais atende aos anseios da sociedade, evitando que o Direito Penal seja tido como meramente simbólico.

A discussão, longe de ser tão-somente acadêmica, possui uma aplicação prática indiscutível. A adoção verdadeira de um Direito Penal Mínimo, pautado na teoria garantista apregoada por Luigi Ferrajoli, em um Estado Constitucional de Direito, fará com que o legislador observe atentamente os direitos fundamentais consagrados em nosso texto constitucional, bem como nos tratados e convenções internacionais que digam respeito aos direitos humanos, com plena aplicação em nosso ordenamento jurídico.

Poderá ser reconhecido como um Direito Penal do Equilíbrio porque se colocará entre a tese do Direito Penal Máximo, refletido nos chamados movimentos de Lei e Ordem, bem como a tese abolicionista, capitaneada por Louk Hulsman.

Justifica-se a defesa do tema e o seu aperfeiçoamento em razão do momento pelo qual a sociedade brasileira vem experimentando. A criminalidade organizada apavora a população em geral com sua audácia; infrações graves são praticadas em plena luz do dia; os meios de comunicação estimulam a veiculação de imagens chocantes. A sociedade, amedrontada, cede diante dos apelos veiculados pelos comunicadores de massa e passa a aderir às teses da maior criminalização e da criação de leis que impossibilitem o retorno do agente ao convívio social, descartando-se, quase que peremptoriamente, a possibilidade de sua recuperação.

Mesmo que completamente inviável, em face do disposto no art. 60, § 4º, IV, da Constituição Federal, que diz que não será objeto de deliberação a proposta de emenda tendente a abolir os direitos e garantias individuais, políticos inescrupulosos voltam a discutir, quase sempre às vésperas das eleições, a necessidade de serem implementadas no Brasil as penas de morte e de prisão perpétua.

A sociedade deverá ser devidamente informada sobre a ilegitimidade de tal discurso, pois que, além de não poder ser emendada a Constituição Federal com essa finalidade, mesmo se surgisse outra ordem constitucional, com a promulgação de uma nova Constituição, os direitos já conquistados não poderiam retroagir, como bem salienta Fábio Konder Comparato (*A afirmação histórica dos direitos humanos*, p. 291), quando assevera que "em matéria de direitos humanos, não se admite regressões, por meio de revogação normativa, ainda que efetuada por diplomas jurídicos de hierarquia superior àquele em que foram tais direitos anteriormente declarados. Se, por exemplo, a pena de morte é abolida por norma constitucional, o advento de nova Constituição não pode restabelecê-la".

Nada melhor, portanto, do que levantar a bandeira, neste momento, do Direito Penal Mínimo, mostrando à sociedade a verdadeira face do Direito Penal, como ele seleciona as pessoas que serão punidas, o tempo que se perde com infrações de pequena ou nenhuma importância, enquanto os processos mais graves se encontram em prateleiras empoeiradas dos cartórios criminais, fazendo com que a justiça penal prefira liquidar os feitos mais "fáceis", que lhe trarão estatísticas de produção, em prejuízo daqueles realmente importantes.

Todo o aparato policial, uma vez adotado o Direito Penal do Equilíbrio, estará livre para investigar os casos de real importância. Incontáveis infrações penais deverão ser retiradas de nosso ordenamento jurídico-penal, permitindo que aquelas condutas que afetem bens jurídicos de relevo recebam, com a agilidade necessária, a punição do Estado.

Nosso objetivo neste trabalho é buscar conscientizar os legisladores e aplicadores da lei – aqui incluídos os acadêmicos de direito –, bem como a sociedade em geral, a respeito da falácia do discurso repressivo, que atende somente aos anseios da classe dominante, pois que nele vislumbra um instrumento de coação cuja finalidade única é atender egoisticamente seus interesses.

Demonstraremos que o problema que a sociedade brasileira atravessa não poderá, jamais, ser resolvido com a *arma do Direito Penal*, mas que sua origem se encontra na incapacidade do Estado de atender aos seus deveres sociais, considerados como de segunda geração, tais como a educação, a saúde, o trabalho, o lazer, a previdência social etc., pois que nossos políticos consideram como simplesmente programáticas as normas constitucionais que fazem previsão de tais direitos fundamentais.

Desta forma, a orientação constante do trabalho será dirigida, primeiramente, a retirar do nosso ordenamento jurídico-penal todas as contravenções penais, que fogem à lógica do Direito Penal do Equilíbrio, uma vez que se a finalidade deste é a proteção dos bens mais relevantes e necessários ao convívio em sociedade, incapazes de serem protegidos tão--somente pelos demais ramos do ordenamento jurídico; e se as contravenções penais são destinadas à proteção dos bens que não gozam do *status* de indispensáveis, no sentido que lhe empresta o Direito Penal, a única solução razoável será a sua retirada da esfera de proteção por este último.

Com a revogação dos tipos penais incriminadores, que somente têm o condão de servir aos interesses de alguns em detrimento de muitos, o discurso crítico será voltado não mais ao processo de inflação, mas, sim, à *deflação legislativa*. O jurista não pode temer a opinião pública que desconhece o verdadeiro sentido do Direito Penal. A paulatina e ordenada descriminalização fará com que a sociedade a aceite e a entenda, sem preconceitos, pois que os resultados lhe serão altamente favoráveis.

Quando for de extrema necessidade a manutenção de determinada infração penal, deverá ser realizada uma nova investigação no sentido de que a pena seja sempre proporcional ao mal que se quer evitar com a conduta incriminada. Aplicar-se-ão, aqui, também como instrumentos, o princípio da individualização e o da proporcionalidade das penas. O princípio da insignificância deverá ser de observância obrigatória, pois que, na impossibilidade de serem redigidos pelo legislador tipos penais extremamente minuciosos, essa tarefa competirá, também sem qualquer preconceito, aos aplicadores da lei.

Com a diminuição do rol das infrações penais, a atividade policial ficará livre para realizar a sua verdadeira função, que é investigar o fato criminoso, apontando todos os elementos informativos que possam levar à sua possível autoria e materialidade.

Os juízos criminais, a partir de então, estarão aptos a julgar somente aqueles casos que importem em grave repercussão social, que atinjam os bens mais caros à sociedade.

O sistema carcerário, a seu turno, estará apto a abrigar aqueles que violam o Direito Penal objetivo, buscando, na fase da execução da pena, descobrir os motivos pelos quais determinado agente optou por praticar a infração penal, a fim de que, ao permitir o seu retorno ao convívio em sociedade, não seja ele novamente premido a praticar novas infrações penais. Além disso, será discutido o procedimento de ressocialização, hoje em dia quase que abandonado pelo sistema, que se preocupa mais em conseguir manter preso o condenado do que efetivamente recuperá-lo.

O estudo voltado para o Direito Penal do Equilíbrio terá em mira o nosso Direito Penal positivo, cuja análise será realizada levando-se em conta os princípios expressos e implícitos em nosso texto constitucional, bem como outros elencados nos tratados e convenções internacionais, com plena aplicação em nosso ordenamento jurídico.

Acreditamos que, com a adoção de um Direito Penal equilibrado, será afastada a sensação de impunidade, fator que induz e estimula a criminalidade.

Capítulo 2

Abolicionismo, Direito Penal Mínimo e Movimento de Lei e Ordem

Definitivamente, o discurso penal agrada à sociedade, pois que esta nele deposita as suas esperanças. A mídia, que exerce poderosa influência em nosso meio, se encarrega de fazer o trabalho de convencimento da sociedade, mostrando casos atrozes, terríveis sequer de serem imaginados, e, como resposta a eles, pugna por um Direito Penal mais severo, mais radical em suas punições. A disputa por pontos na audiência, por venda de seus produtos, transformou nossa imprensa em um show de horrores que, por mais que possamos repugná-lo, gostamos de assisti-lo diariamente.

É nossa missão fazer uma distinção, mesmo que breve, dos atuais discursos penais, deixando a descoberto suas verdadeiras intenções para que, ao final, possamos optar, racionalmente, por um deles.

Três movimentos ideológicos serão analisados – o abolicionismo, o discurso de Lei e Ordem e o Direito Penal Mínimo –, sendo nosso objetivo mostrar a face de cada um deles, aquilo que de concreto poderão produzir em nossa sociedade, deixando de lado qualquer outro sentimento que não seja o efetivo raciocínio técnico.

Assim, mesmo que não tenham necessariamente surgido nessa ordem, faremos o estudo, primeiramente, do abolicionismo; em seguida, analisaremos o movimento de Lei e Ordem para, ao final, de acordo com o que ousamos chamar de Direito Penal do Equilíbrio, estudarmos o Direito Penal Mínimo.

2.1. O ABOLICIONISMO

Não podemos negar que o Direito Penal é o mais importante de todos os ramos do ordenamento jurídico. Depois do Direito Constitucional, que, na verdade, não pode ser encarado como ramo, mas sim como tronco do ordenamento jurídico, no qual todos os ramos vão encontrar sua fonte de vida, de validade, é o Direito Penal, sem dúvida, aquele que mais necessita da atenção do Estado, uma vez que, por meio de suas sanções, se coloca em jogo o bem jurídico mais relevante, após a vida, vale dizer, a *liberdade*.

Também não podemos negar a crueldade do Direito Penal (aqui entendido mais como *sistema penal*), o pavor que, como regra geral, causa naqueles que caem nas suas garras. Certo é que o Direito Penal tem seu público-alvo. Nem todas as pessoas farão parte de sua "clientela". Aqueles que militam nessa seara podem testemunhar, com segurança, que o Direito Penal tem cor, cheiro, aparência, classe social, enfim, o Direito Penal, também como regra, foi feito para um grupo determinado de pessoas, pré-escolhidas para fazer parte do "show."

Embora inúmeros princípios tentem conter a fúria do legislador, sabemos que a tendência, pelo menos a brasileira, é a de utilizar o Estado Penal em substituição ao Estado Social. A nossa Constituição Federal, inovadoramente, trouxe uma série de princípios que deverão servir de norte ao legislador, bem como aos aplicadores da lei. Contudo, mesmo que formalmente tais princípios não possam ser deixados de lado, a sua inobservância é muito comum.

A título de raciocínio, imaginemos somente os princípios da intranscendência (responsabilidade pessoal) e da limitação das penas, previstos, respectivamente, nos incisos XLV e XLVII do art. 5º da Constituição.

O mencionado inciso XLV diz que *nenhuma pena passará da pessoa do condenado, podendo a obrigação de reparar o dano e a decretação do perdimento de bens ser, nos termos da lei, estendidas aos sucessores e contra eles executadas, até o limite do valor do patrimônio transferido.*

À primeira vista, parece-nos um princípio de ordem lógica, pois que ninguém poderá ser punido por um fato praticado por outrem. Contudo, deve ser frisado que nem sempre foi assim. Em um passado não muito distante, e podemos, aqui, para fins de visualização, estipular o final do século XVIII como marco inicial da modificação do raciocínio penal, não somente aquele que praticava a infração penal era punido, como também os seus familiares, o seu clã, enfim, a sua sociedade de forma geral.

Hoje, parece que a discussão não tem o menor sentido. Entretanto, se deixarmos de lado a visão formal do princípio e perguntarmos, informalmente, se a pena ultrapassa a pessoa do condenado, a resposta só pode ser positiva. Isso porque, quando o Direito Penal consegue entrar na "residência de alguém", ele faz um estrago não somente àquele que praticou a infração penal, como também a todos aqueles que lhe são próximos. Quem nunca assistiu a uma cena em que a mãe de determinado agente chorava compulsivamente perguntando-se por que seu filho estava sendo preso? Ou a de uma esposa que, com a prisão de seu marido, passou a ser privada das mínimas condições de sobrevivência, não tendo o que comer, o que vestir, onde morar etc.? Seus filhos passam a mendigar. A revolta toma conta daquela família. Abre-se o caminho para novas infrações penais. Assim, dizer que a pena e, consequentemente, o Direito Penal não podem ultrapassar a pessoa do condenado é uma tremenda falácia.

O inciso XLVII do art. 5º da Constituição Federal também preconiza que *não haverá penas: a) de morte, salvo em caso de guerra declarada, nos termos do art. 84, XIX; b) de caráter perpétuo; c) de trabalhos forçados; d) de banimento; e) cruéis.* Todas essas limitações giram em torno de um princípio, cujas origens remontam ao período iluminista, conhecido como *princípio da dignidade da pessoa humana.*

O ser humano possui valores inalienáveis que não podem deixar de ser observados pelo Estado, encarregado da manutenção da paz social. Embora sejam poucos os direitos tidos como absolutos, pois que nem mesmo a vida e a liberdade o são, a exemplo do que ocorre com a pena de morte, nos casos de guerra declarada e a pena privativa de liberdade, outros existem que devem ser observados a qualquer custo, como o direito que tem o ser humano de não ser torturado, de ser tratado de forma digna. Nesse raciocínio, a pergunta que nos fazemos, neste momento, é a seguinte: Será que, se após o devido processo legal, alguém, condenado ao cumprimento de uma pena privativa de liberdade, vier a ser colocado em uma cela superlotada, onde constantemente é violentado pelos demais presos, estaria sendo observado o princípio da dignidade da pessoa humana? Estaria, portanto, sendo obedecida a determinação constitucional que proíbe as penas cruéis?

Parte desse raciocínio foi absorvido pelos adeptos do movimento abolicionista, cujas origens são atribuídas a Fillipo Gramatica, ao final da Segunda Guerra Mundial, conforme nos esclarece Evandro Lins e Silva, citado por Antônio de Padova Marqui Júnior:

> "À fase tecnicista sucedeu, logo após a terminação da Segunda Guerra Mundial, uma forte reação humanista e humanitária. O Direito Penal retomava seu leito natural, no caminho que vem trilhando desde Beccaria. Não surgiu propriamente uma nova escola penal, mas um movimento, sumamente criativo, que vem influindo de modo intenso na reforma penal e penitenciária da segunda metade do século XX. Foi seu idealizador o advogado e professor Fillipo Gramatica, que fundou, em Gênova, em 1945, um Centro de Estudos de Defesa Social. Gramatica adotava uma posição radical. Para ele a Defesa Social consistia na ação do Estado

destinada a garantir a ordem social, mediante meios que importassem a própria abolição do Direito Penal e dos sistemas penitenciários vigentes."[1]

A crueldade do Direito Penal, a sua natureza seletiva, a incapacidade de cumprir com as funções atribuídas às penas (reprovação e prevenção), a característica extremamente estigmatizante, a cifra negra[2] correspondente às infrações penais que não foram objeto de persecução pelo Estado, a seleção do que deve ou não ser considerado como infração penal, bem como a possibilidade de os cidadãos resolverem, por meio dos outros ramos do ordenamento jurídico (civil, administrativo etc.), os seus conflitos interindividuais, levaram um grupo de autores a raciocinar, definitivamente, com a tese abolicionista.

Conforme destacado por Nilo Batista, Zaffaroni, Alagia e Slokar:

> "o abolicionismo é um movimento impulsionado por autores do norte da Europa, embora com considerável repercussão no Canadá, Estados Unidos e na América Latina. Partindo da deslegitimação do poder punitivo e de sua incapacidade para resolver conflitos, postula o desaparecimento do sistema penal e sua substituição por modelos de solução de conflitos alternativos, preferentemente informais. Seus mentores partem de diversas bases ideológicas, podendo ser assinalada de modo prevalentemente a fenomenológica, de Louk Hulsman, a marxista, da primeira fase de Thomas Mathiesen, a fenomenológico-histórica, de Nils Christie e, embora não tenha formalmente integrado o movimento, não parece temerário incluir neste a estruturalista, de Michel Foucault."[3]

Sem dúvida, são autores comprometidos com o princípio da dignidade da pessoa humana, que chegaram às suas conclusões diante da irracionalidade

---

[1] *Apud* MARCHI JÚNIOR, Antônio de Padova. *Abolicionismo criminal*. Disponível em: <www.direitopenal.adv.br>.

[2] Dissertando sobre a cifra negra, esclarecem Juan J. Bustos Ramírez e Hernán Hormazábal Malarée, *in Nuevo Sistema de derecho penal*, p. 37: "A estatística criminal se confecciona a partir dos dados registrados pelos órgãos do controle social penal. Isso quer dizer que há um grande número de fatos puníveis que por não terem sido registrados não formam parte da estatística criminal. Estes fatos constituem a cifra negra da criminalidade. Com efeito, nem todo delito é denunciado. Nem todos os delitos denunciados são registrados como tais pelo órgão ante o qual foi feita a denúncia. Nem todos os delitos denunciados e registrados pelo órgão que recebeu a denúncia são objeto de investigação e nem todos os investigados acabam sendo condenados. Deste modo, de acordo com o nível do órgão a partir do qual se elaborou a estatística, mais alta será a cifra negra. Dito em outras palavras, não é o mesmo elaborara estatísticas criminais a partir das sentenças condenatórias que dos fatos denunciados à polícia. Entre a comissão do delito e a sentença condenatória atuam uma série de filtros que não permitem contar com dados estatísticos confiáveis".

[3] BATISTA, Nilo; ZAFFARONI, Eugenio Raúl; ALAGIA, Alejandro; SLOKAR, Alejandro. *Direito penal brasileiro*, v. I, p. 648.

do sistema penal. A punição dos fatos de bagatela, por um lado, e a impunidade dos crimes de colarinho branco, por outro, constituem exemplos claros da injustiça do sistema penal. E, ainda, incriminar ou não incriminar? O que faz permitir a transformação de um fato que, até ontem, era plenamente tolerado em uma conduta proibida pelo Direito Penal?

Louk Hulsman, um dos precursores do movimento abolicionista, assevera:

> "Não se costuma perder tempo com manifestações de simpatia pela sorte do homem que vai para a prisão, porque se acredita que ele fez por merecer. 'Este homem cometeu um crime' – pensamos; ou, em termos mais jurídicos, 'foi julgado culpável por um *fato punível com pena de prisão* e, portanto, se fez justiça ao encarcerá-lo'. Bem, mas o que é um crime? O que é um 'fato punível?'Como diferenciar um fato *punível* de um fato não punível?
>
> Por que ser homossexual, se drogar ou ser bígamo são fatos puníveis em alguns países e não em outros? Por que condutas que antigamente eram puníveis, como a blasfêmia, a bruxaria, a tentativa de suicídio etc., hoje não são mais? As ciências criminais puseram em evidência a relatividade do conceito de infração, que varia no tempo e no espaço, de tal modo que o que é 'delituoso' em um contexto é aceitável em outro. Conforme você tenha nascido num lugar ao invés de outro, ou numa determinada época e não em outra, você é passível – ou não – de ser encarcerado pelo que fez, ou pelo que é."[4]

A crítica abolicionista é construída desde o momento em que surge a lei penal, proibindo ou impondo determinado comportamento sob a ameaça de sanção, questionando os critérios, bem como a necessidade do tipo penal incriminador, passando pela escolha das pessoas que, efetivamente, sofrerão os rigores da lei penal, pois que, como é do conhecimento de todos, a "clientela" do Direito Penal é constituída pelos pobres, miseráveis, desempregados, estigmatizados por questões raciais, relegados em segundo plano pelo Estado, que deles somente se lembra no momento crucial de exercitar a sua força como forma de contenção das massas, em benefício de uma outra classe, considerada superior, que necessita desse "muro divisório" para que tenha paz e tranquilidade, a fim de que possa "produzir e fazer prosperar a nação".

Mas as críticas não se limitam a esses momentos. Mesmo tendo conhecimento do "público-alvo" do Direito Penal, grande parte dele fica de fora, fazendo parte daquilo que se convencionou chamar de *cifra negra*, ou seja, aquela parcela, na verdade a maior, de infrações penais que não chega ao conhecimento dos

---
4 HULSMAN, Louk; DE CELIS, Jacqueline Bernat. *Penas perdidas* – O sistema penal em questão, p. 63.

órgãos formais de repressão (polícia, Ministério Público, Magistratura etc.). Na verdade, no que diz respeito à cifra negra, asseveram Hassemer e Muñoz Conde que "nem todos os delitos cometidos chegam a ser conhecidos; nem todos os delitos conhecidos chegam a ser denunciados; nem todos os delitos denunciados chegam a ser esclarecidos; nem todos os delitos esclarecidos chegam a ser condenados".[5]

Quando o Estado consegue fazer valer o seu *ius puniendi*, com a aplicação da pena previamente cominada pela lei penal, essa pena não cumpre as funções que lhe são conferidas, isto é, as funções de reprovar e prevenir o delito.

Além do mais, aquelas condutas que foram selecionadas pelo Estado, de acordo com um critério político, para fazerem parte do âmbito de aplicação do Direito Penal, poderiam, muito bem, acaso geradoras de conflitos, merecer a atenção tão-somente dos demais ramos do ordenamento jurídico, principalmente do Direito Civil e do Direito Administrativo, preservando-se, dessa forma, a dignidade da pessoa humana, que não se encontraria na estigmatizante condição de *condenada* pela Justiça Criminal.

Em suma, a prisão, para os abolicionistas, é um instrumento completamente irracional, que não pode ser aplicado sem que se ofenda a dignidade do ser humano.

Contudo, por mais que seja digno de elogios o raciocínio abolicionista, existem determinadas situações para as quais não se imagina outra alternativa a não ser a aplicação do Direito Penal. Como deixar a cargo da própria sociedade resolver, por exemplo, por intermédio do Direito Civil ou mesmo do Direito Administrativo, um caso de latrocínio, estupro, homicídio, ou seja, casos graves que merecem uma resposta também grave e imediata pelo Estado.

Thomas Mathiesen, professor de Sociologia do Direito da Universidade de Oslo, mesmo sendo um abolicionista convicto, chegou a confessar:

> "Temos que admitir talvez a possibilidade de se encarcerar alguns indivíduos permaneça. A forma de se tratar deles deveria ser completamente diferente do que acontece hoje em nossas prisões. Uma forma disto ser assegurado, contra o aumento de seu número devido a uma mudança de critérios, seria estabelecer *um limite absoluto* para o número de celas fechadas para tais pessoas a ser aceito em nossa sociedade."[6]

---

5 HASSEMER, Winfried; MUÑOZ CONDE, Francisco. *Introducción a la criminologia*, p. 148.
6 MATHIESEN, Thomas. *A caminho do século XXI – abolição, um sonho impossível? – Conversações abolicionistas*, p. 277.

Embora extremamente louvável o discurso abolicionista, o certo é que, para determinados fatos graves, infelizmente, não existe outro remédio a não ser o Direito Penal, não havendo qualquer possibilidade, pelo menos na sociedade atual, de abrirmos mão do sistema penal, sob o argumento de que os outros ramos do ordenamento jurídico são capazes de resolver quaisquer tipos de conflitos e lesões a bens jurídicos de relevo.[7]

Em que pese a tese abolicionista preconizar que o Direito Penal não é o instrumento hábil para levar a efeito o juízo de censura sob os comportamentos desviados, até o momento, infelizmente, como já o dissemos, não conseguimos vislumbrar outro que seja capaz de impedir a prática de comportamentos graves, causadores, muitas vezes, de danos irreparáveis à sociedade.

Podemos raciocinar com Edmundo Oliveira, quando aduz:

"Abolir as prisões: será essa lógica possível?

Em nível institucional não vemos como esse fenômeno possa ser concretizado, sobretudo na América Latina, onde as estruturas do Poder Executivo e do Poder Judiciário não propiciam condições plausíveis para a adoção de experiências *abolicionistas*. Advogar a abolição da instituição carcerária pode ser um nobre desejo, mas utópico.

Além desses aspectos, por maiores que sejam as contradições que a pena privativa de liberdade encerre; por mais negativos que sejam seus efeitos; por mais altos que sejam seus custos sociais, nenhum país tem procurado o caminho de aboli-la do arsenal punitivo, especialmente porque ainda prevalece a crença, no seio da coletividade, de que a prisão representa melhor resposta para as inquietações engendradas pelos comportamentos delinquentes."[8]

Com o brilhantismo que lhe é peculiar, Antônio de Padova Marchi Júnior, dissertando sobre a impossibilidade atual de se afastar completamente o sistema penal, erige a alternativa do Direito Penal Mínimo como o que melhor se adapta às necessidades sociais, dizendo:

---

7 Nesse sentido, prelecionam Winfried Hassemer e Francisco Muñoz Conde, in *Introducción a la criminologia*, p. 362: "As propostas abolicionistas radicais soam nos momentos atuais, pelo menos com respeito aos delitos mais graves e preocupantes para a sociedade, como música celestial e, na melhor das hipóteses, parecem utópicas. Sem embargo, não se deve menosprezar sua importância como crítica aos sistemas de reação à criminalidade de caráter punitivo atualmente existentes e como movimento para sua revisão e reforma. Sem dúvida seria melhor que os conflitos sociais se solucionassem de forma dialogada através de negociações entre os implicados, livres de toda ingerência ou coação externa, ou que as normas que regulam a convivência fossem respeitadas por todos voluntariamente sem necessidade de se recorrer à sanção em caso de sua infringência. Mas isso não parece possível em uma sociedade na qual a convivência em si mesma é conflitiva, e a única forma de solução do conflito é a imposição de sanções àqueles que infrinjam as normas".
8 OLIVEIRA, Edmundo. *O futuro alternativo das prisões*, p. 85.

"O abolicionismo surgiu a partir da percepção de que o sistema penal, que havia significado um enorme avanço da humanidade contra a ignomínia das torturas e contra a pena de morte, cujos rituais macabros encontram-se retratados na insuperável obra de Michel Foucault, perdeu sua legitimidade como instrumento de controle social.

Todavia, o movimento abolicionista, ao denunciar essa perda de legitimidade, não conseguiu propor um método seguro para possibilitar a abolição imediata do sistema penal. Diante de tal impasse, o princípio da intervenção mínima conquistou rapidamente ampla adesão da maioria da doutrina, inclusive de alguns abolicionistas que passaram a enxergar nele um estágio em direção à abolição da pena.

De fato, a opção pela construção de sociedades melhores, mais justas e mais racionais, impõe a reafirmação da necessidade imediata de redução do sistema penal enquanto não se alcança a abolição, de forma a manter as garantias conquistadas em favor do cidadão e, ao mesmo tempo, abrir espaço para a progressiva aplicação de mecanismos não penais de controle, além de privilegiar medidas preventivas de atuação sobre as causas e as origens estruturais de conflitos e situações socialmente negativas."[9]

2.2. O MOVIMENTO DE LEI E ORDEM

Se o movimento abolicionista, por melhores que sejam as intenções de seus defensores, está fadado, pelo menos nas próximas décadas, ao insucesso, pois que a sociedade não é capaz de abrir mão do Direito Penal no que diz respeito à repressão dos comportamentos que atacam os bens mais importantes e necessários ao convívio social, em sentido diametralmente oposto se encontra a tese do chamado movimento de Lei e Ordem, que prega um discurso do Direito Penal Máximo, fazendo a sociedade acreditar ser o Direito Penal a solução de todos os males que a afligem.

A mídia, no final do século passado e início do atual, foi a grande propagadora e divulgadora do movimento de Lei e Ordem. Profissionais não habilitados (jornalistas, repórteres, apresentadores de programas de entretenimento etc.) chamaram para si a responsabilidade de criticar as leis penais, fazendo a sociedade acreditar que, mediante o recrudescimento das penas, a criação de novos tipos penais incriminadores e o afastamento de determinadas garantias

---

9 MARCHI JÚNIOR, Antônio de Padova. *Abolicionismo criminal*. Disponível em: <www.direitopenal.adv.br>.

processuais, a sociedade ficaria livre daquela parcela de indivíduos não adaptados.[10]

Como bem destacou Leonardo Sica:

> "o terreno fértil para o desenvolvimento de um Direito Penal simbólico é uma sociedade amedrontada, acuada pela insegurança, pela criminalidade e pela violência urbana.
>
> Não é necessária estatística para afirmar que a maioria das sociedades modernas, a do Brasil dramaticamente, vive sob o signo da insegurança. O roubo com traço cada vez mais brutal, 'sequestros-relâmpagos', chacinas, delinquência juvenil, homicídios, a violência propagada em 'cadeia nacional', somados ao aumento da pobreza e à concentração cada vez maior da riqueza e à verticalização social, resultam numa equação bombástica sobre os ânimos populares."[11]

O convencimento é feito por intermédio do sensacionalismo, da transmissão de imagens chocantes, que causam revolta e repulsa no meio social. Homicídios cruéis, estupros de crianças, presos que, durante rebeliões, torturam suas vítimas, corrupções, enfim, a sociedade, acuada, acredita sinceramente que o Direito Penal será a solução para todos os seus problemas.

O Estado Social foi deixado de lado para dar lugar a um Estado Penal. Investimentos em ensino fundamental, médio e superior, lazer, cultura, saúde, habitação são relegados a segundo plano, priorizando-se o setor repressivo. A toda hora o Congresso Nacional anuncia novas medidas de combate ao crime.

Como bem enfatizou João Ricardo W. Dornelles:

> "o mito do Estado Mínimo é sublinhado, debilitando o Estado Social e glorificando o 'Estado Penal'. É a constituição de um novo sentido comum penal que aponta para a criminalização da miséria como um mecanismo perverso de controle social para, através deste caminho, conseguir regular o trabalho assalariado precário em sociedades capitalistas neoliberais."[12]

---

10 Emiliano Borja Jiménez, in *Curso de política criminal*, p. 91, preleciona que "em definitivo, se quer responder a certas exigências dos cidadãos (sob o auspício exagerado dos meios de comunicação de massa) de uma luta sem quartel contra a criminalidade, através de uma política de 'lei e ordem' que põe o acento quase que exclusivamente na proteção da sociedade. Em consequência, a política penitenciária cumpre uma função de 'incapacitação social' do delinquente encaminhada no sentido de que este não cause dano à sociedade durante o tempo em que se encontre internado. Cumpre uma função de pura retribuição, pois o castigo se satisfaz quase integralmente, com poucas possibilidades de diminuição. E cumpre uma função de prevenção geral, posto que se persegue com a privação de liberdade da maioria dos condenados que o resto dos cidadãos evite o desejo de perpetrar fatos delitivos por medo das consequências representadas pela situação real dos réus. Finalmente, a função de prevenção especial dirigida a que o sujeito não venha a delinquir no futuro, só se alcança por meio da intimidação que sofre o réu em um regime tão restritivo para sua liberdade e do resto de seus direitos".
11 SICA, Leonardo. *Direito penal de emergência e alternativas à prisão*, p. 77.
12 DORNELLES, João Ricardo W. *Conflitos e segurança* – Entre pombos e falcões, p. 54.

Sempre vem a lume o exemplo norte-americano, principalmente do movimento denominado *Tolerância Zero*,[13] criado no começo da década de 90, do século passado, na cidade de Nova York.

Naquela oportunidade, o então prefeito de Nova York, Rudolph Giuliani, após o sucesso de sua campanha eleitoral, em 1994, assume o cargo de chefe do Poder Executivo municipal, dando início ao plano denominado *Tolerância Zero*, juntamente com o chefe de polícia William Bratton. Nas precisas colocações de Loïc Wacquant:

> "essa teoria, jamais comprovada empiricamente, serve de álibi criminológico para a reorganização do trabalho policial empreendida por William Bratton, responsável pela segurança do metrô de Nova York, promovido a chefe de polícia municipal. O objetivo dessa reorganização: refrear o medo das classes médias e superiores – as que votam – por meio da perseguição permanente dos pobres nos espaços públicos (ruas, parques, estações ferroviárias, ônibus e metrô etc.). Usam para isso três meios: aumento em 10 vezes dos efetivos e dos equipamentos das brigadas, restituição das responsabilidades operacionais aos comissários de bairro com obrigação quantitativa de resultados, e um sistema de radar informatizado (com arquivo central sinalético e cartográfico consultável em microcomputadores a bordo dos carros de patrulha) que permite a redistribuição contínua e a intervenção quase instantânea das forças da ordem, desembocando em uma aplicação inflexível da lei sobre delitos menores tais como embriaguez, a jogatina, a mendicância, os atentados aos costumes, simples ameaças e 'outros comportamentos antissociais associados aos sem-teto', segundo a terminologia de Kelling."[14]

Também merecem destaque as críticas realizadas por Jock Young, quando condena a política de tolerância zero:

> "Como manobra que objetiva limpar as ruas de 'destroços' humanos; como parte do processo de exclusão concomitante à emergência de uma sociedade com grande população marginalizada e empobrecida, a qual deve ser dominada

---

13 Com muita propriedade, Winfried Hassemer e Francisco Muñoz Conde, *in Introducción a la criminologia*, p. 235, entendem que "a tolerância zero constitui uma foma de disciplina e de contenção dos setores mais desfavorecidos economicamente, e não uma verdadeira solução ao problema social que condiciona esses comportamentos. O Estado social se transforma assim em um Estado penal que, através do Direito Penal, pretende o controle da mão de obra não qualificada que não pode absorver o mercado de trabalho ou que não quer assumir o trabalho descontínuo e mal retribuído que se lhe oferece".

14 WACQUANT, Loïc. *As prisões da miséria*, p. 26.

e contida – um processamento atuarial que se preocupa mais com saneamento do que com justiça. Pois os felizes compradores nos *shoppings* não podem ser perturbados pelo grotesco dos despossuídos, que bebem em pleno dia."[15]

A política de tolerância zero é uma das vertentes do chamado movimento de Lei e Ordem. Por intermédio desse movimento político-criminal, pretende-se que o Direito Penal seja o protetor de, basicamente, todos os bens existentes na sociedade, não se devendo perquirir a respeito de sua importância. Se um bem jurídico é atingido por um comportamento antissocial, tal conduta poderá transformar-se em infração penal, bastando, para tanto, a vontade do legislador.

Nesse raciocínio, procura-se educar a sociedade sob a ótica do Direito Penal, fazendo com que comportamentos de pouca monta, irrelevantes, sofram as consequências graves desse ramo do ordenamento jurídico. O papel educador do Direito Penal faz com que tudo interesse a ele, tendo como consequência lógica desse raciocínio um Direito puramente simbólico, impossível de ser aplicado. Discorrendo sobre o simbolismo do Direito Penal, Nilo Batista, Zaffaroni, Alagia e Slokar, com maestria, prelecionam:

"Para a lei penal não se reconhece outra eficácia senão a de tranquilizar a opinião pública, ou seja, um efeito *simbólico*, com o qual se desemboca em um Direito Penal de risco simbólico, ou seja, os riscos não se neutralizariam, mas ao induzir as pessoas a acreditarem que eles não existem, abranda-se a ansiedade ou, mais claramente, mente-se, dando lugar a um Direito Penal promocional, que acaba se convertendo em um mero difusor de ideologia."[16]

Ou ainda, conforme aduz Cláudio do Prado Amaral,

"usa-se indevidamente o Direito Penal no ledo engano de estar dando retorno adequado a toda criminalidade moderna, mas que em realidade não faz mais que dar revide a uma reação meramente simbólica, cujos instrumentos utilizados não são aptos para a luta efetiva e eficiente contra a criminalidade."[17]

Não se educa a sociedade por intermédio do Direito Penal. O raciocínio do Direito Penal Máximo nos conduz, obrigatoriamente, à sua falta de credibilidade. Quanto mais infrações penais, menores são as possibilidades de serem efetivamente punidas as condutas infratoras, tornando-se ainda mais seletivo e maior a cifra negra.

---

15 YOUNG, Jock. *A sociedade excludente*, p. 199-200.
16 BATISTA, Nilo; ZAFFARONI, Eugenio Raúl; ALAGIA, Alejandro; SLOKAR, Alejandro. *Direito penal brasileiro*, v. I, p. 631.
17 AMARAL, Claudio do Prado. *Princípios penais* – Da legalidade à culpabilidade, p. 155-156.

Beccaria já dizia, em 1764, que "a certeza de um castigo, mesmo moderado, sempre causará mais intensa impressão do que o temor de outro mais severo, unido à esperança da impunidade [...]".[18]

Para os adeptos do movimento de Lei e Ordem, as penas ditas alternativas, que evitam o desnecessário encarceramento do agente que praticou uma infração penal de pouca ou nenhuma importância, estimula o cometimento de outros delitos.

Ralf Dahrendorf, criticando o raciocínio das penas substitutivas, assevera:

> "Uma teoria penal que abomina a detenção a ponto de substituí-la totalmente por multas e trabalho útil, por 'restrições ao padrão de vida', não só contém um erro intelectual, pois confunde lei e economia, como também está socialmente errada. Ela sacrifica a sociedade pelo indivíduo. Isso pode soar a alguns como incapaz de sofrer objeções, até mesmo desejável. Mas também significa que uma tal abordagem sacrifica certas oportunidades de liberdade em nome de ganhos pessoais incertos. Ser gentil com infratores poderá trazer à tona a sociabilidade escondida em alguns deles. Mas será um desestímulo para muitos, que estão longe do palco criminoso, de contribuir para o processo perene de liberdade, que consiste na sustentação e na modelagem das instituições criadas pelos homens."[19]

Assim, resumindo o pensamento de Lei e Ordem, o Direito Penal deve preocupar-se com todo e qualquer bem, não importando o seu valor. Deve ser utilizado como *prima ratio*, e não como *ultima ratio* da intervenção do Estado perante os cidadãos, cumprindo um papel de cunho eminentemente educador e repressor, não permitindo que as condutas socialmente intoleráveis, por menor que sejam, deixem de ser reprimidas.

Obviamente que tal raciocínio, por mais que traga um falso conforto à sociedade, não pode prosperar. Isso porque a própria sociedade não toleraria a punição de todos os seus comportamentos antissociais, aos quais já está acostumada a praticar cotidianamente. O mais interessante desse raciocínio é que somente gostamos da aplicação rígida do Direito Penal quando ela é dirigida a estranhos, melhor dizendo, somente concebemos a aplicação de um Direito Penal Máximo quando tal raciocínio não é voltado contra nós mesmos, contra nossa família, contra nossos amigos, enfim, Direito Penal Máximo somente para os "outros", e, se possível, nem o "mínimo" para nós.

---

18 BECCARIA, Cesare. *Dos delitos e das penas*, p. 87.
19 DARHENDORF, Ralf. *A lei e a ordem*, p.109.

Os adeptos, portanto, do movimento de Lei e Ordem, optando por uma política de aplicação máxima do Direito Penal, entendem que todos os comportamentos desviados, independentemente do grau de importância que se dê a eles, merecem o juízo de censura a ser levado a efeito pelo Direito Penal.

Na verdade, o número excessivo de leis penais, que apregoam a promessa de maior punição para os delinquentes infratores, somente culmina por enfraquecer o próprio Direito Penal, que perde seu prestígio e valor, em razão da certeza, quase absoluta, da impunidade.

Jorge de Figueiredo Dias e Manuel da Costa Andrade, citando H. Packer, afirmam com precisão:

> "Como refere Packer, cada hora de labor da polícia, do Ministério Público, do tribunal e das autoridades penitenciárias gasta nos domínios marginais do direito criminal, é uma hora retirada à prevenção da criminalidade séria. Inversamente, cada infracção trivial ou duvidosa eliminada da lista das infracções criminais representa a libertação de recursos essenciais para uma resposta mais eficaz às prioridades cimeiras do sistema penal."[20]

Luiz Luisi, com brilhantismo, nos faz lembrar que:

> "no nosso século têm sido inúmeras as advertências sobre o esvaziamento da força intimidadora da pena como consequência da criação excessiva e descriteriosa de delitos. Francesco Carnelutti fala em inflação legislativa, sustentando que seus efeitos são análogos ao da inflação monetária, pois 'desvalorizam as leis, e no concernente as leis penais aviltam a sua eficácia preventiva geral'.
>
> Em recente publicação – onde o fenômeno da hipertrofia do Direito Penal é ampla e exaustivamente analisado –, Carlos Enrico Paliero, fala em crescimento 'patológico' da legislação penal.
>
> Todavia o fenômeno do crescimento desmedido do Direito Penal também ocorre no mundo anglo-saxão. Herbert Packer, em um livro intitulado *The limits of criminal sanction*, registra que a partir do século passado houve um enorme alargamento das leis penais pelo fato de ter sido entendido que a criminalização de toda e qualquer conduta indesejável representaria a melhor e mais fácil solução para enfrentar os problemas de uma sociedade complexa e interdependente

---

20 DIAS, Jorge de Figueiredo; ANDRADE, Manuel da Costa. *Criminologia* – O homem delinquente e a sociedade criminógena, p. 411.

em contínua expansão. Nos Estados Unidos, Kadish em trabalho a que deu o nome de *The crisis of overcriminalization* fala do emprego 'supérfluo ou arbitrário' da sanção criminal, contendo uma massa de crimes, que em seu quantitativo superam as disposições incriminadoras previstas nos Códigos Penais. No Canadá – segundo informa Leclerq –, a comissão encarregada da reforma penal, fez, em 1974 um levantamento dos crimes previstos na legislação canadense, tendo chegado ao número assustador de 41.582 tipos de infrações criminais."[21]

Enfim, o falacioso discurso do movimento de Lei e Ordem, que prega a máxima intervenção do Direito Penal, somente nos faz fugir do alvo principal, que são, na verdade, as infrações penais de grande potencial ofensivo que atingem os bens mais importantes e necessários ao convívio social, pois que nos fazem perder tempo, talvez propositadamente, com pequenos desvios, condutas de pouca ou nenhuma relevância, servindo, tão somente, para afirmar o caráter simbólico de um Direito Penal que procura ocupar o papel de educador da sociedade, a fim de encobrir o grave e desastroso defeito do Estado, que não consegue cumprir suas funções sociais. Isso permite que, cada dia mais, ocorra um abismo econômico entre as classes sociais, aumentando, assim, o nível de descontentamento e revolta na população mais carente, agravando, consequentemente, o número de infrações penais aparentes, que, a seu turno, causam desconforto à comunidade que, por sua vez, começa a clamar por mais justiça. O círculo vicioso não tem fim.

2.2.1. *Fixing broken windows* (Consertando as janelas quebradas) e *Three strikes and you're out*

O Movimento de Lei e Ordem caminha fundamentado em algumas teorias que procuram justificar a intervenção máxima do Estado no direito de liberdade dos cidadãos. Entre elas, podemos destacar duas, que tiveram maior projeção, vale dizer, *Fixing broken windows* e *Three strikes and you're out*, que veremos a seguir.

Fixing broken windows

De acordo com as lições de Daniel Sperb Rubín:

> "em 1982, o cientista político James Q. Wilson e o psicólogo criminologista George Kelling, ambos americanos, publicaram na revista Atlantic Monthly um estudo em que,

---
21 Luisi, Luiz. *Os princípios constitucionais penais*, p. 28-29.

pela primeira vez, se estabelecia uma relação de causalidade entre desordem e criminalidade. Naquele estudo, cujo título era *The Police and Neiborghood Safety* (*A Polícia e a Segurança da Comunidade*), os autores usaram a imagem de janelas quebradas para explicar como a desordem e a criminalidade poderiam, aos poucos, infiltrar-se numa comunidade, causando a sua decadência e a consequente queda da qualidade de vida.

Kelling e Wilson sustentavam que se uma janela de uma fábrica ou de um escritório fosse quebrada e não fosse imediatamente consertada, as pessoas que por ali passassem concluiriam que ninguém se importava com isso e que, naquela localidade, não havia autoridade responsável pela manutenção da ordem. Em pouco tempo, algumas pessoas começariam a atirar pedras para quebrar as demais janelas ainda intactas. Logo, todas as janelas estariam quebradas. Agora, as pessoas que por ali passassem concluiriam que ninguém seria responsável por aquele prédio e tampouco pela rua em que se localizava o prédio. Iniciava-se, assim, a decadência da própria rua e daquela comunidade. A esta altura, apenas os desocupados, imprudentes, ou pessoas com tendências criminosas, sentir-se-iam à vontade para ter algum negócio ou mesmo morar na rua cuja decadência já era evidente. O passo seguinte seria o abandono daquela localidade pelas pessoas de bem, deixando o bairro à mercê dos desordeiros. Pequenas desordens levariam a grandes desordens e, mais tarde, ao crime.

Em razão da imagem das janelas quebradas, o estudo ficou conhecido como *broken windows*, e veio a lançar os fundamentos da moderna política criminal americana que, em meados da década de noventa, foi implantada com tremendo sucesso em Nova Iorque, sob o nome de 'tolerância zero'".[22]

Em seu brilhante trabalho, onde resume os pensamentos fundamentais que alicerçaram os primeiros raciocínios sobre o tema, Daniel Sperb Rubín esclarece:

---

22 RUBÍN, Daniel Sperb. *Janelas quebradas, tolerância zero e criminalidade*. Disponível em: <http://jus.uol.com.br/revista/texto/3730>, 2.fev.2003.

"Em 1996, Kelling, em conjunto com Catherine Coles, lançou a obra definitiva sobre a teoria das janelas quebradas: *Fixing Broken Windows – Restoring Order and Reducing Crimes in Our Communities (Consertando as Janelas Quebradas – Restaurando a Ordem e Reduzindo o Crime em Nossas Comunidades)*. Nesta obra, o autor iria além, e demonstraria a relação de causalidade entre a criminalidade violenta e a não repressão a pequenos delitos e contravenções. Assim como a desordem leva à criminalidade, a tolerância com pequenos delitos e contravenções, leva, inevitavelmente à criminalidade violenta."[23]

À primeira vista, parece extremamente sedutora a tese. E realmente é. No entanto, seu principal erro, com a devida *venia*, é utilizar o sistema penal como principal meio de repressão a pequenos desvios comportamentais, como é característico do movimento de lei e ordem.

Existe um rol de sanções de naturezas diversas (civil, administrativa etc.) que podem cumprir esse papel de reprimir comportamentos que não são tolerados socialmente mas que, por outro lado, também não podem sofrer os rigores da lei penal, sob pena de se banalizar o direito de liberdade do cidadão.

Vale frisar que nossa intenção não é deixar impune um comportamento que mereça a reprovação do Estado. Contudo, essa repressão pode ser levada a efeito pelo demais ramos do ordenamento jurídico, atendendo-se à chamada natureza subsidiária do Direito Penal, inerente ao princípio da intervenção mínima.

Nesse sentido, são as conclusões de Francisco Muñoz Conde e Winfried Hassemer quando asseveram, com autoridade:

"Não cabe duvidar que essa ideias colidem com os princípios liberais do direito penal do Estado de Direito, sobretudo com o princípio da proporcionalidade e da *intervenção mínima*, pois, aparte de ser discutível o pressuposto de que partem: a ideia de que castigando duramente as infrações menores se evitam também as maiores, 'matar mosquito com um tiro de canhão' tem sido sempre considerado como uma reação desproporcionada e um gasto inútil que, tanto a médio, como a longo prazo, produz mais dano que benefício."[24]

---

23 RUBÍN, Daniel Sperb. *Janelas quebradas, tolerância zero e criminalidade*. Disponível em: <http://jus.uol.com.br/revista/texto/3730>, 2.fev.2003.
24 MUÑOZ CONDE, Francisco; HASSEMER, Winfried. *Introducción a la criminologia*, p. 331.

Three strikes and you are out

A teoria, cuja denominação foi importada do jogo de beisebol, é adotada em mais de 20 Estados norte-americanos, e se tornou extremamente popular a partir da década de 90 do século passado, principalmente no Estado da Califórnia.

A teoria, que é aplicada aos condenados reincidentes, em síntese, e como regra (pois varia de Estado para Estado), aduz que na terceira infração praticada pelo agente, dependendo da sua gravidade, a pena variará entre 25 anos e prisão perpétua. A lei estadual aponta quais as infrações penais são consideradas *strikes*, sendo que a prática de três ou mais importará na aplicação das penas acima mencionadas.

Em trabalho específico sobre o tema, Gustavo Osna, no que diz respeito ao sistema californiano de adoção dos *strikes*, nos esclarece:

> "Por mais que não seja qualquer delito o suficiente para configurar a formatação de um primeiro *strike* (inobstante estar apta para fazê-la a maioria das infrações), após o registro deste último toda a reincidência do indivíduo, não importando a gravidade do ato lesivo, bastará para dar margem à incidência dos *strikes* subsequentes. Possui o segundo deles como traço marcante o fato de implicar na duplicação da punição do condenado. Já o terceiro e derradeiro traz consigo a aplicação de pena situada entre o patamar mínimo de 25 anos e o limite máximo da prisão perpétua, de modo à atribuir vestes de irrelevância à gravidade da conduta delituosa imputada ao acusado. Instaura-se cadeia gradativa e sucessiva de ausência de razoabilidade no ato de punir."[25]

Como se percebe sem muito esforço, tais teorias desprezam os raciocínios correspondentes aos princípios penais fundamentais, a exemplo da proporcionalidade, lesividade e da dignidade da pessoa humana, e contribuem, nocivamente, para a superlotação do sistema prisional.

2.2.2. Direito penal de emergência

Talvez a sociedade nunca tenha debatido tanto o tema "segurança pública" com se tem feito nos dias de hoje. Casos graves, que causam comoção social, têm sido objeto frequente de notícias pelos meios de comunicação de massa. O medo passou a fazer parte de nossas famílias. A Justiça, muitas vezes morosa, entrou em descrédito. A todo instante, ouvem-se discursos

---

[25] OSNA, Gustavo. *Three strikes and you're out* – Encarceramento, seletividade e exclusão à luz da sistemática californiana, p. 31-32.

no sentido de modificar a legislação penal e processual penal, normalmente visando ao aumento das penas cominadas, à redução da duração do processo e ao recrudescimento do cumprimento das penas aplicadas, procurando-se evitar a saída do condenado do sistema prisional.

Aqui, o movimento de lei e ordem passa a erguer outra bandeira, a do chamado *direito penal de emergência*. A emergência pode ser traduzida também em situações de urgência, excepcionais, em que se exige uma atuação rápida e eficiente do Direito Penal. A situação de "urgência" pode dar origem a um direito penal de emergência que, em tese, teria vigência até a resolução dos problemas para os quais havia sido criado. No entanto, como sabemos, o urgente se transforma em perene, duradouro, e o direito penal de emergência passa a ser reconhecido como usual.

Ferrajoli, dissertando sobre o tema, com precisão, aponta a mudança de paradigma levado a efeito pelo chamado direito penal de emergência, dizendo:

> "A alteração da fonte de legitimação consistiu precisamente na assunção da exceção ou da emergência (antiterrorista, antimafiosa ou anticamorra) como justificação política de ruptura ou, se se preferir, da modificação das regras do jogo que no Estado de direito disciplinam a função penal. Esta concepção da emergência outra coisa não é que a ideia do primado da *razão de Estado* sobre a *razão jurídica* como critério informador do direito e do processo penal, seja simplesmente em situações excepcionais como aquela criada pelo terrorismo político, ou de outras formas de criminalidade organizada. Ela equivale a um princípio normativo de legitimação da intervenção punitiva: não mais jurídica, mas imediatamente política; não mais subordinada à lei enquanto sistema de vínculos e de garantias, mas a esta supraordenada. *Salus rei publica suprema lex*: a salvaguarda, ou apenas o bem do Estado, é a norma principal do 'direito de emergência' *(Grundnorm)*, a lei suprema que impregna todas as outras, aí compreendidos os princípios gerais, e que lhes legitima a mutação."[26]

O clamor social, melhor dizendo, o clamor midiático, pode ser considerado uma das molas propulsoras da legislação de emergência, a exemplo do que ocorreu com a lei que definiu os crimes hediondos e afins (Lei nº 8.072/90). Como diz Fauzi Hassan Choukr, a emergência passou a reger a normalidade e "esta situação se estende por praticamente toda a legislação extravagante"[27].

---
26 FERRAJOLI, Lugi. *Direito e razão*, p. 649-650.
27 CHOUKR, Fausi Hassan. *Processo penal de emergência*, p. 139.

2.2.3. Direito penal do inimigo

Ainda na "família" do Direito Penal Máximo, como um de seus membros mais agressivos, podemos destacar o chamado *Direito Penal do Inimigo*, desenvolvido pelo professor alemão Gunter Jakobs, na segunda metade da década de 1990.

Jakobs, por meio dessa denominação, procura traçar uma distinção entre um *Direito Penal do Cidadão* e um *Direito Penal do Inimigo*. O primeiro, em uma visão tradicional, garantista, com observância de todos os princípios fundamentais que lhe são pertinentes; o segundo, intitulado *Direito Penal do Inimigo*, seria um Direito Penal despreocupado com seus princípios fundamentais, pois que não estaríamos diante de cidadãos, mas sim de inimigos do Estado.

O raciocínio seria o de verdadeiro *estado de guerra*, razão pela qual, de acordo com Jakobs, numa guerra, as regras do jogo devem ser diferentes. O Direito Penal do Inimigo, conforme salienta Jakobs, já existe em nossas legislações, gostemos disso ou não, a exemplo do que ocorre no Brasil com a Lei nº 12.850, de 2 de agosto de 2013, que além de definir o conceito de organização criminosa, dispôs sobre a investigação criminal, os meios de provas, infrações penais correlatas e o procedimento a ser aplicado; como também a Lei nº 13.260, de 16 de março de 2016, que regulamentou o disposto no inciso XLIII do art. 5º da Constituição Federal, disciplinando o terrorismo, tratando de disposições investigatórias e processuais e reformulando o conceito de organização terrorista.

Segundo o autor:

> "o Direito penal conhece dois polos ou tendências de suas regulações. Por um lado, o trato com o cidadão, em que se espera até que este exteriorize seu fato para reagir, com o fim de confirmar a estrutura normativa da sociedade, e por outro, o trato com o inimigo, que é interceptado prontamente em seu estágio prévio e que se combate por sua perigosidade."[28]

Há pessoas, segundo Jakobs, que decidiram se afastar, de modo duradouro, do Direito, a exemplo daqueles que pertencem a organizações criminosas e grupos terroristas. Para esses, "a punibilidade se adianta um grande trecho, até o âmbito da *preparação*, e a pena se dirige a assegurar *fatos futuros*, não a sanção de *fatos cometidos*".[29]

---

28 JAKOBS, Guinther; CANCIO MELIÁ, Manuel. *Derecho penal del enemigo*, p. 42.
29 JAKOBS, Guinther; CANCIO MELIÁ, Manuel. *Derecho penal del enemigo*, p. 40.

Para Jakobs, há pessoas que, por sua insistência em delinquir, voltam ao seu estado natural antes do estado de direito. Assim, segundo ele:

> "um indivíduo que não admite ser obrigado a entrar em um estado de cidadania não pode participar dos benefícios do conceito de pessoa. E é que o estado natural é um estado de ausência de norma, quer dizer, a liberdade excessiva tanto como de luta excessiva. Quem ganha a guerra determina o que é norma, e quem perde há de submeter-se a essa determinação."[30]

O Estado, conclui, "pode proceder de dois modos com os delinquentes: pode vê-los como pessoas que delinquem, pessoas que cometeram um erro, ou indivíduos aos que há de impedir mediante coação que destruam o ordenamento jurídico".[31]

Manuel Cancio Meliá, analisando a proposta de Jakobs, esclarece:

> "Segundo Jakobs, o Direito penal do inimigo se caracteriza por três elementos: em primeiro lugar, se constata um amplo adiantamento da punibilidade, quer dizer, que neste âmbito, a perspectiva do ordenamento jurídico-penal é prospectiva (ponto de referência: o fato futuro), em lugar de – como é habitual – retrospectiva (ponto de referência: o fato cometido). Em segundo lugar, as penas previstas são desproporcionadamente altas: especialmente, a antecipação da barreira de punição não é tida em conta para reduzir em correspondência a pena ameaçada. Em terceiro lugar, determinadas garantias processuais são relativizadas ou, inclusive, suprimidas."[32]

O chamado Direito Penal do Inimigo encontra-se, hoje, naquilo que se reconhece como a *terceira velocidade do Direito Penal*. De acordo com o que se denomina *processo de expansão do Direito Penal*,[33] podemos, seguindo as lições de Jésus-Maria Silva Sánchez, visualizar três velocidades, três enfoques diferentes que podem ser concebidos ao Direito Penal.

A primeira velocidade seria aquela tradicional do Direito Penal, que tem por fim último a aplicação de uma pena privativa de liberdade. Nessa hipótese, como está em jogo a liberdade do cidadão, devem ser observadas todas as regras garantistas, sejam elas penais ou processuais penais.

Numa segunda velocidade, temos o Direito Penal à aplicação de penas não privativas de liberdade, a exemplo do que ocorre no Brasil com os

---
30 JAKOBS, Guinther; CANCIO MELIÁ, Manuel. *Derecho penal del enemigo*, p. 40-41.
31 JAKOBS, Guinther; CANCIO MELIÁ, Manuel. *Derecho penal del enemigo*, p. 47.
32 JAKOBS, Guinther; CANCIO MELIÁ, Manuel. *Derecho penal del enemigo*, p. 79-81.
33 SILVA SÁNCHEZ, Jésus-Maria. *La expansión del derecho penal*, p. 159

Juizados Especiais Criminais, cuja finalidade, de acordo com o art. 62 da Lei nº 9.099/95, é, precipuamente, a aplicação de penas que não importem na privação da liberdade do cidadão, devendo, pois, ser priorizadas as penas restritivas de direitos e a pena de multa. Nessa segunda velocidade do Direito Penal poderiam ser afastadas algumas garantias, com o escopo de agilizar a aplicação da lei penal.

Percebemos isso com clareza quando analisamos a mencionada Lei dos Juizados Especiais Criminais, que permite a utilização de institutos jurídicos que importem na aplicação de pena não privativa de liberdade, sem que, para tanto, tenha havido a necessária instrução processual, com o contraditório e a ampla defesa, como acontece quando o suposto autor do fato aceita a proposta de transação penal, suspensão condicional do processo etc.

Assim, resumindo o raciocínio com Jésus-Maria Silva Sánchez, teríamos:

> "uma primeira velocidade, representada pelo Direito Penal 'do cárcere', em que haveriam de ser mantidos rigidamente os princípios político-criminais clássicos, as regras de imputação e os princípios processuais; e uma segunda velocidade, para os casos em que, por não se tratar de prisão, senão de penas de privação de direitos ou pecuniárias, aqueles princípios e regras poderiam experimentar uma flexibilização proporcionada a menor intensidade da sanção."[34]

Embora ainda com certa resistência, tem-se procurado entender o Direito Penal do Inimigo como uma terceira velocidade. Seria, portanto, uma velocidade híbrida, ou seja, com a finalidade de aplicar penas privativas de liberdade (primeira velocidade), com uma minimização das garantias necessárias a esse fim (segunda velocidade).

Na verdade, a primeira indagação que devemos fazer é a seguinte: Quem poderá ser considerado inimigo, para que vejam diminuídas ou mesmo suprimidas suas garantias penais e processual-penais?

Em muitas passagens de sua obra, Jakobs aponta como exemplo as atividades terroristas. Tentando adaptar esse raciocínio à realidade brasileira, poderiam ser considerados como inimigos, por exemplo, os traficantes que praticam o comércio ilícito de drogas, principalmente nas grandes cidades, a exemplo do Rio de Janeiro, e que, basicamente, criam um estado pararelo, com suas regras, hierarquias etc.?

O que foi destacado pelo professor de Direito Penal da Universidade Autônoma de Madri, Manuel Cancio Meliá, como uma das propostas de Jakobs, é a de,

---

34 SILVA SÁNCHEZ, Jésus-Maria. *La expansión del derecho penal*, p. 163.

justamente, antecipar a punição do agente pela sua *condução de vida*, voltando-se a um antigo conceito preconizado por Edmund Mezger, cujo passado nazista foi recentemente colocado a descoberto por Francisco Muñoz Conde, como teremos oportunidade de observar mais adiante, valendo-se de um autêntico e combatido direito penal do autor, ao invés de um direito penal do fato.

Dessa forma, assevera Manuel Cancio Meliá:

> "o Direito penal do inimigo jurídico-positivo vulnera, assim se afirma habitualmente na discussão, em diversos pontos o princípio do fato. Na doutrina tradicional, o princípio do fato se entende como aquele princípio genuinamente liberal de acordo com o qual deve ficar excluída a responsabilidade jurídico-penal por meros pensamentos, quer dizer, como rechaço de um Direito penal orientado com base na "atitude interna" do autor."[35]

Após a assunção do poder, em 1933, pelo partido nacional-socialista, iniciou-se na Alemanha uma série de reformas que visavam ao cumprimento das promessas levadas a efeito nas campanhas eleitorais.

Deve-se lembrar de que, naquela oportunidade, a Alemanha já tinha sido vencida na Primeira Guerra Mundial, que durou de 1914 a 1918, encontrando-se enfraquecida sob diversos aspectos, principalmente pelas condições que lhe foram impostas no tratado de Versalles.[36]

Com a assunção de Hitler ao poder, o partido nacional-socialista tratou, imediatamente, de começar a reorganizar, de acordo com seus critérios escusos, o Estado alemão, culminando, em 1944, com a edição do projeto nacional-socialista sobre o tratamento dos *estranhos à comunidade*, que nos foi trazido à luz, recentemente, por meio de um trabalho incansável de pesquisa levado a efeito pelo professor Francisco Muñoz Conde, em sua obra intitulada *Edmund Mezger e o Direito Penal de Seu Tempo*.

Tal projeto, considerado como um dos mais terríveis da história do Direito Penal, propunha, dentre outras coisas: a) a castração dos homossexuais; b) a prisão por tempo indeterminado dos considerados associais, ou seja,

---

35 MELIÁ, Manuel Cancio; JAKOBS, Gunther. *Derecho penal del enemigo*, p. 100-101.

36 Firmado em 28 de junho de 1919, teve as seguintes consequências: "As regiões da Alsacia e Lorena se reintegram à França. Eupen e Malmédy passam à Bélgica. Schleswig do Norte se integra, depois de um plebiscito, à Dinamarca, e a Alta Silésia, da mesma forma, à Polônia. Posnania e uma parte da Prússia passam à reconstituída Polônia. Prússia oriental fica separada da Alemanha pelo corredor polaco que dá saída ao Báltico. As cidades de Dantzig e Memel se convertem em livres (Memel seria anexada pela Lituânia em 1923). O Sarre fica transferido a Sociedade das Nações pelo espaço de 15 anos. No total, a Alemanha vê diminuir seu território em 88.000 km2 e perde 8.000.000 de habitantes. Seu exército fica reduzido a 100.000 homens, sem aviação, nem tanques nem submarinos. Não pode manter tropas na Renania e se suprime o serviço militar. Perde a autonomia aduaneira. Deve assumir a culpa da guerra e indenizar os aliados com 24 milhões de libras esterlinas, assim como ceder todas as suas colônias." (*Revista História y Vida*, n. 436.)

pessoas que tivessem um comportamento antissocial, a exemplo dos vadios, prostitutas, alcoólatras, praticantes de pequenas infrações penais etc., sem que houvesse necessidade, inclusive, de que tivessem praticado qualquer delito; c) a esterilização, a fim de evitar a propagação daqueles considerados associais e inúteis para a sociedade.

Na verdade, apontava determinadas pessoas como perigosas, a exemplo do que ocorria com os delinquentes habituais, e sobre elas fazia recair uma espécie de "tratamento", que podia, segundo a sua estúpida visão, curá-las, aplicando-lhes medidas de internação por tempo indeterminado, inclusive nos conhecidos *campos de concentração*, ou, quando fossem reconhecidamente entendidas como *incuráveis*, condenadas à morte, ou ainda, em algumas situações, utilizadas como *carne de canhão*, ou seja, aquelas pessoas que durante a Segunda Guerra Mundial eram colocadas no *front* de batalha.

Enfim, medidas que atropelavam o princípio da dignidade da pessoa humana, justamente por desconsiderá-la como pessoa, lembrando muito o que Jakobs pretende fazer com o seu Direito Penal do Inimigo, desconsiderando o inimigo como um cidadão. Muñoz Conde, com a lucidez que lhe é peculiar, dissertando sobre o princípio da culpabilidade, concebido durante os anos 20, do século passado, a fim de chegar a um conceito de perigosidade, desenvolvido na Alemanha durante o período do regime nacional-socialista, assevera que não se pode discutir que o conceito de culpabilidade, em suas linhas básicas, tenha sido uma

> "das conquistas mais importantes da dogmática jurídico-penal alemã daquela época. Entendido como garantia e limite frente ao poder punitivo do Estado, é considerado hoje como um dos princípios fundamentais de um Direito Penal democrático e respeitoso com a dignidade humana. Mas um sistema estritamente dualista como o que se forjou na República de Weimar, no qual a pena limitada por sua culpabilidade podia ser substituída ou complementada por uma medida de segurança de duração indeterminada, fundamentada em um conceito tão vago e perigoso como o de perigosidade, traduz um conceito de Direito Penal muito vinculado às teses do *amigo-inimigo* tão caras ao Estado nacional-socialista: um Direito Penal com todas suas garantias, baseado e limitado pelo princípio da culpabilidade, para o delinquente ocasional, integrado no sistema, ainda que alguma vez se aparte dele; e um Direito Penal, baseado na perigosidade e sem nenhum tipo de limitações, para o delinquente perigoso e especialmente para o delinquente habitual que com seu comportamento e sua forma de condução de vida (*Lebensfuhrungschuld*) questiona as bases do sistema mesmo."

E continua o autor asseverando que esse dualismo, ou seja, a culpabilidade ligada como conceito ao delinquente ocasional e perigosidade vinculada ao delinquente habitual,

> "deu lugar também ao desenvolvimento durante o nacional-socialismo de medidas praticamente voltadas ao extermínio dos marginais sociais (prostitutas, mendigos, vadios, delinquentes habituais), aos que eufemisticamente se chamou 'estranhos à comunidade', com medidas esterilizadoras, internações por tempo indeterminado em campos de concentração etc. Já então se falava também de um 'Direito Penal para inimigos', para o qual não cabiam nem garantias, nem nenhuma outra forma de limitação dos excessos do poder estatal."[37]

Como se percebe sem muito esforço, a semelhança entre o que pretende Jakobs, com a sua distinção cidadão/inimigo, em muito se assemelha ao projeto desenvolvido por Mezger durante o regime nazista, capitaneado por Hitler.

Dizer que a sociedade, na qual todos nós estamos inseridos, é composta por cidadãos e por inimigos, para os quais estes últimos devem receber tratamento diferenciado, como se houvesse um estado de guerra, é voltar ao passado, cuja história a humanidade quer, na verdade, esquecer.

Acertadamente, Eduardo Cabette e Marcius Nahur aduzem que "no âmbito do Direito Penal do Inimigo usa-se a terminologia maniqueísta do inimigo e do cidadão, onde o primeiro está exposto à toda sorte de arbítrios, pois que alijado da condição humana de pessoa."[38]

Com o argumento voltado ao delinquente habitual, ou criminosos pertencentes às facções organizadas, como acontece com os terroristas e traficantes de drogas, taxando-os de irrecuperáveis, propondo-se, para eles, medidas de privação da liberdade por tempo indeterminado, enfim, tratar o ser humano como um *estranho à comunidade*, é o máximo da insensatez a que pode chegar o Direito Penal.

A criminologia tenta, por meio de suas vertentes teóricas, explicar os vários tipos de criminalidade, conforme veremos mais adiante, buscando resolver, em sua origem, os desvios que importem na prática de infrações penais.

O que não se pode é desistir do homem, sob o falso argumento de ser incorrigível, de possuir um defeito de caráter, que o impeça de agir conforme os demais cidadãos. Tanto o projeto criado durante o regime absurdo do nacional-socialismo, como o que agora se discute como uma das frentes mais

---

[37] MUÑOZ CONDE, Francisco. *Edmund Mezger y el derecho penal de su tiempo*, p. 64-65.
[38] CABETTE, Eduardo Luiz Santos; NAHUR, Marcius Tadeu Maciel. *Direito Penal do Inimigo e teoria do mimetismo* – uma abordagem soba ótica girardiana, p. 87.

radicais do Direito Penal Máximo, ou seja, o Direito Penal do Inimigo, devem ser repudiados pela nossa sociedade.

Isso, para a nossa própria segurança. Como já deixamos antever acima, quem são os inimigos? Alguns, com segurança, podem afirmar: os traficantes de drogas, os terroristas, as organizações criminosas especializadas em sequestros para fins de extorsões... E quem mais? Quem mais pode se encaixar no perfil do inimigo? Na verdade, a lista nunca terá fim. Aquele que estiver no poder poderá, amparado pelo raciocínio do Direito Penal do Inimigo, afastar o seu rival político sob o argumento da sua falta de patriotismo por atacar as posições governamentais. Outros poderão concluir que também é inimigo o estuprador de sua filha. Ou seja, dificilmente se poderá encontrar um conceito de inimigo, nos moldes pretendidos por essa corrente, que tenha o condão de afastar completamente a qualidade de cidadão do ser humano, a fim de tratá-lo sem que esteja protegido pelas garantias conquistadas ao longo dos anos.

Recentemente, assistimos aos episódios de tortura praticados por soldados americanos que humilhavam os presos pertencentes ao exército iraquiano. Será que, mesmo tendo praticado as atrocidades reveladas pelos noticiários de jornal, aqueles presos poderiam receber o tratamento degradante que lhes era aplicado pelo exército vitorioso?

É claro que, por mais que sejamos esclarecidos, por mais que nos revoltemos com as cenas veiculadas pelos meios de comunicação, mostrando pessoas inocentes sendo mortas brutalmente pelos membros do exército iraquiano, até mesmo o soldado mais vil tem o direito de, ao ser preso, ver assegurados seus direitos e suas garantias fundamentais.

Não podemos afastar todas as nossas conquistas que nos foram sendo dadas em doses homeopáticas ao longo dos anos, sob o falso argumento do cidadão *versus* inimigo, pois que, não sendo possível conhecer o dia de amanhã, quem sabe algum louco chegue ao poder e diga que *inimigo também é aquele que não aceita a teoria do Direito Penal do Inimigo*, e lá estarei eu sendo preso, sem qualquer direito ou garantia, em troca de um argumento vazio e desumano.

Conforme as lúcidas lições de Eduardo Cabette e Marcius Nahur:

> "No denominado 'Direito Penal do Inimigo' o grande criminoso, o macrocriminoso, o Leviatã do crime é o próprio Estado que tenta se justificar pela necessidade de impor a ordem, de defender a sociedade, de 'pacificar' a qualquer preço, ainda que seja o preço da dessubjetivação do humano, como fazem em seus processos mentais os próprios criminosos mais violentos

e cruéis. E isso se faz em nome do vlaro da segurança pública, o que é um erro crasso já demonstrado historicamente."[39]

Ultimamente, tem sido objeto de discussão uma *quarta velocidade do Direito Penal*, embora nos pareça algo mais ligado à competência, em razão de determinado cargo ocupado pelo autor da infração penal, do que, especificamente, uma fusão das velocidades anteriormente citadas.

De qualquer forma, tem-se aludido a essa quarta velocidade como as hipóteses em que chefes de Estado, que praticam crimes contra a humanidade, são julgados pelo Tribunal Penal Internacional, cujos direitos e garantias individuais são minimizados com a aprovação da opinião pública, que enxerga nesses crimes atos de barbárie, dando ensejo à reprovação da comunidade internacional.

2.3. O DIREITO PENAL MÍNIMO

Na concepção que podemos chamar de "equilibrada" situa-se o Direito Penal Mínimo. O seu discurso, mais coerente, *permissa venia*, com a realidade social, apregoa, em síntese, ser a finalidade do Direito Penal a proteção tão somente dos bens necessários e vitais ao convívio em sociedade. Aqueles bens que, em decorrência de sua importância, não poderão ser somente protegidos pelos demais ramos do ordenamento jurídico.

O raciocínio do Direito Penal Mínimo implica a adoção de vários princípios que servirão de orientação ao legislador tanto na criação quanto na revogação dos tipos penais, devendo servir de norte, ainda, aos aplicadores da lei penal, a fim de que se produza uma correta interpretação.

Dentre os princípios indispensáveis ao raciocínio do Direito Penal Mínimo, podemos destacar os da: a) dignidade da pessoa humana; b) intervenção mínima; c) lesividade; d) adequação social; e) insignificância; f) individualização da pena; g) proporcionalidade; h) responsabilidade pessoal; i) limitação das penas; j) culpabilidade; e k) legalidade.

O Direito Penal do Equilíbrio tem como princípio central, orientador de todos os outros que o informam, o *princípio da dignidade da pessoa humana*. O homem, aqui, deve ocupar o centro das atenções do Estado, que, para a manutenção da paz social, deverá somente proibir os comportamentos intoleráveis, lesivos, socialmente danosos, que atinjam os bens mais importantes e necessários ao convívio em sociedade.

Guillermo J. Yacobucci, dissertando sobre o princípio da dignidade da pessoa humana, com precisão, aduz que, no sentido originário,

---
[39] CABETTE, Eduardo Luiz Santos; NAHUR, Marcius Tadeu Maciel. *Direito Penal do Inimigo e teoria do mimetismo* – uma abordagem soba ótica girardiana, p. 82.

"a dignidade da pessoa humana, dentro da vida social e política, reclama o exercício ordenado da liberdade através da convocação primária dos valores e fins comuns, preservando em todo momento aquele espaço de 'interioridade' e realização própria que é reclamado pela singularidade de cada homem, com uma vida e um fim por realizar existencialmente. Assim, da existência mesma da pessoa surgem determinados deveres e direitos que recebem a denominação de 'humanos', por sua quase imediata vinculação com as necessidades fundamentais para o desenvolvimento dos homens. Trata-se, obviamente, de direitos que não são criados nem construídos propriamente pelas instâncias do poder político, senão, bem antes, que devem ser reconhecidos por este como primeiro nível de legitimação na tomada de decisões."[40]

De acordo com o *princípio da intervenção mínima*, coração do Direito Penal Mínimo, a sua primeira missão é a de orientar o legislador quando da criação ou revogação dos tipos penais. Todo o raciocínio correspondente ao princípio da intervenção mínima girará em torno da proteção dos bens mais importantes existentes na sociedade, bem como da natureza subsidiária do Direito Penal. O primeiro passo para a criação do tipo penal incriminador é, efetivamente, a valoração do bem. Se for concebido como bem de relevo, passaremos ao segundo raciocínio, ainda no mesmo princípio, vale dizer, o da subsidiariedade. Embora importante o bem, se os outros ramos do ordenamento jurídico forem fortes e capazes o suficiente para levar a efeito a sua proteção, não haverá necessidade da intervenção drástica do Direito Penal. Sua importância deverá também ser aferida para fins de revogação dos tipos. Se um bem que era importante no passado, mas, atualmente, já não goza desse prestígio, não poderá mais merecer a tutela do Direito Penal, servindo o princípio da intervenção mínima de fundamento para a sua revogação.

Em uma concepção minimalista, o princípio da intervenção mínima não é o único a ser analisado para fins de criação típica. É tão-somente o primeiro passo. Logo em seguida, devemos analisar se aquele bem, considerado como importante e incapaz de ser protegido pelos outros ramos do ordenamento jurídico, é atacado por uma conduta não tolerada socialmente. Tal raciocínio se faz mister porque, mesmo sendo o bem importante, se a conduta que o atinge for socialmente tolerada, aceita pela sociedade, não poderá haver a criminalização, pois, se assim o fizéssemos, estaríamos, na verdade, convocando a sociedade a praticar infrações penais, pois que ela não deixaria de praticar os comportamentos a que estava acostumada.

---

40 YACOBUCCI, Guillermo J. *El sentido de los principios penales*, p. 210.

Da mesma forma que a intervenção mínima, o *princípio da adequação social* servirá de orientação para o legislador tanto na criação quanto na revogação dos tipos. Condutas que, no passado, eram consideradas socialmente inadequadas, se hoje já forem aceitas pela sociedade, farão com que o legislador afaste a criminalização, tal como se exige, atualmente, com a prática do jogo do bicho, conduta perfeitamente assimilada pela sociedade, que, inclusive, pratica jogos semelhantes, e que não mereceram a repressão oficial do Estado. O princípio da adequação social deverá, ainda, orientar a interpretação dos tipos penais, a fim de adaptá-los à realidade, tal como se exige com relação à interpretação da expressão *ato obsceno*, constante do art. 233 do Código Penal. O que era obsceno em 1950 pode não sê-lo hoje. Enfim, é um princípio de verificação obrigatória tanto pelo legislador como pelo aplicador da lei.

O *princípio da lesividade* seria o terceiro passo necessário à criação dos tipos penais. Por mais importante que seja o bem, que a conduta seja inadequada socialmente, somente poderá haver a criminalização de comportamentos se a conduta do agente ultrapassar a sua esfera individual, atingindo bens de terceiros. Por intermédio do princípio da lesividade, proíbe- se a incriminação de pensamentos, de modos ou formas de ser e de se comportar, bem como de ações que não atinjam bens de terceiros. Exemplos dessas situações seriam a punição pela cogitação, pelo fato de alguém não gostar de tomar banho, ou usar cabelos compridos, ser homossexual, praticar os atos de mutilação pessoal, tentativas de suicídio etc.

Ultrapassados os três princípios anteriores, agora o legislador estaria apto a criar a figura típica. Uma vez escolhido o bem, valorado anteriormente como importante, concluído que o comportamento que o ataca é lesivo e inadequado socialmente, abre-se a possibilidade de criminalização da conduta. Uma vez criada a infração penal, ela fará parte do pequeno acervo pertencente ao Direito Penal, demonstrando-se, assim, a sua *natureza fragmentária*, no sentido de que ao Direito Penal não interessa a proteção de todos os bens, a proibição de todos os comportamentos, mas sim daqueles de maior importância para a sociedade. Por meio da fragmentariedade, percebe- se que o Direito Penal não se ocupa com o todo, mas sim com a parte mais importante.

Uma vez criada a infração penal, devemos trabalhar com princípios instrumentais capazes de nos conduzir a uma interpretação correta e garantista. Dentre esses princípios, destaca-se o da *insignificância*. Se o discurso do Direito Penal Mínimo gira em torno da proteção dos bens mais importantes e necessários ao convívio em sociedade, justamente no caso concreto é que teremos que colocar em prática esse nosso raciocínio. Seria uma tremenda incoerência trabalharmos com o Direito Penal Mínimo no plano abstrato, isto é, no plano da criação da figura típica e justamente no plano concreto, fim último da criação da norma, deixarmos de lado o seu raciocínio e permitir a aplicação da lei penal em fatos de pequeno ou mesmo de nenhum valor.

O *princípio da insignificância*, cuja aplicação conduz à atipicidade do fato praticado, deverá merecer análise em sede de tipicidade conglobante, especificamente na vertente correspondente à tipicidade material, que é o critério em virtude do qual o Direito Penal afere a importância do bem no caso concreto. Se chegarmos à conclusão, mediante a análise dos princípios anteriores, de que o patrimônio, por exemplo, é um bem importante a ponto de ser protegido pelo Direito Penal, que a conduta que o ataca é lesiva e inadequada socialmente e, por essas razões, criarmos os delitos patrimoniais, devemos, no caso concreto, nos fazer a seguinte indagação: Se é certo que o patrimônio, abstratamente considerado, é um bem importante a ponto de merecer a proteção do Direito Penal, o bem em análise, isto é, que fora objeto da subtração pelo agente, goza desse *status*? Foi pensando nesse bem que o legislador criou a figura do delito contra o patrimônio? Se a resposta for positiva, concluiremos que a conduta é típica e passaremos à aferição das outras características da infração penal (ilicitude e culpabilidade). Se a resposta for negativa, o estudo da infração penal estará interrompido por ausência de tipicidade material (inserida dentro do contexto da tipicidade conglobante), conduzindo-nos, em último plano, à completa atipicidade do fato.

O *princípio da individualização da pena* está previsto no inciso XLVI do art. 5º de nossa Carta Constitucional, que diz: *A lei regulará a individualização da pena e adotará, entre outras, as seguintes: a) privação ou restrição da liberdade; b) perda de bens; c) multa; d) prestação social alternativa; e) suspensão ou interdição de direitos*. O princípio da individualização da pena nos obriga a fazer o seguinte raciocínio: O Direito Penal, com o fim de exercer a sua proteção, somente escolhe os bens mais importantes e necessários ao convívio em sociedade. Uma vez feita essa seleção, presume-se, portanto, que o bem seja de relevo. Contudo, todos os bens selecionados, embora relevantes, gozam da mesma importância, ou cada um deles possui importância diferente dos demais? Simplificando o raciocínio: a vida vale tanto quanto a integridade física, ou aquela tem um valor superior a esta? O patrimônio vale tanto quanto a honra? Enfim, como se percebe, sem muito esforço, cada bem escolhido pelo Direito Penal tem uma importância distinta dos demais, decorrendo, daí, a necessidade de se individualizar a pena, que é justamente o critério de que se vale o Direito Penal a fim de atribuir a importância que cada bem merece.

A pena é o preço de cada infração penal, que corresponde à gravidade do fato cometido, ligada à importância do bem. A individualização da pena pode ocorrer em três fases distintas, a saber: *cominação* – fase da individualização que ocorre no plano abstrato, de competência do legislador; *aplicação* – fase que ocorre no plano concreto, atribuída ao julgador; *execução* – fase que ocorre durante a execução da pena.

Do princípio da individualização da pena decorre outro, intimamente ligado a ele, que é o *princípio da proporcionalidade*, cujas origens remontam ao período iluminista. Beccaria já dizia que "para que a pena não seja a violência de um ou de muitos contra o cidadão particular, deverá ser essencialmente pública, rápida, necessária, a mínima dentre as possíveis, nas dadas circunstâncias ocorridas, proporcional ao delito e ditada pela lei".[41] A proporção é uma exigência minimalista. A pena deverá ser proporcional ao mal praticado pelo agente. O raciocínio da proporcionalidade deverá ser levado a efeito tanto no plano abstrato (na fase da cominação) como no plano concreto (quando da aplicação da pena pelo juiz).

A nossa Constituição Federal determina, ainda, a adoção do *princípio da responsabilidade pessoal*, também conhecido como *princípio da pessoalidade* ou *intranscendência da pena*, dizendo, no inciso XLV do seu art. 5º: *Nenhuma pena passará da pessoa do condenado, podendo a obrigação de reparar o dano e a decretação de perdimento de bens ser, nos termos da lei, estendidas aos sucessores e contra eles executadas, até o limite do valor do patrimônio transferido.* Tivemos oportunidade de esclarecer anteriormente que, embora formalmente, como regra, a pena não possa ultrapassar a pessoa do condenado, informalmente, contudo, chega até as pessoas que lhe são próximas, demonstrando, assim, a necessidade de sua aplicação somente aos casos mais graves, realmente intoleráveis socialmente, em decorrência do seu efeito devastador.

Também reside em sede constitucional o *princípio da limitação das penas*, conforme se verifica pela leitura do inciso XLVII do art. 5º, que diz: *Não haverá penas: a) de morte, salvo em caso de guerra declarada, nos termos do art. 84, XIX; b) de caráter perpétuo; c) de trabalhos forçados; d) de banimento; e) cruéis.* Frise-se que todas essas proibições atendem ao amplo e fluido *princípio da dignidade da pessoa humana*.

Com a natureza de princípio intimamente ligado ao próprio agente, deverá ser obrigatoriamente analisado o *princípio da culpabilidade*. Em uma concepção minimalista, torna-se impossível a intervenção do Direito Penal quando a conduta do agente não for passível de censura, vez que, na situação em que se encontrava, não podia ter agido de outro modo.

---

41 BECCARIA, Cesare. *Dos delitos e das penas*, p. 139.

Finalmente, o *princípio da legalidade*, entendido como coluna de todos os outros princípios, deverá ser observado para fins de aferição formal e material, ou seja, deverá o intérprete não somente avaliar a legalidade formal, mas, e principalmente, a legalidade material. Deverá não somente evidenciar se o procedimento legislativo de criação típica foi devidamente observado, como também pesquisar se o conteúdo da lei penal não contraria os princípios expressos ou implícitos contidos em nossa Lei Maior, norteadores de todo o sistema.

Dessa forma, ao contrário dos movimentos antagônicos anteriores – abolicionista e lei e ordem –, o Direito Penal Mínimo se encontra numa posição equilibrada, sendo, em nossa opinião, a única via de acesso razoável para que o Estado possa fazer valer o seu *ius puniendi* sem agir como tirano, ofendendo a dignidade de seus cidadãos.

Nesse sentido, merecem ser transcritas as lições de Paulo de Souza Queiroz:

> "Reduzir, pois, tanto quanto seja possível, o marco de intervenção do sistema penal, é uma exigência de racionalidade. Mas é também [...] um imperativo de justiça social. Sim, porque um Estado que se define Democrático de Direito (CF, art. 1º), que declara, como seus fundamentos, a 'dignidade da pessoa humana', a 'cidadania', 'os valores sociais do trabalho', e proclama, como seus objetivos fundamentais, 'constituir uma sociedade livre, justa, solidária', que promete 'erradicar a pobreza e a marginalização, reduzir as desigualdades sociais e regionais', 'promover o bem de todos, sem preconceitos de origem, raça, sexo, cor, idade e quaisquer outras formas de discriminação' (art. 3º), e assume, assim declaradamente, missão superior em que lhe agigantam as responsabilidades, não pode, nem deve, pretender lançar sobre seus jurisdicionados, prematuramente, esse sistema institucional de violência seletiva, que é o sistema penal, máxime quando é esse Estado, sabidamente, por ação e/ou omissão, em grande parte corresponsável pelas gravíssimas disfunções sociais que sob seu cetro vicejam e pelos dramáticos conflitos que daí derivam."[42]

Faremos, no Capítulo 5 a análise pormenorizada dos princípios informadores do chamado Direito Penal Mínimo, anteriormente mencionados, que têm por fundamento sustentar um Direito Penal equilibrado, que melhor atenda aos interesses da sociedade.

---

42 QUEIROZ, Paulo de Souza. *Do caráter subsidiário do direito penal*, p. 31-32.

2.4. O DIREITO PENAL MODERNO

Conforme lições de Edgardo Alberto Donna, o

> "chamado Direito Penal moderno se encontra com um fenômeno quantitativo que tem seu desenvolvimento na parte especial. Não há código que nos últimos anos não haja aumentado o catálogo de delitos, com novos tipos penais, novas leis especiais e uma forte agravação das penas."[43]

De acordo com as lições do renomado autor, podemos citar, entre outros, como exemplos do chamado Direito Penal moderno, cujas previsões se fazem presentes na maioria dos Códigos Penais, principalmente nos países ocidentais:

- direito penal do risco
- antecipação das punições
- aumento dos crimes de perigo abstrato
- delitos econômicos
- crime organizado
- lavagem de dinheiro
- direito penal ambiental
- terrorismo
- responsabilidade penal da pessoa jurídica
- crimes cibernéticos
- drogas
- mudança de tratamento do criminoso, enxergando-o como um inimigo
- aumento de proteção a bens jurídicos abstratos, como a saúde pública
- recrudescimento das penas
- dificuldade para reintegração social do preso, aumentando o efetivo tempo de cumprimento da pena, dificultando sua saída do cárcere no que diz respeito à progressão de regime ou livramento condicional

O Direito Penal moderno, como se percebe, segue as orientações político--criminais de um direito penal máximo, deixando de lado, muitas vezes, as garantias penais e processuais penais, sob o argumento, falso em nossa opinião, de defesa da sociedade.

---

43 DONNA, Edgardo Alberto. *Derecho penal* – parte general, Tomo I – Fundamentos – Teoría de la ley penal, p. 63-64.

Capítulo 3
ENFOQUES CRIMINOLÓGICOS

3.1. INTRODUÇÃO

Embora não se possa atribuir uma definição única ao termo criminologia, podemos defini-la como uma ciência interdisciplinar que tem como objeto o estudo do *comportamento delitivo* e a *reação social*.

Interdisciplinar porque, embora sugestivo o seu título – criminologia – não somente as ciências penais se ocupam do seu estudo, sendo este, inclusive, mais aprofundado em outras áreas, a exemplo da sociologia, da psicologia, da psiquiatria, da antropologia, da medicina forense, dentre outras.

No que diz respeito às ciências penais propriamente ditas, serve a criminologia como mais um instrumento de análise do comportamento delitivo, das suas origens, dos motivos pelos quais se delinque, quem determina o que se punir, quando punir, como punir, bem como se pretende, com ela, buscar soluções que evitem ou mesmo diminuam o cometimento de infrações penais. O estudo do criminólogo, na verdade, não se limita ao comportamento delitivo em si, visto que vai mais longe, procurando descobrir sua gênese, retrocedendo, como um *historiador do crime*, em busca das suas possíveis causas.

A pesquisa do criminólogo, esquecendo momentaneamente o ato criminoso praticado, mergulha no seio da família do delinquente, no seu meio social, nas oportunidades sociais que lhe foram concedidas, no seu caráter; enfim, mais do que saber se a conduta praticada pelo agente era típica, ilícita ou culpável, busca-se investigar todo o seu passado, que forma um elo indissociável com o seu comportamento tido como criminoso. Retrocede-se, em busca das possíveis causas do crime. Percebe-se, portanto, que o conceito criminológico de comportamento delitivo é mais amplo do que aquele adotado pelo Direito Penal.

A reação social também é objeto de estudo do criminólogo. Segundo Garrido, Stangeland e Redondo, "sua extensão abarca desde a mera desaprovação e o controle paterno de algumas condutas infantis ou juvenis inapropriadas (mediante pequenos castigos) até os sistemas de justiça penal estabelecidos pela sociedade para os delitos (leis penais, polícia, Ministério Público, Tribunais, prisões etc.)".[1]

A reação social dá origem a um controle pela própria sociedade, que pode ser entendido como *formal* ou *informal*. Tem-se como formal o controle que é exercido pelos meios oficiais de repressão, a exemplo da Polícia, do Ministério Público, da Magistratura. Informal é o controle exercido pelo próprio meio social onde o agente está inserido, a começar pela sua família, a escola, os vizinhos, os meios de comunicação etc.

O papel do criminólogo, como se demonstrará, mostra-se importantíssimo, podendo-se dizer indispensável na compreensão e na prevenção da delinquência.

3.2. PRINCIPAIS ÁREAS DE ESTUDO DO CRIMINÓLOGO

Sendo eleito como objeto da criminologia a análise do comportamento delitivo e a reação social, deverá o criminólogo delimitar o seu âmbito de estudo, sob pena de se perder ao longo de divagações extremamente abstratas que fogem à sua finalidade.

Podemos destacar como suas principais áreas de estudo: a) o delito; b) o delinquente; c) a vítima; e d) o controle social.

Mesmo que tal raciocínio não se possa dizer absoluto, para efeitos de estudos criminológicos, considera-se *delito* aquele definido na lei como tal, com todos os seus elementos integrantes (tipicidade, ilicitude e culpabilidade).

Aqui, não se poderá desenvolver um estudo completo e geral sobre todas as infrações penais, dada a diversidade de sociedades, de costumes, de bens considerados como de relevo em algumas e de pouca ou nenhuma importância em outras. O que em determinada sociedade pode ser considerado infração penal, em outra, o comportamento pode ser lícito e até mesmo estimulado a ser praticado.

A título de comparação, imagine-se a hipótese, no Brasil, em que a nossa lei penal pune os maus-tratos[2] praticados contra animais, domesticados ou não, comparativamente às touradas espanholas, onde o espetáculo, covarde para nossa cultura, é plenamente aceito e idolatrado por aquele povo. Cite-se, ainda, o fato de que em alguns países da Europa o aborto é tolerado, ao contrário,

---

1 GARRIDO, Vicente; STANGELAND, Per; REDONDO, Santiago. *Princípios de criminologia*, p. 49.
2 Lei no 9.605, de 12 de fevereiro de 1998, art. 32: "Praticar ato de abuso, maus-tratos, ferir ou mutilar animais silvestres, domésticos ou domesticados, nativos ou exóticos. Pena – detenção, de 3 (três) meses a 1 (um) ano, e multa".

também, do direito brasileiro, onde a lei prevê somente duas hipóteses em que é permitido.[3]

Competirá ao criminólogo investigar os mecanismos que fazem com que algumas atividades sejam consideradas delitos em determinada sociedade e perfeitamente lícitas em outras. A política criminal, ou seja, a conclusão entre o embate de correntes ideologicamente diferentes, fará com que ocorra a seleção dos comportamentos que se quer incriminar.

Existem, como afirmam Garrido, Stangeland e Redondo,[4] três principais categorias de comportamentos delitivos, a saber:

a) comportamentos penalizados e castigados em quase toda sociedade moderna;

b) comportamentos penalizados, mas sobre os quais a lei se aplica com escassa frequência;

c) comportamentos em via de penalização ou despenalização.

Então, mesmo que uma das principais áreas de estudo do criminólogo seja a infração penal em si, haverá diferença entre profissionais de países diferentes. Contudo, isso não impede que haja uma *zona de consenso*, ou seja, de estudo de infrações penais, na qual basicamente em todos os países sejam reconhecidas como tal, a exemplo do delito de homicídio.

Há comportamentos, ainda, tipificados pela lei penal, cuja aplicação é pouca, ou quase nenhuma, a exemplo do que ocorria com o delito de adultério, revogado pela Lei nº 11.106/2005.

Outros comportamentos encontram-se naquele estágio de discussão político-criminal, havendo correntes que almejam a sua proibição por meio do Direito Penal, e outras que apregoam a desnecessidade de uma intervenção tão radical por parte do Estado. Também existem aqueles em que as opiniões políticas tendem a descriminalizá-los, deles afastando o Direito Penal, tal como ocorre com o uso de substâncias entorpecentes, o aborto eugênico etc.

O *delinquente*, certamente, é aquele que recebe as maiores atenções, uma vez que, independentemente da infração penal que se queira apurar, mediante estudos criminológicos, procura-se aferir por que o ordenamento jurídico foi por ele violado. Pesquisam-se a sua raiz, a gênese do comportamento delitivo, os motivos que o levaram a comportar-se diferentemente dos demais.

---

3 Código Penal, art. 128, incisos I e II: "Não se pune o aborto praticado por médico: I – se não há outro meio de salvar a vida da gestante; II – se a gravidez resulta de estupro e o aborto é precedido do consentimento da gestante ou, quando incapaz, de seu representante legal".

4 GARRIDO, Vicente; STANGELAND, Per; REDONDO, Santiago. *Princípios de criminologia*, p. 62.

As Escolas Clássica e Positiva, cuja análise será realizada mais adiante, tiveram o mérito de tentar decifrar o enigma da delinquência, lançando suas luzes para a moderna criminologia, surgida no início do século XX.

O estudo da *vítima*, vale dizer, a vitimologia, também interessa ao criminólogo sob diversos aspectos. Podemos aferir a sua contribuição para o delito, ou seja, se o seu comportamento de alguma forma estimulou a prática da infração penal, o porquê da sua escolha, o tratamento que lhe é deferido pelo Estado etc.

As leis penais modernas procuram, de alguma forma, voltar a sua atenção para as vítimas do delito. Tome-se, por exemplo, as inspirações de política criminal que fizeram inserir em nosso Código Penal o instituto do arrependimento posterior (art. 16), cuja finalidade, embora de natureza híbrida, é fazer com que a vítima se veja ressarcida dos prejuízos e dos danos por ela experimentados com a prática do crime, bem como a composição dos danos trazida pela Lei nº 9.099/95. Por outro lado, o comportamento da vítima pode minimizar a reprimenda a ser aplicada pelo Estado ao agente, como se verifica na redação do art. 121, § 1º, segunda parte, do Código Penal, que diz que se este último cometer o crime sob o domínio de violenta emoção, logo em seguida à *injusta provocação* da vítima, a pena poderá ser reduzida de um sexto a um terço.

A vitimologia, conforme preleciona Lélio Braga Calhau:

> "nasceu do sofrimento dos judeus na Segunda Guerra Mundial, sendo reconhecido como seu sistematizador, à época Professor Emérito da Universidade Hebraica de Jerusalém, Benjamim Mendelsohn, que como marco histórico proferiu uma famosa conferência, *Um horizonte novo na ciência biopsicossocial: a vitimologia*, na Universidade de Bucareste, em 1947."[5]

O *controle social* é exercido por meio de duas categorias, como deixamos antever. Existe um controle formal, realizado por profissionais ligados diretamente ao Estado, a exemplo dos policiais, promotores de justiça, juízes etc., e outro, de natureza informal, que é procedido por qualquer pessoa que não tenha especificamente essa função, podendo ser levado a efeito por pessoas próximas ao agente, como seus pais, vizinhos, colegas de trabalho, professores, transeuntes, imprensa etc.

Também é tarefa do criminólogo investigar como são exercidos tais tipos de controle e a sua influência na gênese e na prática do delito.

---

5 CALHAU, Lélio Braga. *Vítima e direito penal*, p. 3.

Podemos concluir com Garrido, Stangeland e Redondo que "a delinquência não tem nem explicação simples nem remédios fáceis, e os estudos criminológicos devem abarcar temas mais variados para descrever e entender os fenômenos delitivos".[6]

3.3. TEORIAS CRIMINOLÓGICAS

As teorias criminológicas surgiram ao longo dos anos, com a finalidade de resolver o problema da criminalidade ou, em sentido mais amplo, os *desvios*.

Em que pesem os esforços empregados, nenhuma delas conseguiu resolver de forma absoluta e completa o problema dos comportamentos delinquentes e da reação social. Contudo, a começar pela teoria clássica, passando pela de cunho positivista, até chegar às concepções mais modernas, cada uma delas teve uma importante contribuição para o entendimento do estudo do crime e suas consequências.

Seguindo parcialmente a estrutura proposta por Garrido, Stangeland e Redondo,[7] podemos destacar, entre as inúmeras teorias surgidas desde o século XVIII,[8] as seguintes:

a) teoria do delito como eleição;

b) teoria das influências;

c) teoria das predisposições agressivas;

d) teoria da aprendizagem da delinquência;

e) teoria do etiquetamento (*labeling approach*).

3.3.1. Teoria do delito como eleição

Seu ponto de partida é a Escola Clássica, podendo-se destacar Montesquieu, Voltaire, Rousseau, Cesare Beccaria e Jeremy Bentham como alguns dos seus mais renomados autores.

As ideias postuladas pela Escola Clássica ainda podem ser consideradas como o fundamento dos modernos sistemas jurídico-penais aplicados em todo o mundo. Com o surgimento da Escola Clássica, no século XVIII, e principalmente por intermédio da obra de Beccaria (1764 – *Dos Delitos e das Penas*) e de Bentham (1789 – *Introdução aos Princípios da Moral e da Legislação*), inúmeros

---

6   GARRIDO, Vicente, STANGELAND, Per; REDONDO, Santiago. *Princípios de criminologia*, p. 73.
7   GARRIDO, Vicente; STANGELAND, Per; REDONDO, Santiago. *Princípios de criminologia*, p. 165.
8   Jorge de Figueiredo Dias e Manoel da Costa Andrade, prelecionam que "o termo *criminologia* foi utilizado pela primeira vez, há pouco mais de um século (1879), pelo antropólogo francês Topinard. Foi, por outro lado, em 1885 que ele apareceu como título duma obra científica: a *Criminologia* de Garófalo" (*Criminologia – O homem delinquente e a sociedade criminógena*, p. 5).

princípios começaram a ganhar corpo, a exemplo dos princípios da necessidade e da suficiência da pena, proporcionalidade, utilidade, prevenção geral e especial, *in dubio pro reo*, publicidade dos julgamentos, presunção de inocência, culpabilidade, dentre outros, sem falar, talvez, na maior conquista da história da humanidade, que é o princípio da dignidade da pessoa humana, fazendo com que a pena deixasse de ser aflitiva, tendo o corpo do criminoso como seu objeto principal, evoluindo para a privação da liberdade como pena principal.

Segundo as lições de Foucault, "a prisão, peça essencial no conjunto das punições, marca certamente um momento importante na história da justiça penal: seu acesso à humanidade".[9]

A Escola Clássica estava fundamentada, basicamente, nos seguintes postulados: a) livre-arbítrio; b) dissuasão e c) prevenção.

Por livre-arbítrio entendia-se a capacidade que tinha o agente de decidir entre a prática de um comportamento lícito ou ilícito. Na precisa lição de Pablos de Molina, a determinação sempre justa da lei, igual para todos e acertada, é infringida pelo delinquente em uma decisão livre e soberana. Falta na Escola Clássica uma preocupação inequivocamente etiológica (preocupação em indagar as 'causas' do comportamento criminoso), já que sua premissa iusnaturalista a conduz a atribuir a origem do ato delitivo a uma decisão 'livre' do seu autor, incompatível com a existência de outros fatores ou causas que pudessem influir no seu comportamento.[10]

Moniz Sodré afirmava que:

> "na opinião dos criminalistas clássicos, o livre arbítrio é o apanágio de todos os homens psiquicamente desenvolvidos e mentalmente sãos. E desde que possuem essa faculdade, esse poder de escolha entre motivos diversos e opostos, eles são moralmente responsáveis por todos os seus atos, visto estes serem filhos exclusivamente dessa vontade livre e soberana."[11]

Entre a escolha de cometer ou não um delito, a pena deveria ser utilizada como fator de dissuasão nesta escolha, ou seja, na comparação entre o mal da pena e o benefício a ser alcançado pela prática da infração penal, aquele teria de ser um fator desestimulante ao agente. Por meio de uma espécie de balança, o agente colocaria em seus pratos as vantagens da infração penal e as desvantagens da pena que a ele seria aplicada, e nessa compensação a pena deveria desestimulá-lo, pois que superior às vantagens obtidas por meio do delito.

---

9 FOUCAULT, Michel. *Vigiar e punir*, p. 195.
10 PABLOS DE MOLINA, Antonio García; GOMES, Luiz Flávio. *Criminologia*, p. 160.
11 SODRÉ, Moniz. *As três escolas penais*, p. 71.

A pena, ainda segundo a Escola Clássica, deveria servir a uma função preventiva, tanto geral quanto especial. Beccaria já dizia que "o fim da pena, pois, é apenas o de impedir que o réu cause novos danos aos seus concidadãos e demover os outros de agir desse modo".[12]

Modernamente, fala-se em *teoria do delito como eleição racional*, podendo-se destacar como alguns de seus formuladores James Q. Wilson e Richard J. Herrnstein, difundida na obra intitulada *Crime e Natureza Humana*, bem como Donald V. Clarke e Derek B. Cornish (1985), que passaram a entender que a infração penal é fruto de uma eleição racional levada a efeito pelo agente. Segundo ainda Garrido, Stangeland e Redondo, "a chave explicativa da conduta delitiva reside em que certos sujeitos possuem uma mentalidade criminal que radica em que consideram que podem beneficiar-se de situações ilegais, ainda que assumam certo risco de serem presos".[13]

3.3.2. Teorias das influências

Todo o conjunto teórico abrangido pela expressão *teorias das influências* gira em torno das teorias que realçam a importância dos fatores sociais na explicação da delinquência. São enfatizadas as influências que as interações sociais negativas ou problemáticas exercem sobre a conduta delitiva, e a partir daí procuram desenvolver programas de integração social, com o fim de evitar a criminalidade.

Para as teorias das influências sociais, a delinquência seria o resultado da estrutura e do funcionamento social e, especialmente, dos desequilíbrios existentes entre os objetivos sociais e os meios legítimos disponíveis para a sua obtenção, gerando *tensão* entre os indivíduos.

Dentre as teorias das influências, podemos destacar as seguintes:
1. teoria ecológica;
2. teorias do controle social informal;
3. teoria dos vínculos sociais;
4. teoria da tensão;
5. teoria das subculturas.

1. A *teoria ecológica* teve seu desenvolvimento por intermédio da chamada Escola de Chicago, onde, no ano de 1982, foi criado o Departamento de Sociologia da Universidade de Chicago. Seus principais idealizadores foram Robert Park, Ernest Burguess, Clifford R. Shaw e Henry MacKay.

---

12 BECCARIA, Cesare. *Dos delitos e das penas*, p. 52.
13 GARRIDO, Vicente; STANGELAND, Per; REDONDO, Santiago. *Princípios de criminologia*, p. 183.

Inicialmente, via analogia, tal como uma doença, afirmavam que as pessoas eram contaminadas pelos meios sociais nos quais se encontravam inseridas. Contagiavam-se por meio do contato com comportamentos criminosos, que passavam a assimilar com naturalidade.

Mediante pesquisas de campo, seus autores confirmaram a suspeita de que a distribuição da delinquência seguia uma série de padrões pelos diferentes bairros da cidade, permitindo que fizessem um mapeamento da cidade de Chicago, em áreas concêntricas, a partir da zona central, verificando-se que a taxa de criminalidade era infinitamente maior nas áreas mais pobres.

Em seus estudos, concluíram que a *desorganização social* conduzia à queda no controle social e, consequentemente, ao aumento da delinquência e propunham, como solução ao problema da criminalidade a eliminação dos bolsões de miséria, com a abertura de oportunidades de emprego, facilitação de aquisição de moradias, escolarização, enfim, criação de um modo mais digno de vida.

Contudo, como asseveram Garrido, Stangeland e Redondo, eliminar "as deficiências sanitárias ou a pobreza são sem dúvida objetivos saudáveis em toda sociedade, mas o progresso nestes campos não vem necessariamente associado a uma diminuição contingente da delinquência", afirmando, ainda, que, tal como aconteceu nos Estados Unidos da América, na Espanha, no princípio dos anos 80, "a bonanza econômica e social desses anos não se traduziu em uma redução da delinquência, senão em um aumento desta. Portanto, as teorias que postulavam que a aplicação de medidas sociais era o principal remédio da delinquência não vieram a ser confirmadas".[14]

2. As teorias que propõem o chamado *controle social informal* tentam explicar o comportamento delinquente de acordo com as regras sociais, sem a intervenção direta do Estado.

Pela teoria da contenção, proposta por Reckless, aduz-se que existem controles internos e externos que têm a possibilidade de inibir a prática de comportamentos delituosos, a exemplo da capacidade de se autocontrolar ou mesmo o autoconceito que o agente faz de si próprio, bem como a reprovação levada a efeito por aquelas pessoas que, frequentando o mesmo círculo social do agente, viessem a tomar conhecimento do delito por ele cometido.

Por outro lado, a teoria da neutralização ou da deriva, proposta por Sykes e Matza, assevera que enquanto os jovens se encontram na fase de amadurecimento, é como se fossem barcos à deriva, não estando firmes no propósito se devem ou não delinquir. Pelo fato de se encontrarem à deriva, vinculam-se ou não à delinquência segundo contem ou não com controles que os afastem dela.

---

14 GARRIDO, Vicente; STANGELAND, Per; REDONDO, Santiago. *Princípios de criminologia*, p. 212-213.

Essa teoria cuida, ainda, das chamadas técnicas de neutralização, por meio das quais o agente busca cauterizar o sentimento de culpa com relação ao cometimento da infração penal, justificando o seu comportamento com uma série de argumentos, a saber:
- desclassificação da vítima;
- condenação daqueles que condenam ou que fazem as leis;
- demonstração de lealdades superiores;
- negação da justiça;
- argumento de que "todo mundo faz a mesma coisa";
- provocação da vítima nos delitos sexuais etc.

3. A *teoria dos vínculos sociais*, de autoria de Hirschi, é considerada uma das mais importantes da moderna criminologia, sendo ainda uma das que mais investigações têm produzido nas últimas décadas.

Foi formulada por Travis Hirschi, em 1969, na sua obra intitulada *Causas da Delinquência Juvenil*, tendo como ponto central da teoria o fato de que a existência de vínculos afetivos com pessoas socialmente integradas constitui o principal elemento impeditivo dos jovens de iniciarem a prática de condutas criminosas.

Essa teoria parte da ideia de que o apego e a vinculação do agente com seus pais, com seus amigos, com a escola, com os trabalhos sociais, bem como o temor a Deus impedem o jovem de enveredar-se pelo caminho do crime.

4. A *teoria da tensão*, de Robert Merton, imputa ao sonho americano a ilusão de que todos podem, todos têm as mesmas chances de se tornarem vencedores, provenham eles de famílias ricas ou pobres.

Na verdade, quando as pessoas se deparam com a realidade da falácia do discurso do vencedor, tem início a chamada *tensão*. Embora o Estado afirme que todos têm capacidade de vencer na vida, nem todos, obviamente, têm as mesmas chances, as mesmas oportunidades ou, mesmo, os meios necessários para que se transforme em um vencedor numa sociedade eminentemente capitalista.

Cria-se, portanto, a tensão, sendo que o indivíduo a ela pode se adaptar, assumindo quatro diferentes posturas:
a) de conformidade (é o caso da maioria dos indivíduos que se conforma em não conseguir atingir os fins de sucesso propostos);
b) de inovação (o indivíduo aceita os fins – sucesso, *status* etc. –, mas não se conforma com os meios que lhe são oferecidos e parte em busca de outros);

45

c) ritualista (não aceita os objetivos sociais, pois não tem como ideal possuir algo mais e se satisfaz em manifestar uma conduta padronizada);

d) de rebelião (não aceita os fins e tampouco as atividades sociais convencionais, a exemplo do comportamento assumido pelos revolucionários e toxicômanos).

5. A *teoria das subculturas*, que, na verdade, segundo entendemos, seria melhor denominada de *teoria das contraculturas*, analisa a formação de grupos subculturais, que são alheios aos padrões impostos pela sociedade, bem como contestadores dos fins por ela propostos.

Os grupos denominados subculturais criam para si novos fins e ideais, colidentes com aqueles determinados pela maioria da sociedade. Aqui também se trabalha com o conceito de tensão, sendo que os jovens pertencentes a grupos subculturais, a exemplo das chamadas *gangs*, dadas as discrepâncias entre *meios* e *fins* que se dão na coletividade, especialmente entre as classes menos favorecidas, produzem *estresse* e incômodo social, sendo que essas situações, consequentemente, conduzem à criminalidade.

3.3.3. As predisposições agressivas

No conceito das predisposições agressivas encontram-se aquelas teorias tidas como biológicas.

Cesare Lombroso, professor de medicina legal da Universidade de Turim, é considerado o pai da criminologia moderna. Foi o introdutor do *positivismo*, método científico utilizado nas ciências naturais, a exemplo da física, da botânica, da medicina ou da biologia.

Para Lombroso, a observação e a medição deviam constituir as estratégias habituais do conhecimento criminológico, além da racionalidade e da especulação do mundo jurídico. Suas ideias deram origem à Escola Biológica da Criminologia, que também ficou conhecida como *Escola Italiana*.

Conforme salientam Newton Fernandes e Valter Fernandes:

> "Lombroso imaginou ter encontrado, no criminoso, em sentido natural-científico, uma variedade especial de *homo sapiens*, que seria caracterizada por sinais (*stigmata*) físicos e psíquicos. Tais estigmas físicos do criminoso nato, segundo Lombroso, constavam de particularidades da forma da calota craniana e da face, consubstanciadas na capacidade muito grande ou pequena do crânio, no maxilar inferior procidente, fartas sobrancelhas, molares

muito salientes, orelhas grandes e deformadas, dessimetria corporal, grande envergadura dos braços, mãos e pés etc. Como estigmas ou sinais psíquicos que caracterizariam o criminoso nato, Lombroso enumerava: sensibilidade dolorosa diminuída (eis por que os criminosos se tatuariam), crueldade, leviandade, aversão ao trabalho, instabilidade, vaidade, tendência a superstições, precocidade sexual."

Lombroso apregoava que o criminoso nato tinha um regresso atávico, pois que muitas das características por ele apontadas também eram próprias das formas primitivas dos seres humanos.[15]

Enrico Ferri, jurista, político e sociólogo, aderiu às teses de Lombroso e a elas agregou fatores sociais, econômicos e políticos considerados importantes na análise da delinquência, apontando cinco tipos de criminosos:

a) nato;

b) louco;

c) passional;

d) ocasional;

e) habitual.

No mesmo diapasão, Garófalo aduzia:

"A ideia do atavismo foi sustentada por Lombroso, em vista da semelhança entre os caracteres físicos e morais do delinquente e do selvagem, considerado como representante do homem primitivo; o confronto entre alguns caracteres de crânios pré-históricos e de crânios de delinquentes e ainda o estudo psicológico das crianças, que representam estágios atrasados da evolução humana e nas quais se encontram muitos fatos comuns aos selvagens e aos criminosos, reforçam a opinião do grande escritor. A verdade destas aproximações é indiscutível, independentemente da hipótese de que as produz uma regressão atávica."[16]

A escola biológica, em que pesem os seus erros iniciais, contribuiu para inúmeros estudos comparativos, a exemplo da herança genética, na qual os estudos dos cromossomos levaram, nas décadas de 40 e 50, do século passado, a descobertas de alterações genéticas que, possivelmente, poderiam conduzir o indivíduo à criminalidade, como no caso da chamada *síndrome do supermacho*, na qual, em virtude das mencionadas alterações, era possível

---
15 FERNANDES, Newton; FERNANDES, Valter. *Criminologia integrada*, p. 81.
16 GARÓFALO, Raphaele. *Criminologia*, p. 132-133.

encontrar, na cadeia genética do agente, a presença de mais um cromossomo Y, que conduzia à formação XYY. Naquela oportunidade, tentou-se afirmar que esses indivíduos possuíam uma tendência à agressividade, sendo considerados como pessoas violentas. Hoje em dia, já ficou demonstrado que essa alteração em nada repercute na possibilidade de serem cometidas infrações penais, podendo-se concluir, portanto, que a delinquência não possui natureza hereditária.

3.3.4. O aprendizado da delinquência

A proposta básica da teoria do aprendizado da delinquência consiste em explicar o comportamento delitivo a partir de uma série de mecanismos de aprendizagem.

Tal teoria parte do pressuposto de que a delinquência, como espécie de comportamento humano, se aprende, da mesma forma que os demais comportamentos não criminosos, por meio do *associacionismo*, cujo desenvolvimento inicial é atribuído a Aristóteles.

Além da ideia associacionista, o sociólogo francês Gabriel Tarde formulou, em 1890, as chamadas *leis da imitação*.

Tarde criou três leis que fundamentam sua tese, a saber:

a) as pessoas imitam as outras proporcionalmente ao grau de contato que têm com elas;

b) os inferiores imitam comumente os superiores;

c) as novas modas desprezam as velhas.

Também merece destaque a *teoria da associação diferencial* criada por Edwin H. Sutherland durante os anos 20 do século passado, cuja proposta gira no sentido de que a delinquência não é o resultado da inadaptação dos sujeitos de classe baixa, senão da *aprendizagem* que indivíduos de qualquer classe e cultura realizam de condutas e valores criminais.

O princípio fundamental da teoria estabelece que o motivo pelo qual os indivíduos se convertem em delinquentes é o contato excessivo com definições favoráveis à delinquência, superiores ao contato que têm com definições contrárias a elas.

3.3.5. Teoria do etiquetamento *(labeling approach)*

A chamada teoria do etiquetamento, ou *labeling approach*, encontra suas raízes na obra de Emile Durkhein, que se referiu aos processos de construção da delinquência e a normalidade dela.

Os principais autores modernos da teoria do etiquetamento são Erving Goffman, Edwim Lemert e Howard Becker, considerados como autores da *Nova Escola de Chicago*.

A metodologia utilizada por esses autores é, tal como na anterior Escola de Chicago, a *observação direta* e o *trabalho de campo*.

Dirigem sua atenção aos processos de conversão dos indivíduos em desviados ou, o que é o mesmo, os *processos de criação dos desvios*.

Na precisa lição de Pablos de Molina:

> "Por volta dos anos 70 ganhou grande vigor uma explicação interacionista do fato delitivo que parte dos conceitos de conduta desviada e reação social. Genuinamente norte--americana, surge com a modesta pretensão de oferecer uma explicação científica aos processos de criminalização, às carreiras criminais e à chamada desviação secundária, adquirindo, sem embargo, com o tempo, a natureza de mais um modelo teórico explicativo do comportamento criminal.
>
> De acordo com essa perspectiva interacionista, não se pode compreender o crime prescindindo da própria reação social, do processo de definição de certas pessoas e condutas etiquetadas como delitivas. Delito e reação social são expressões interdependentes, recíprocas e inseparáveis. A desviação não é uma qualidade intrínseca da conduta, senão uma qualidade que lhe é atribuída por meio de complexos processos de interação social, processos estes altamente seletivos e discriminatórios."[17]

Hassemer e Muñoz Conde, analisando a tese central da teoria do etiquetamento, prelecionam:

> "A criminalidade não é uma qualidade de uma determinada conduta, senão o resultado de um processo através do qual se atribui dita qualidade, quer dizer, de um processo de estigmatização.
>
> Segundo uma versão radical desta teoria, *a criminalidade é simplesmente uma etiqueta* que se aplica pelos policiais, os promotores e os tribunais penais, quer dizer, pelas instâncias formais de controle social. Outros de seus representantes, menos radicais, reconhecem ao contrário, que os mecanismos de etiquetamento não se encontram somente no âmbito do controle social formal, senão

---
17 PABLOS DE MOLINA, Antonio García; GOMES, Luiz Flávio. *Criminologia*, p. 319-320.

também no informal, onde se dão os processos de *interação simbólica* nos quais já muito cedo a família decide quem é a ovelha negra entre os irmãos, mestre ou estudante difícil ou marginal. Desse modo, as pessoas assim definidas ficam estigmatizadas com o signo social do fracasso (...). Posteriormente, esta estigmatização ou etiquetamento será remarcado e aprofundado por outras instâncias de controle social, que terminarão por fazer com que o estigmatizado assuma por si mesmo, como parte de sua própria história vital, esse papel imposto e cunhado desde fora."[18]

No mesmo sentido, segundo Becker, os grupos sociais criam os desvios ao fazerem as regras cuja infração constitui o desvio e ao aplicarem tais regras a certas pessoas em particular e qualificá-las de marginais. Os processos de desvios, assim, podem ser considerados como primários e secundários.

O desvio primário corresponde à primeira ação delitiva de um sujeito, que pode ter como finalidade resolver alguma necessidade, por exemplo, econômica, ou produzir-se para acomodar sua conduta às expectativas de determinado grupo subcultural. O desvio secundário se refere à repetição dos atos delitivos, especialmente a partir da associação forçada do indivíduo com outros sujeitos delinquentes.

O processo de etiquetamento induz que, a partir do momento em que o sujeito delinque, a sociedade já passa a estigmatizá-lo como *delinquente*. Aquele que praticou o delito já começa a ser reconhecido por ele próprio como marginal.

Uma vez adquirido o *status* de desviado ou de delinquente, é muito difícil modificá-lo, por duas razões:

a) pela dificuldade da comunidade aceitar novamente o indivíduo etiquetado;

b) porque a experiência de ser considerado delinquente, e a publicidade que isso comporta, culminam em um processo no qual o próprio sujeito se concebe como tal.

3.3.6. Bullying

Ultimamente, muito se tem discutido a respeito do chamado *bullying*, termo de origem inglesa originário da palavra bully, cujo significado é "valentão". O valentão (*bully*), ou grupo de valentões, pratica o bullying, isto é, todos os tipos de agressões físicas, morais, ou psicológicas, de maneira intencional e

---

18 HASSEMER, Winfried; MUÑOZ CONDE, Francisco. *Introducción a la criminología*, p. 155-156.

repetida, com a finalidade de se sobrepor à(s) vítima(s), subjugando-a(s) a intimidações, agressões, humilhações.

O fenômeno não é novo, mas tem sido estudado com mais cuidado a partir da década de 1980, principalmente na Europa e nos Estados Unidos, e ocorre, com mais frequência, no ambiente escolar (escolas, colégios, faculdades, universidades etc.), mas também acontece em ambientes de trabalho ou mesmo dentro das próprias famílias. Quantas vezes já assistimos nos noticiários de televisão a cenas mostrando humilhações de pessoas ligadas, de alguma forma, à vida militar, principalmente quando participam de determinados cursos que, supostamente, visam ao seu crescimento profissional?

No Brasil, o problema é comum, não importando a classe social dos envolvidos ou, como é mais frequente, se a instituição de ensino é de natureza pública ou privada.

O *bullying* é praticado de diversas formas, que vão desde pequenas intimidações, como insultos, ameaças, trotes, humilhações, falsos rumores sobre a reputação da vítima, apelidos ridicularizantes, até a prática de infrações penais graves, a exemplo do estupro, roubo, extorsões, chegando, inclusive, em algumas situações extremas, ao homicídio.

Normalmente, nas instituições de ensino, as vítimas do bullying são pessoas excluídas ou isoladas socialmente, minorias, mais fracas fisicamente, estudiosas, ou que, por alguma razão, foram "escolhidas" para serem isoladas pelo bully.

Aquilo que, à primeira vista, parece uma simples brincadeira sem maiores consequências, pode levar a vítima até mesmo ao cometimento de suicídio, dada a humilhação a que é submetida. Todos nós, em menor ou maior grau, já tivemos contato com o *bullying*.

Embora não seja, especificamente, uma teoria criminológica, mas, sim, um fenômeno nefasto para a sociedade moderna, seu estudo não deixa de ser importante para o criminólogo, principalmente aqueles ligados as áreas da sociologia e da psicologia, que poderão contribuir, decisivamente, para o enfrentamento da questão, visando à redução de sua prática a índices toleráveis.

Visando a esclarecer as situações em que o *bullyng* pode se caracterizar, bem como a necessidade de sua prevenção, foi editada a Lei nº 13.185, de 6 de novembro de 2015, que instituiu o programa de Combate à Intimidação Sistemática (*Bullyng*), dizendo, em seus arts. 1º a 3º que:

Art. 1º Fica instituído o Programa de Combate à Intimidação Sistemática (*bullying*) em todo o território nacional.

§ 1º No contexto e para os fins desta Lei, considera-se intimidação sistemática (*bullying*) todo ato de violência física ou psicológica, intencional e repetitivo que ocorre sem motivação evidente, praticado por indivíduo ou grupo, contra uma ou mais pessoas, com o objetivo de intimidá-la ou agredi-la, causando dor e angústia à vítima, em uma relação de desequilíbrio de poder entre as partes envolvidas.

§ 2º O Programa instituído no *caput* poderá fundamentar as ações do Ministério da Educação e das Secretarias Estaduais e Municipais de Educação, bem como de outros órgãos, aos quais a matéria diz respeito.

Art. 2º Caracteriza-se a intimidação sistemática (*bullying*) quando há violência física ou psicológica em atos de intimidação, humilhação ou discriminação e, ainda:

I – ataques físicos;

II – insultos pessoais;

III – comentários sistemáticos e apelidos pejorativos;

IV – ameaças por quaisquer meios;

V – grafites depreciativos;

VI – expressões preconceituosas;

VII – isolamento social consciente e premeditado;

VIII – pilhérias.

Parágrafo único. Há intimidação sistemática na rede mundial de computadores (*cyberbullying*), quando se usarem os instrumentos que lhe são próprios para depreciar, incitar a violência, adulterar fotos e dados pessoais com o intuito de criar meios de constrangimento psicossocial.

Art. 3º A intimidação sistemática (*bullying*) pode ser classificada, conforme as ações praticadas, como:

I – verbal: insultar, xingar e apelidar pejorativamente;

II – moral: difamar, caluniar, disseminar rumores;

III – sexual: assediar, induzir e/ou abusar;

IV – social: ignorar, isolar e excluir;

V – psicológica: perseguir, amedrontar, aterrorizar, intimidar, dominar, manipular, chantagear e infernizar;

VI – físico: socar, chutar, bater;

VII – material: furtar, roubar, destruir pertences de outrem;

VIII – virtual: depreciar, enviar mensagens intrusivas da intimidade, enviar ou adulterar fotos e dados pessoais que resultem em sofrimento ou com o intuito de criar meios de constrangimento psicológico e social.

3.4. CONCLUSÃO

De tudo o que foi exposto, percebe-se que nenhuma dessas teorias acima elencadas tem o condão de, sozinha, resolver os problemas fundamentais atribuídos ao criminólogo, vale dizer, o estudo do comportamento delitivo e a reação social.

Na verdade, cada uma dessas teorias possui pontos positivos e negativos, premissas corretas e equivocadas. Entretanto, caberá ao criminólogo aproveitar o máximo possível de seus ensinamentos, a fim de procurar aplicá-las no sentido de tentar resolver um dos maiores problemas que assolam a sociedade de hoje – o aumento da criminalidade.

Cada espécie de delinquente mereceria, é certo, sua própria teoria criminológica. Não estamos nos referindo, obviamente, àquela definição proposta por Lombroso e Ferri, como vimos anteriormente, que subdividiam os delinquentes em natos, loucos, ocasionais, passionais e habituais. Uma nova subdivisão deve ser proposta, a fim de analisar aqueles que integram grupos de extermínio, traficantes de drogas, contrabandistas, criminosos de colarinho branco, pequenos furtadores, estupradores, enfim, em cada uma das infrações penais elencadas pela lei penal deverá ser observado o agente que possui as características previstas pelo tipo.

Ao contrário do que ocorria com a Escola Ecológica, que identificava, em geral, um aumento da taxa de criminalidade quanto mais pobre fosse a zona que se observava, na moderna criminalidade, a zona sul, isto é, a região nobre de algumas cidades grandes, abriga os criminosos mais perigosos. Verdadeiros genocidas, sonegam fortunas incalculáveis, matando milhares de pessoas com seus rombos nas Bolsas de Valores, com suas licitações fraudulentas etc.

O latrocida, nos dias de hoje, virou bode expiatório, visto que a sua conduta é testemunhada por toda a sociedade, ao contrário dos criminosos de colarinho branco, frequentadores assíduos das colunas sociais, que são bajulados pela população, que se orgulha de, ao seu lado, tirar fotos promocionais. O trabalho do criminólogo é árduo, mas prazeroso. Com as ferramentas trazidas pelas teorias acima expostas, poderá o profissional executar um trabalho paciente de investigação, a fim de apurar por que os ricos querem ficar cada vez mais ricos à custa da vida dos pobres; por que a maioria dos pobres e miseráveis, mesmo diante de sua situação de penúria, ainda se conforma diante de tanta desigualdade social e não se rebela contra o sistema, praticando toda a sorte de crimes; por que pessoas que nasceram e cresceram em lares abastados voltam-se para a prática de crimes violentos; por que os que têm tudo se suicidam...

O criminólogo, concluindo, deve ser o mais eclético possível – psicólogo, psiquiatra, biólogo, sociólogo, jurista etc. Todos os saberes devem estar reunidos em uma só pessoa, se é que isso seja possível, a fim de desvendar o enigmático problema do crime, do delinquente e da vítima.

Capítulo 4
Síndrome da Mulher de Potifar, Síndrome de Estocolmo e Síndrome de Londres

4.1. SÍNDROME DA MULHER DE POTIFAR

O estupro, em geral, é um crime praticado às ocultas, isto é, sem a presença de testemunhas. Nesse caso, como chegar à condenação do agente quando temos, de um lado, a palavra da vítima, que se diz estuprada, e, do outro, a palavra do réu, que nega todas as acusações proferidas contra a sua pessoa? Como ficaria, nesse caso, o princípio do *in dubio pro reo*?

Devemos aplicar, *in casu*, aquilo que em criminologia é conhecido como *síndrome da mulher de Potifar*, importada dos ensinamentos bíblicos.

Para quem nunca teve a oportunidade de ler a Bíblia, resumindo a história que motivou a criação desse pensamento criminológico, tal teoria foi originária do livro de Gênesis, principalmente do capítulo 39, onde é narrada a história de José, décimo primeiro filho de Jacó.

Diz a Palavra de Deus que Jacó amava mais a José do que aos outros irmãos, o que despertava neles ciúmes e inveja. Certo dia, a pedido de seu pai, José foi verificar como estavam seus irmãos, que tinham levado o rebanho a pastorear. Ao avistarem José, seus irmãos, destilando ódio, resolveram matá-lo, depois de o terem jogado em um poço, mas foram dissuadidos pelo irmão mais velho, Rúben. No entanto, ao perceberem que se aproximava uma caravana que se dirigia ao Egito, resolveram vendê-lo aos ismaelitas por 20 barras de prata. Ao chegar ao Egito, José foi vendido pelos ismaelitas a um egípcio chamado Potifar, um oficial que era o capitão da guarda do palácio real.

Como era um homem temente a Deus, José logo ganhou a confiança de Potifar, passando a ser o administrador de sua casa, tomando conta de tudo o que lhe pertencia. Entretanto, a mulher de Potifar, sentindo forte atração por José, quis com ele ter relações sexuais, mas foi rejeitada.

Vamos registrar a história narrada pela própria Bíblia, com a nova tradução em linguagem de hoje, no capítulo 39, versículos 6 a 20, para sermos mais fidedignos com os fatos que motivaram a criação da aludida teoria criminológica:

"José era um belo tipo de homem e simpático. Algum tempo depois, a mulher do seu dono começou a cobiçar José. Um dia ela disse:

– Venha, vamos para a cama.

Ele recusou, dizendo assim:

– Escute! O meu dono não precisa se preocupar com nada nesta casa, pois eu estou aqui. Ele me pôs como responsável por tudo o que tem. Nesta casa eu mando tanto quanto ele. Aqui eu posso ter o que quiser, menos a senhora, pois é mulher dele. Sendo assim, como poderia eu fazer uma coisa tão imoral e pecar contra Deus?

Todos os dias ela insistia que ele fosse para a cama com ela, mas José não concordava e também evitava estar perto dela. Mas um dia, como de costume, ele entrou na casa para fazer o seu trabalho, e nenhum empregado estava ali. Então ela o agarrou pela capa e disse:

– Venha, vamos para a cama.

Mas ele escapou e correu para fora, deixando a capa nas mãos dela. Quando notou que, ao fugir, ele havia deixado a capa nas suas mãos, a mulher chamou os empregados da casa e disse:

– Vejam só! Este hebreu, que o meu marido trouxe para casa, está nos insultando. Ele entrou no meu quarto e quis ter relações comigo, mas eu gritei o mais alto que pude. Logo que comecei a gritar bem alto, ele fugiu, deixando sua capa no meu quarto.

Ela guardou a capa até que o dono de José voltou. Aí contou a mesma história, assim:

– Esse escravo hebreu, que você trouxe para casa, entrou no meu quarto e quis abusar de mim. Mas eu gritei bem alto, e ele correu para fora, deixando a sua capa no meu quarto. Veja só de que jeito o seu escravo me tratou!

Quando ouviu essa história, o dono de José ficou com muita raiva. Ele agarrou José e o pôs na cadeia onde ficavam os presos do rei. E José ficou ali."[1]

---

1 Depois de algum tempo preso, Deus honrou a fidelidade de José, fazendo dele o segundo homem mais poderoso do Egito, somente ficando abaixo do próprio Faraó. Para saber mais detalhes sobre a vida de José, desde o seu nascimento até sua assunção ao poder no Egito, leia os capítulos 37 a 50 do livro de Gênesis, na Bíblia Sagrada.

Quem tem alguma experiência na área penal percebe que, em muitas situações, a suposta vítima é quem deveria estar ocupando o banco dos réus, e não o agente acusado de estupro.

Mediante a chamada *síndrome da mulher de Potifar*, o julgador deverá ter a sensibilidade necessária para apurar se os fatos relatados pela vítima são verdadeiros, ou seja, comprovar a verossimilhança de sua palavra, haja vista que contradiz com a negativa do agente.

A falta de credibilidade da vítima poderá, portanto, conduzir à absolvição do acusado, ao passo que a verossimilhança de suas palavras será decisiva para um decreto condenatório.[2]

---

2 Em reforço ao que foi dito, vale relembrar dois casos importantes, nos quais foram protagonistas William Kennedy Smith e Mike Tyson, narrados por George P. Fletcher, cuja transcrição integral se faz necessária para sua melhor compreensão: "Ao final do mês de março de 1991, Willian Kennedy Smith, de 31 anos de idade, um estudante de medicina, começou a dançar com Patrícia Browman, de idade similar, em um bar de Palm Beach. Logo ela se foi com ele à propriedade dos Kennedy e, segundo Willian, durante o caminho, foi retirando sua meia-calça, deixou sua roupa no interior do carro, e se foi com ele para dar um passeio pela praia. Ademais, segundo sua versão, ela participou ativamente do coito, duas vezes, no gramado da propriedade. Mas ela o acusou de estupro, alegando que o que realmente sucedeu foi que ele a abordou e a forçou sexualmente.
Mike Tyson conheceu Desiree Washington uns poucos meses depois, em 18 de julho, durante o concurso de beleza Miss América negra, em Indianápolis. Tyson flertou com várias das concursantes e obteve o número do telefone do quarto de hotel de Washington. À uma e meia da madrugada seguinte, Tyson chamou a Washington de sua limusine. Mesmo já estando preparada para dormir, aceitou encontrar-se com ele, passando quinze minutos arrumando-se, e logo se reuniu com ele no assento traseiro da limusine. Chegaram ao hotel de Tyson e caminharam juntos até o seu quarto. Entraram no quarto, ela o acompanhou até o dormitório e se sentou na borda da cama. Não está muito claro se se beijaram na limusine, mas em geral, até esse ponto da história, Washington e Tyson coincidem no que sucedeu.
Desde o momento em que ela se sentou na cama, as histórias se distanciam, a dela sugerindo um coito forçado e a dele, a de sexo consentido. Sem embargo, os dois coincidiram em ao menos quatro aspectos do encontro sexual. Tyson realizou sexo oral antes de penetrá-la. Em um dado momento, lhe perguntou se queria estar por cima, e ela montou sobre ele. Ele não usou preservativo, o que a assustou pela possibilidade de gravidez; ele ejaculou externamente. Depois do encontro sexual, lhe pediu que passasse a noite, mas ela não aceitou o convite, desceu sozinha para a limusine que a esperava.
Obviamente, cada uma destas etapas do encontro sexual toma um giro diferente em suas respectivas histórias. Por exemplo, ela disse que escolheu ficar por cima porque assim ficaria mais fácil fugir. Apesar do acordo geral sobre o marco dos fatos, existe desacordo sobre se e quando Washington disse *não, para!* Acreditando em sua versão, ela foi estuprada; se se crê em Tyson, ela aceitou o sexo e inventou a acusação de estupro 24 horas depois.
Em nenhum desses casos havia muita evidência corroborando a história do homem ou o relato da mulher. No caso Kennedy, Patrícia Browman teve que explicar alguns fatos anômalos, como ter deixado sua meia-calça no carro e a ausência de sinais que suas roupas foram rasgadas. Também ela sustentou que havia gritado. No entanto os convidados que estavam na propriedade, que dormiam próximo com as janelas abertas, não escutaram nada. No caso de Tyson, Desiree Washington ofereceu um testemunho mais firme, mas com algumas anomalias. Contou diferentes histórias a diferentes pessoas, a exemplo de que o fato aconteceu no chão, ou que gritou, ou que Tyson a impediu de gritar. Em seu apoio, um perito médico testificou que apresentava duas ligeiras contusões vaginais que sugeriam um coito forçado.
Ao final, ambos os casos acabaram na palavra dela contra a dele [...].
O resultado foi distinto em cada caso. Um corpo de jurado composto de seis membros, de idade média, da conservadora Flórida, absolveu a William Kennedy Smith, o jovem estudante de medicina, depois de 77 minutos de deliberação. Um corpo de jurados racialmente diverso de Indiana também alcançou o consenso com rapidez. Em 10 horas concluíram que Tyson era culpado das imputações de que era acusado, de todas elas." (FLETCHER, George P. *Las víctimas ante el jurado*, p. 162-164)

4.2. SÍNDROME DE ESTOCOLMO

Nas infrações penais onde ocorre a privação da liberdade das pessoas, a exemplo do sequestro ou cárcere privado, da extorsão mediante sequestro etc., é comum se estabelecer entre os agentes e as vítimas aquilo que se convencionou chamar de *síndrome de Estocolmo*, dada a situação de crise que ocorreu na Suécia, durante um roubo no Banco de Créditos de Estocolmo.

Naquele episódio, após uma tentativa de roubo, que fora frustrada com a chegada da policia à agência bancária, um agente tomou como reféns três mulheres e um homem. Ato contínuo, com a finalidade de se proteger das investidas policiais, fez com que todos entrassem no caixa-forte do Banco e exigiu, durante as negociações com a polícia, que fosse libertado e levado àquele local outro agente, antigo parceiro de crime, que se encontrava na prisão.

Essa exigência foi atendida e os dois agentes (Jan-Erik Olsson e Clark Olofsson)e os quatro reféns ficaram no interior do caixa forte da agência bancária por alguns dias. Ao final desse período (de 23 a 28 de agosto de 1973) quando, finalmente, iriam se entregar, os reféns utilizaram os próprios corpos como escudo contra a polícia, a fim de proteger os dois sequestradores.

Pouco tempo depois, durante uma entrevista, uma das jovens reféns declarou expressamente sua simpatia por um dos sequestradores e disse que esperaria que cumprisse sua pena para que pudessem se casar, o que causou espanto a toda população que a assistia, fazendo com que todos acreditassem que, naquele local, os dois tinham mantido algum tipo de contato sexual.

Conforme relatado por Rodolfo Pacheco, ao contrário do que a população pensava,

> "por várias vezes, durante a crise, o suspeito exibira a referida moça, com uma arma sob o queixo, aos policiais. Soube-se também que, a certa altura, ao desconfiarem que a polícia pretendia jogar gás lacrimogêneo no interior do caixa-forte, os suspeitos amarraram os pescoços dos reféns aos puxadores das gavetas de aço ali existentes. Com isso pretendiam eles responsabilizar a polícia de algum eventual enforcamento dos reféns, causado pelo pânico que adviria com o lançamento de gás no interior do caixa-forte."[3]

Além disso, os reféns recusaram-se a testemunhar contra os agentes e falavam em favor deles, perante o público, dando início a uma campanha para angariar fundos para a defesa deles em juízo.

---

3 PACHECO, Rodolfo. *Gerenciando crises*, p. 53.

A expressão *síndrome de Estocolmo* foi criada pelo psicólogo clínico Harvey Schlossberg, a partir desse evento ocorrido em Estocolmo, na Suécia, e tem sido definida, conforme preleciona Rodolfo Pacheco, como

> "uma perturbação de ordem psicológica, paralela à chamada 'transferência', que é o termo que a psicologia usa para se referir ao relacionamento que se desenvolve entre um paciente e o psiquiatra, e que permite que a terapia tenha sucesso. O paciente precisa acreditar que o médico pode ajudá-lo a fim de que o tratamento tenha bom êxito, e como resultado desse esforço, o paciente desenvolve o fenômeno da transferência.
>
> As pessoas, quando estão vivendo momentos cruciais, costumam se apegar a qualquer coisa que lhes indique a saída, e é exatamente isso que ocorre com os reféns e suspeitos.
>
> Por ocasião de um evento crítico, tanto uns como outros estão sob forte tensão emocional.
>
> Por essa razão, os reféns passam conscientemente a desejar que tudo dê certo para os suspeitos, isto é, que eles consigam o dinheiro do resgate, que lhes sejam satisfeitas todas as exigências e que, ao final, possam fugir em paz, deixando os reféns com vida.
>
> Nesse processo mental, os reféns passam a considerar como totalmente indesejável toda e qualquer intervenção policial e, frequentemente, os próprios valores sedimentados ao longo da vida costumam ser questionados e até mudados por essas pessoas.
>
> Dessa ânsia desesperada pelo bom sucesso dos suspeitos para a simpatia, a admiração, e até mesmo o amor ou o bem--querer, é um passo."[4]

Os especialistas no assunto informam que a *síndrome de Estocolmo* leva de 15 a 45 minutos para começar a se manifestar, e sua probabilidade cresce à medida que vai se prolongando o tempo de convivência entre os agentes causadores da crise e os reféns.

Embora a existência da *síndrome de Estocolmo*, por um lado, possa ser benéfica aos reféns, por outro, no que diz respeito à polícia, pode dificultar a posição do negociador, bem como atrapalhar a ação do grupo tático, preparado para intervir, caso seja necessário.

---
4 PACHECO, Rodolfo. *Gerenciando crises*, p. 53-54.

O Ten. Cel. Onivan Elias de Oliveira, no curso de negociação e gerenciamento de crise, ministrado na Polícia Militar do Estado da Paraíba, aponta alguns aspectos negativos da síndrome em estudo, a saber:

- as informações transmitidas pelos reféns tornam-se não confiáveis;
- os reféns, consciente ou inconscientemente, fornecem à polícia falsas informações sobre o armamento e o potencial dos sequestradores;
- os reféns passam a assumir uma posição de defesa dos sequestradores;
- a síndrome pode causar interferência nos planos de resgate dos reféns, que poderão agir contrariamente aos comandos dos policiais, tornando mais difícil o trabalho do grupo tático que, eventualmente, poderá ser utilizado.

4.3. SÍNDROME DE LONDRES

Ao contrário do que ocorre com a chamada *síndrome de Estocolmo*, na qual os reféns passam a ter uma relação de afinidade com seus algozes, na *síndrome de Londres* o fenômeno é justamente o oposto, ou seja, os reféns passam a discutir, discordar do comportamento dos sequestradores, gerando uma antipatia que, muitas vezes, lhes poderá ser fatal.

A denominação *síndrome de Londres* surgiu após o evento ocorrido na Embaixada Iraniana, localizada na cidade de Londres, onde seis terroristas árabes iranianos tomaram como reféns 16 diplomatas e funcionários iranianos, 3 cidadãos britânicos e 1 libanês, durante o período de 30 de abril a 5 de maio de 1980.

No grupo de reféns, havia um funcionário iraniano chamado Abbas Lavasani, que discutia, com frequência, com os terroristas, dizendo que jamais se dedicaria ao Aiatolá e que seu compromisso era com a justiça da revolução islâmica. O clima entre Lavasani e os terroristas era o pior possível, até que, em determinado momento do sequestro, quando decidiram que um dos reféns deveria ser morto para que acreditassem nas suas ameaças, os sequestradores escolheram Lavasini e o executaram.

Capítulo 5
Conceito de Princípios

Segundo o nosso vernáculo, a palavra "princípios" significa:

"*S. m. pl.* **1.** Rudimentos. **2.** Primeira época da vida. **3.** Bibliogr. V. *folhas preliminares.* **4.** *Filos.* Proposições diretoras de uma ciência, às quais todo o desenvolvimento posterior dessa ciência deve estar subordinado."[1]

Partindo da definição contida no item 4 acima, os princípios são considerados, na ciência jurídica, como as normas gerais mais abstratas, que servem de norte e de observação obrigatória para a criação do sistema normativo.

A palavra "princípio", no singular, nos termos ainda do dicionário apontado, indica o início, a origem, o começo, a causa primária.

Com precisão, aduz Ruy Samuel Espíndola:

"Pode-se concluir que a ideia de princípio ou sua conceituação, seja lá qual for o campo do saber que se tenha em mente, designa a estruturação de um sistema de ideias, pensamentos ou normas por uma ideia mestra, por um pensamento-chave, por uma baliza normativa, donde todas as demais ideias, pensamentos ou normas derivam, se reconduzem e/ou se subordinam."[2]

Nessa conceituação podemos visualizar e apontar os princípios como orientadores de todo o sistema normativo, sejam eles positivados ou não. Dissemos positivados ou não porque os princípios podem estar previstos expressamente em textos normativos, a exemplo do que ocorre com o princípio da legalidade, cuja previsão se encontra no texto de nossa Constituição, ou

---
[1] FERREIRA, Aurélio Buarque de Holanda. *Novo dicionário da língua portuguesa.*
[2] ESPÍNDOLA, Ruy Samuel. *Conceito de princípios constitucionais*, p. 53.

outros que, embora não positivados, são de obediência obrigatória, razão pela qual são denominados *princípios gerais do Direito*.[3]

Merecem ser transcritas as lições de Ivo Dantas quando, buscando conceituar os princípios, diz:

> "Para nós, PRINCÍPIOS são categoria lógica e, tanto quanto possível, universal, muito embora não possamos esquecer que, antes de tudo, quando incorporados a um sistema jurídico-constitucional-positivo, refletem a própria estrutura ideológica do Estado, como tal, representativa dos valores consagrados por uma determinada sociedade."[4]

Até a expressão *princípios gerais do Direito* deverá ser bem entendida. Sabemos que cada ramo do ordenamento jurídico tem suas particularidades e princípios que lhe são próprios. O Direito Civil se orienta por princípios que podem ou não coincidir com aqueles com os quais o Direito Penal se ocupa.

Conforme preleciona Ruy Samuel Espíndola:

> "ambos, *princípios positivos do Direito* e *princípios gerais do Direito*, encontram-se contemplados na enunciação linguística do art. 4º, da Lei de Introdução ao Código Civil. Os primeiros, no vocábulo 'lei', e os segundos, na locução que lhes designa o próprio enunciado."[5]

Merece ser ressaltada a advertência feita por Manoel Messias Peixinho, quando diz:

> "É problemática a definição de princípios gerais de direito, se se quer alcançar um enunciado formal e incontroverso, à semelhança de outros institutos jurídicos. Del Vecchio entende serem os princípios gerais os mesmos do Direito Natural. Gény, por sua vez, compreende os princípios gerais do direito como os que decorrem da natureza das coisas. Bianchi, Pacchioni e Clóvis Beviláqua consideram-nos como os princípios universais, presentes na Filosofia e na Ciência (Paupério, 1989, p. 309-310)".

---

3 Conforme esclarece Olga Sánchez Martínez, *in Los principios enel derecho y la dogmática penal*, p. 46, "os princípios gerais do direito permitem, sendo fiel a lei, construir valorativamente sua aplicação. No momento da interpretação jurídica as normas são reconduzidas aos princípios buscando sua conformidade com o conjunto de valores materiais reconhecidos no ordenamento jurídico, seja texto constitucional ou na regulamentação concreta das distintas instituições jurídicas".
4 DANTAS, Ivo. *Princípios constitucionais e interpretação constitucional*, p. 59.
5 ESPÍNDOLA, Ruy Samuel. *Conceito de princípios constitucionais*, p. 60.

Citando Mans Puigarnau, Paulo Nader desmembra os princípios gerais de direito, compreendendo como subconceitos a principialidade, a generalidade e a juridicidade. Portanto, pode-se assim definir:

> "a) princípios: ideia de fundamento, origem, começo, razão, condição e causa;
>
> b) gerais: a ideia de distinção entre gênero e a espécie e a oposição entre a pluralidade e a singularidade;
>
> c) direito: caráter de juridicidade, o que está conforme à reta; o que dá a cada um o que lhe pertence (Nader, 1993, p. 110)."[6]

E conclui a sua exposição, dizendo:

> "É relevante observar que a dificuldade em torno de uma definição dos princípios gerais de direito está adstrita ao exame de sua própria natureza. Por conseguinte, pode-se delinear a discussão dentro de duas vertentes ideológicas, no âmbito da Filosofia do Direito. O positivismo, com a Escola Histórica, compreende os princípios gerais de direito como os próprios princípios do ordenamento jurídico, enquanto que, para o jusnaturalismo, os princípios gerais de direito são de conteúdo ultrapositivos, oriundos de princípios imutáveis, ou seja, do Direito Natural."[7]

Fábio Corrêa Souza de Oliveira, com argúcia, observa, ainda:

> "A par daqueles considerados válidos para toda forma de conhecimento, cada ramo do saber pode instituir princípios particulares. Temos os princípios da Física, da Psicologia, da Economia, da Teologia, da Sociologia, da Química, da Filosofia, do Serviço Social, do Direito etc. A declaração dos princípios não é feita, em grande parte dos casos, num clima de pacificidade. Inúmeras dificuldades e controvérsias existem mesmo nas Ciências Exatas ou Biológicas. A evolução do entendimento e da tecnologia se encarrega de derrubar princípios acreditados como absolutos e imperecíveis. Nas Ciências Humanas e Sociais, os desacordos e os antagonismos são frequentes. É de ampla aceitação a tese de que os princípios se revestem de

---

[6] Apud PEIXINHO, Manoel Messias. *A interpretação da Constituição e os princípios fundamentais*, p. 105-106.
[7] Apud PEIXINHO, Manoel Messias. *A interpretação da Constituição e os princípios fundamentais*, p. 106.

algum caráter de relatividade, inclusive os estimados como universais. As disputas não se limitam apenas sobre quais princípios são determinados, mas ainda sobre a maneira de compreendê-los e aplicá-los."[8]

É nossa tarefa, portanto, analisar a teoria dos princípios sob o enfoque exigido pelo Direito, procurando desvendar sua aplicação teórica e prática, razão pela qual faremos, a seguir, o estudo do caráter normativo dos princípios, bem como a necessidade de sua aplicação considerando-se um Direito Penal do Equilíbrio, no qual a principiologia penal, na verdade, ocupa lugar de destaque, reinando sobre o ordenamento jurídico, com reflexos para toda a legislação penal.

5.1. O CARÁTER NORMATIVO DOS PRINCÍPIOS

Sejam os princípios expressos ou implícitos, positivados ou não, entende-se, contemporaneamente, o seu caráter normativo como normas com alto nível de generalidade e informadoras de todo o ordenamento jurídico, com capacidade, inclusive, de verificar a validade das normas que lhe devem obediência.

Ricardo Guastini, com precisão, aponta seis distintas definições de princípios que se encontram estreitamente ligadas às disposições normativas, quando assevera:

> "Em primeiro lugar, o vocábulo 'princípio'[...] se refere a normas (ou a disposições legislativas que exprimem normas) providas de um alto grau de generalidade.
>
> Em segundo lugar [...], os juristas usam o vocábulo 'princípio' para referir-se a normas (ou a disposições que exprimem normas) providas de um alto grau de indeterminação e que por isso requerem concretização por via interpretativa, sem a qual não seriam suscetíveis de aplicação aos casos concretos.
>
> Em terceiro lugar [...], os juristas empregam a palavra 'princípio' para referir-se a normas (ou disposições normativas) de caráter 'programático'.
>
> Em quarto lugar [...], o uso que os juristas às vezes fazem do termo 'princípio' é para referir-se a normas (ou a dispositivos que exprimem normas) cuja posição hierárquica das fontes de Direito é muito elevada.

---

8 OLIVEIRA, Fábio Corrêa Souza de. *Por uma teoria dos princípios*. O princípio constitucional da razoabilidade, p. 19.

Em quinto lugar [...], os juristas usam o vocábulo 'princípio' para designar normas (ou disposições normativas) que desempenham uma função 'importante' e 'fundamental' no sistema jurídico ou político unitariamente considerado, ou num outro subsistema do sistema jurídico conjunto (o Direito Civil, o Direito do Trabalho, o Direito das Obrigações).

Em sexto lugar, finalmente [...], os juristas se valem da expressão 'princípio' para designar normas (ou disposições que exprimem normas) dirigidas aos órgãos de aplicação, cuja específica função é fazer a escolha dos dispositivos ou das normas aplicáveis nos diversos casos."[9]

Ana Paula de Barcellos, a seu turno, enumera os sete critérios mais utilizados pela doutrina para que se leve a efeito a distinção entre os princípios e as regras, a saber:

"(a) O *conteúdo*. Os princípios estão mais próximos da ideia de valor e de direito. Eles formam uma exigência da justiça, da equidade ou da moralidade, ao passo que as regras têm um conteúdo diversificado e não necessariamente moral. Ainda no que diz respeito ao conteúdo, Rodolfo L. Vigo chega a identificar determinados princípios, que denomina de 'fortes', com os direitos humanos.

(b) *Origem e validade*. A validade dos princípios decorre de seu próprio conteúdo, ao passo que as regras derivam de outras regras ou dos princípios. Assim, é possível identificar o momento e a forma como determinada regra tornou-se norma jurídica, perquirição essa que será inútil no que diz respeito aos princípios.

(c) *Compromisso histórico*. Os princípios são para muitos (ainda que não todos), em maior ou menor medida, universais, absolutos, objetivos e permanentes, ao passo que as regras caracterizam-se de forma bastante evidente pela contingência e relatividade de seus conteúdos, dependendo do tempo e lugar.

(d) *Função no ordenamento*. Os princípios têm uma função explicadora e justificadora em relação às regras. Ao modo dos axiomas e leis científicas, os princípios sintetizam uma

---

9 GUASTINI, Ricardo *apud* ESPÍNDOLA, Ruy Samuel. *Conceito de princípios constitucionais*, p. 61-62.

grande quantidade de informação de um setor ou de todo o ordenamento jurídico, conferindo-lhe unidade e ordenação.

(e) *Estrutura linguística*. Os princípios são mais abstratos que as regras, em geral não descrevem as condições necessárias para sua aplicação e, por isso mesmo, aplicam-se a um número indeterminado de situações. Em relação à regras, diferentemente, é possível identificar, com maior ou menor trabalho, suas hipóteses de aplicação.

(f) *Esforço interpretativo exigido*. Os princípios exigem uma atividade argumentativa muito mais intensa, não apenas para precisar seu sentido, como também para inferir a solução que ele propõe para o caso, ao passo que as regras demandam apenas uma aplicabilidade, na expressão de Josef Esse, 'burocrática e técnica'.

(g) *Aplicação*. As regras têm estrutura biunívoca, aplicando-se de acordo com o modelo do 'tudo ou nada', popularizado por Ronaldo Dworkin. Isto é, dado seu substrato fático típico, as regras só admitem duas espécies de situação: ou são válidas e se aplicam ou não se aplicam por inválidas. Não são admitidas gradações. Como registra Robert Alexy, ao contrário das regras, os princípios determinam que algo seja realizado na maior medida possível, admitindo uma aplicação mais ou menos ampla de acordo com as possibilidades físicas e jurídicas existentes."[10]

Marcello Ciotola, apontando a polêmica confusão que se faz entre norma e princípio ou, ainda, entre regra e princípio, preleciona, citando Robert Alexy:

"Robert Alexy observa que, embora a distinção entre regras e princípios não seja nova, impera a respeito confusão e polêmica. Além do mais, a contraposição que frequentemente se faz é entre norma e princípio, e não entre regra e princípio. Questionando esta postura, afirma que regras e princípios são espécies do gênero norma jurídica:

'Tanto las reglas como los principios son normas porque ambos dicen lo que debe ser. Ambos puden ser formulados con la ayuda de las expresiones deónticas básicas del mandato, la permisión y la prohibición. Los princípios, al igual que las reglas, son razones para juicios concretos de deber ser, aun

---
10 BARCELLOS, Ana Paula de. *A eficácia juridicial dos princípios constitucionais*, p. 47-51.

cuando sean razones de un tipo muy diferente. La distinción entre reglas y principios es pues una distinción entre dos tipos de normas'."[11]

Merece destaque, ainda, a evolução relativa às fases pelas quais passou a juridicidade dos princípios. Inicialmente, os princípios possuíam caráter *jusnaturalista*, seguindo-se a ela a fase *positivista*, para, então, modernamente, atribuir-se-lhes uma visão pós-positivista.

Disserta Paulo Bonavides que, na fase jusnaturalista:

"os princípios habitam ainda a esfera por inteiro abstrata e sua normatividade, basicamente nula e duvidosa, contrasta com o reconhecimento de sua dimensão ético-valorativa de ideia que inspira os postulados de justiça."[12]

Na segunda fase, considerada positivista, os princípios deveriam ser extraídos do sistema de normas posto em determinado ordenamento jurídico, servindo-lhe como fonte normativa subsidiária ou, na expressão de Gordilho Cañas, citado por Paulo Bonavides, como "válvula de segurança", que "garante o reinado absoluto da lei".[13]

Na fase pós-positivista, as Constituições, seguindo as lições de Paulo Bonavides, "acentuam a hegemonia axiológica dos princípios, convertidos em pedestal normativo sobre o qual assenta todo o edifício jurídico dos novos sistemas constitucionais".[14]

Os princípios, portanto, passam, nesta última fase, a exercer a primazia sobre todo o ordenamento jurídico, limitando, por meio dos valores por eles selecionados, a atividade legislativa, somente permitindo, no caso específico do Direito Penal, por exemplo, a criação normativa que não lhes seja ofensiva.

Em decorrência desse raciocínio, entendemos que os princípios, dado o seu caráter de norma superior às demais existentes no ordenamento jurídico, servem de garantia a todos os cidadãos, em um Estado Constitucional e Democrático de Direito, contra as tentativas do Estado em se arvorar em "senhor onipotente". Os princípios são, portanto, o escudo protetor de todo cidadão contra os ataques do Estado. Todas as normas lhe devem obediência, sob pena de serem declaradas inválidas. A título de exemplo, imagine-se a hipótese tão ventilada nos meios de comunicação de massa a respeito da implementação das penas de morte ou de caráter perpétuo para determinadas

---

11 CIOTOLA, Marcello. *Princípios gerais de direito e princípios constitucionais* – Os princípios da Constituição de 1988, p. 46.
12 BONAVIDES, Paulo. *Curso de direito constitucional*, p. 232.
13 BONAVIDES, Paulo. *Curso de direito constitucional*, p. 234.
14 BONAVIDES, Paulo. *Curso de direito constitucional*, p. 237.

infrações penais. Mesmo se não houvesse princípio específico para o tema, como acontece, *in casu*, com o princípio da limitação das penas, previsto no art. 5º, XLVII, da Constituição, o princípio da dignidade da pessoa humana, também previsto em sede constitucional, seria suficiente para impedir a modificação do ordenamento jurídico-penal. Se o legislador insistisse em desobedecer-lhe, outra alternativa não caberia ao Poder Judiciário, encarregado do controle das leis, senão de afastar a aplicação da norma contrária ao mencionado princípio.

Assim, concluindo, contemporaneamente, os princípios, em uma escala hierárquica, ocupam o lugar de maior destaque e importância, refletindo, obrigatoriamente, sobre todo o ordenamento jurídico.

Capítulo 6
Princípios Fundamentais do Direito Penal do Equilíbrio

6.1. PRINCÍPIO DA DIGNIDADE DA PESSOA HUMANA

Apontar a origem da dignidade da pessoa humana, como um valor a ser respeitado por todos, não é tarefa das mais fáceis. No entanto, analisando a história, podemos dizer que uma de suas raízes encontra-se no cristianismo. A ideia, por exemplo, de igualdade e respeito entre os homens, fossem eles livres ou escravos, demonstra que o verdadeiro cristianismo, aquele personificado na pessoa de Jesus, pode ser um dos alicerces desse complexo edifício da dignidade da pessoa humana.

Tivemos o cuidado de mencionar o *cristianismo verdadeiro* pelo simples fato de que os próprios homens, ao longo dos anos, foram responsáveis pela sua modificação, a fim de satisfazer seus desejos egoístas e cruéis, a exemplo do que ocorreu durante o período da chamada "Santa Inquisição", onde foram praticadas incontáveis atrocidades "em nome de Deus". No entanto, a base do cristianismo, voltado para a pessoa de Jesus, pode ser o nosso primeiro marco de estudo para o conceito de dignidade da pessoa humana.

Dando um salto nos séculos, chegaremos ao período iluminista, ao século das luzes, onde a razão acendeu uma fogueira, colocando luz à escuridão existente até àquele momento. Os séculos XVII e XVIII foram de fundamental importância não somente ao efetivo reconhecimento, como para a consolidação da dignidade da pessoa humana como um valor a ser respeitado por todos.

No entanto, mesmo reconhecendo a sua existência, conceituar *dignidade da pessoa humana* continua a ser um enorme desafio. Isto porque tal conceito encontra-se no rol daqueles considerados como *vagos* e *imprecisos*. É um conceito, na verdade, que, desde a sua origem, encontra-se em um processo contínuo de construção. Não podemos, de modo algum, edificar um muro com a finalidade de dar contornos precisos a ele, justamente por ser um conceito aberto.

Em muitas situações, somente a análise do caso concreto é que nos permitirá saber se houve ou não efetiva violação da dignidade da pessoa humana. Não se pode desprezar, ainda, para efeitos de reconhecimento desse conceito, a diversidade histórico-cultural que reina entre os povos. Assim, aquilo que numa determinada cultura pode ser concebido como uma gritante violação dos direitos à dignidade do ser humano, em outra pode ser reconhecido como uma conduta honrosa. Veja-se o exemplo do que ocorre com o costume praticado em certas regiões na África, onde ocorre a chamada *excisão*, que consiste na mutilação do clitóris e dos pequenos lábios vaginais, ou a *excisão mínima*, utilizada também na Indonésia, onde se retira o *capus do clitóris*.[1]

Temos, ainda, a possibilidade de aplicação de pena de morte, tal como acontece na maioria dos Estados norte-americanos, reconhecida pela Suprema Corte daquele país, que somente discute sobre os meios através dos quais essa pena poderá ser aplicada etc. Assim, são precisas as lições de Ingo Wolfgang Sarlet quando indaga:

> "até que ponto a dignidade não está acima das especificidades culturais, que, muitas vezes, justificam atos que, para a maior parte da humanidade são considerados atentatórios à dignidade da pessoa humana, mas que, em certos quadrantes, são tidos por legítimos, encontrando-se profundamente enraizados na prática social e jurídica de determinadas comunidades. Em verdade, ainda que se pudesse ter o conceito de dignidade como universal, isto é, comum a todas as pessoas em todos os lugares, não haveria como evitar uma disparidade e até mesmo conflituosidade sempre que se tivesse de avaliar se uma determinada conduta é, ou não, ofensiva à dignidade."[2]

Contudo, embora de difícil tradução, podemos nos esforçar para tentar construir um conceito de dignidade da pessoa, entendida essa como uma qualidade que integra a própria condição humana, sendo, em muitas situações, considerado, ainda, como irrenunciável e inalienável.

É algo inerente ao ser humano, um valor que não pode ser suprimido, em virtude da sua própria natureza. Até o mais vil, o homem mais detestável,

---

1 Conforme adverte Celuy Roberta Hundzinski Damasio, in *Luta contra a excisão*, publicada na *Revista Espaço Acadêmico*, Ano I, no 03, "no leste africano (Djibuti, Etiópia, Somália, Sudão, Egito, Quênia), a infibulação, também chamada de excisão faraônica, considerada a pior de todas, pois, após a amputação do clitóris e dos pequenos lábios, os grandes lábios são secionados, aproximados e suturados com espinhos de acácia, sendo deixada uma minúscula abertura necessária ao escoamento da urina e da menstruação. Esse orifício é mantido aberto por um filete de madeira, que é, em geral, um palito de fósforo. As pernas devem ficar amarradas durante várias semanas até a total cicatrização. Assim, a vulva desaparece, sendo substituída por uma dura cicatriz. Por ocasião do casamento a mulher será 'aberta' pelo marido ou por uma 'matrona'(mulheres mais experientes designadas para isso). Mais tarde, quando se tem o primeiro filho, essa abertura é aumentada. Algumas vezes, após cada parto, a mulher é novamente infibulada".

2 SARLET, Ingo Wolfgang. *Dignidade da pessoa humana e direitos fundamentais*, p. 55-56.

o criminoso mais frio e cruel é portador desse valor. Podemos adotar o conceito proposto por Ingo Wolfgang Sarlet, que procurou condensar alguns dos pensamentos mais utilizados para definição do conceito de dignidade da pessoa humana, dizendo ser:

> "a qualidade intrínseca e distintiva de cada ser humano que o faz merecedor do mesmo respeito e consideração por parte do Estado e da comunidade, implicando, neste sentido, um complexo de direitos e deveres fundamentais que assegurem a pessoa tanto contra todo e qualquer ato de cunho degradante e desumano, como venham a lhe garantir as condições existenciais mínimas para uma vida saudável, além de propiciar e promover sua participação ativa e corresponsável nos destinos da própria existência e da vida em comunhão com os demais seres humanos."[3]

6.1.1. A concepção normativa da dignidade da pessoa humana

O reconhecimento da dignidade da pessoa como um valor inerente a todo ser humano foi um passo importante à sua corporificação normativa. Já o preâmbulo da Declaração dos Direitos do Homem e do Cidadão, de 1789, dizia:

> "Os representantes do povo francês, reunidos em Assembleia Nacional, tendo em vista que a ignorância, o esquecimento ou o desprezo dos direitos do homem são as únicas causas dos males públicos e da corrupção dos Governos, resolveram declarar solenemente os direitos naturais, inalienáveis e sagrados do homem, a fim de que esta declaração, sempre presente em todos os membros do corpo social, lhes lembre permanentemente seus direitos e seus deveres; a fim de que os atos do Poder Legislativo e do Poder Executivo, podendo ser a qualquer momento comparados com a finalidade de toda a instituição política, sejam por isso mais respeitados; a fim de que as reivindicações dos cidadãos, doravante fundados em princípios simples e incontestáveis, se dirijam sempre à conservação da Constituição e à felicidade geral."

O século XX, a seu turno, principalmente após as atrocidades cometidas pelo nazismo, presenciou o crescimento do princípio da dignidade da pessoa humana, bem como sua formalização nos textos das Constituições, principalmente as democráticas. Merecem ser registradas as considerações que levaram à proclamação da Declaração Universal dos Direitos Humanos, de 1948, *verbis*:

---

3 SARLET, Ingo Wolfgang. *Dignidade da pessoa humana e direitos fundamentais*, p. 60.

"Considerando que o reconhecimento da dignidade inerente a todos os membros da família humana e de seus direitos iguais e inalienáveis é o fundamento da liberdade, da justiça e da paz no mundo,

Considerando que o desprezo e o desrespeito pelos direitos humanos resultam em atos bárbaros que ultrajaram a consciência da Humanidade e que o advento de um mundo em que os homens gozem de liberdade de palavra, de crença e da liberdade de viverem a salvo do temor e da necessidade foi proclamado como a mais alta aspiração do homem comum,

Considerando essencial que os direitos humanos sejam protegidos pelo Estado de Direito, para que o homem não seja compelido, como último recurso, à rebelião contra a tirania e a opressão,

Considerando essencial promover o desenvolvimento de relações amistosas entre as nações,

Considerando que os povos das Nações Unidas reafirmaram, na Carta, sua fé nos direitos humanos fundamentais, na dignidade e no valor da pessoa humana e na igualdade de direitos dos homens e das mulheres, e que decidiram promover o progresso social e melhores condições de vida em uma liberdade mais ampla,

Considerando que os Estados-membros se comprometeram a promover, em cooperação com as Nações Unidas, o respeito universal aos direitos humanos e liberdades fundamentais e a observância desses direitos e liberdades,

Considerando que uma compreensão comum desses direitos e liberdades é da mais alta importância para o pleno cumprimento desse compromisso,

A Assembleia Geral proclama:

A presente **Declaração Universal dos Direitos Humanos** como o ideal comum a ser atingido por todos os povos e todas as nações, com o objetivo de que cada indivíduo e cada órgão da sociedade, tendo sempre em mente esta Declaração, se esforce, através do ensino e da educação, por promover o respeito a esses direitos e liberdades, e, pela adoção de medidas progressivas de caráter nacional e internacional, por assegurar o seu reconhecimento e a sua observância universais e efetivos, tanto entre os povos dos próprios Estados-membros, quanto entre os povos dos territórios sob sua jurisdição."

Dessa forma, podemos afirmar que, de todos os princípios fundamentais que foram sendo conquistados ao longo dos anos, sem dúvida alguma, se destaca, entre eles, o *princípio da dignidade da pessoa humana*. Trata-se, entretanto, como já dissemos anteriormente, de um dos princípios mais fluidos, mais amplos, mais abertos, que podem ser trabalhados não somente pelo Direito Penal, como também pelos outros ramos do ordenamento jurídico.

O princípio da dignidade da pessoa humana serve como princípio reitor de muitos outros, tal como ocorre com o princípio da individualização da pena, da responsabilidade pessoal, da culpabilidade, da proporcionalidade etc., que nele buscam seu fundamento de validade.

As Constituições modernas, a exemplo da brasileira, de 5 de outubro de 1988, adotam, expressamente, o princípio da dignidade da pessoa humana, conforme se verifica pela leitura do art. 1º, *verbis*:

> **Art. 1º.** A República Federativa do Brasil, formada pela união indissolúvel dos Estados e Municípios e do Distrito Federal, constitui-se em Estado Democrático de Direito e tem como fundamento:
>
> I – a soberania;
>
> II – a cidadania;
>
> III – a dignidade da pessoa humana;
>
> IV – os valores sociais do trabalho e da livre iniciativa;
>
> V – o pluralismo político.

Percebe-se, portanto, a preocupação do legislador constituinte em conceder um *status* normativo ao princípio da dignidade da pessoa humana, entendendo-o como um dos fundamentos do Estado Democrático de Direito.

Como princípio constitucional, a dignidade da pessoa humana deverá ser entendida como norma de hierarquia superior, destinada a orientar todo o sistema no que diz respeito à criação legislativa, bem como para aferir a validade das normas que lhe são inferiores. Assim, por exemplo, o legislador infraconstitucional estaria proibido de criar tipos penais incriminadores que atentassem contra a dignidade da pessoa humana, ficando proibida a cominação de penas cruéis, ou de natureza aflitiva, a exemplo dos açoites, mutilações, castrações etc. Da mesma forma, estaria proibida a instituição da tortura, como meio de se obter a confissão de um indiciado/acusado (por maior que fosse a gravidade, em tese, da infração penal praticada).

Assim, podemos afirmar com Lucrecio Rebollo Delgado que "temos que ter em conta que a dignidade humana constituiu não somente a garantia negativa de que a pessoa não será objeto de ofensas ou humilhações, senão que entraria também a afirmação positiva de pleno desenvolvimento da personalidade de cada indivíduo",[4] devendo ser declarada a invalidade de qualquer dispositivo legal que contrarie esse valor básico, inerente a todo ser humano.

Por outro lado, mesmo que a dignidade da pessoa humana não tivesse sido elevada ao *status* de princípio expresso, ninguém duvidaria da sua qualidade de princípio implícito, decorrente do próprio Estado Democrático de Direito, capaz, ainda assim, de aferir a validade das normas de nível inferior.

6.1.2. O desrespeito ao princípio da dignidade da pessoa humana pelo próprio Estado

Embora o princípio da dignidade da pessoa humana tenha sede constitucional, sendo, portanto, considerado como um princípio expresso, percebemos, em muitas situações, a sua violação pelo próprio Estado. Assim, aquele que seria o maior responsável pela sua observância, acaba se transformando em seu maior infrator.

A Constituição brasileira reconhece, por exemplo, o direito à saúde, educação, moradia, lazer, alimentação, enfim, direitos mínimos, básicos e necessários para que o ser humano tenha uma condição de vida digna. No entanto, em maior ou menor grau, esses direitos são negligenciados pelo Estado. Veja-se, por exemplo, o que ocorre, via de regra, com o sistema penitenciário brasileiro. Indivíduos que foram condenados ao cumprimento de uma pena privativa de liberdade são afetados, diariamente, em sua dignidade, enfrentando problemas como os da superlotação carcerária, espancamentos, ausência de programas de reabilitação etc. A ressocialização do egresso é uma tarefa quase que impossível, pois que não existem programas governamentais para sua reinserção social[5], além do fato de a sociedade não perdoar aquele que já foi condenado por ter praticado uma infração penal.

---

4 DELGADO, Lucrecio Rebollo. *Derechos fundamentales y proteción de datos*, p. 18.
5 Com a finalidade de minimizar o problema da reinserção social, o Conselho Nacional de Justiça (CNJ) editou a Resolução nº 96, de 27 de outubro de 2009, que dispôs sobre o projeto "Começar de Novo", e instituiu o "Portal de Oportunidades", sendo uma importante e louvável iniciativa que, a médio prazo, deverá surtir os efeitos esperados. Os artigos 1º e 2º da mencionada Resolução dizem, *verbis*:
Art. 1º Fica instituído o Projeto Começar de Novo no âmbito do Poder Judiciário, com o objetivo de promover ações de reinserção social de presos, egressos do sistema carcerário e de cumpridores de medidas e penas alternativas.
Art. 2º O Projeto Começar de Novo compõe-se de um conjunto de ações educativas, de capacitação profissional e de reinserção no mercado de trabalho, a ser norteado pelo Plano do Projeto anexo a esta Resolução.
§ 1º O Projeto será implementado com a participação da Rede de Reinserção Social, constituída por todos os órgãos do Poder Judiciário e pelas entidades públicas e privadas, inclusive Patronatos, Conselhos da Comunidade, universidades e instituições de ensino fundamental, médio e técnico-profissionalizantes;
§ 2º Os Tribunais de Justiça deverão celebrar parcerias com as instituições referidas no parágrafo anterior para implantação do Projeto no âmbito da sua jurisdição, com encaminhamento de cópia do instrumento ao Conselho Nacional de Justiça.
§ 3º Os demais tribunais que detenham competência criminal, deverão promover ações de reinserção compatíveis com as penas que executa.
§ 4º Todos os demais tribunais, ainda que não detenham competência criminal, poderão também promover ações de reinserção, sobretudo no tocante à contratação de presos, egressos e cumpridores de medidas e penas alternativas com base na Recomendação no 21, do Conselho Nacional de Justiça.

Com os avanços tecnológicos, outro problema está se colocando nos dias de hoje, que atinge diretamente a nossa dignidade, vale dizer, a *violação da nossa intimidade*. O Estado, como sempre, parece não andar com a velocidade necessária a fim de nos proteger dos ataques produzidos através dos novos meios tecnológicos, sendo, portanto, mais uma vez, negligente. E o que é pior, muitas vezes é o próprio Estado quem, através de seus meios repressores de investigação, viola o nosso direito à intimidade, a exemplo do que ocorre com a utilização de escutas telefônicas ilegais.

6.1.3. A relativização do princípio da dignidade da pessoa humana

Segundo posição doutrinária amplamente majoritária, a dignidade da pessoa humana não possui caráter absoluto. Com isso, estamos queremos afirmar que, em determinadas situações, devemos, obrigatoriamente, trabalhar com outros princípios que servirão como ferramentas de interpretação, levando-se a efeito a chamada ponderação de bens ou interesses, que resultará na prevalência de um sobre o outro.

Assim, tomemos como exemplo o fato de alguém ter praticado um delito de extorsão mediante sequestro, qualificado pela morte da vítima. O sequestrador, como é do conhecimento de todos, tem direito à liberdade. No entanto, em virtude da gravidade da infração penal por ele praticada, seu *direito à liberdade*, diretamente ligado à sua dignidade, deverá ceder frente ao direito de proteção dos bens jurídicos pertencentes às demais pessoas, que com ele se encontram numa mesma sociedade.

Percebe-se, assim, que a dignidade, como um valor individual de cada ser humano, deverá ser avaliada e ponderada em cada caso concreto. Não devemos nos esquecer, contudo, daquilo que se denomina como sendo um *núcleo essencial* da dignidade da pessoa humana, que jamais poderá ser abalado. Assim, uma coisa é permitir que alguém, que praticou uma infração penal de natureza grave, se veja privado da sua liberdade pelo próprio Estado, encarregado de proteger, em última instância, os bens jurídicos; outra coisa é permitir que esse mesmo condenado a uma privação de liberdade cumpra sua pena em local degradante de sua personalidade; que seja torturado por agentes do governo com a finalidade de arrancar-lhe alguma confissão; que seus parentes sejam impedidos de visitar-lhe; que não tenha uma ocupação ressocializante no cárcere etc. A sua dignidade deverá ser preservada, pois que ao Estado foi permitido somente privar-lhe da liberdade, ficando resguardados, entretanto, os demais direitos que dizem respeito diretamente à sua dignidade como pessoa.

A dignidade, por outro lado, poderá ser ponderada contra os próprios interesses daquele que a possui, e que pensa em dela dispor em uma determinada situação, podendo o Estado agir, ainda que coativamente, a fim de preservá-la, mesmo contra a vontade expressa de seu titular. Merece ser registrado o famoso caso decidido pelo Conselho de Estado da França, que concluiu por correta a decisão do prefeito da comuna de Morsang-sur-Orge, que determinou a interdição de um estabelecimento comercial que promovia, contrariamente à dignidade da pessoa humana, o *arremesso de anões*. Naquela oportunidade, os clientes do mencionado estabelecimento podiam divertir-se arremessando, de um lugar para outro, os anões que ali trabalhavam. Nesse caso, foi desconsiderado o interesse dos próprios anões, que recebiam para serem "arremessados".

No entanto, não é tarefa das mais fáceis se concluir quando estaremos diante de uma ofensa à dignidade da pessoa humana, mesmo contra a vontade expressa daquele a quem se pretende defender, ou quando estaremos, em virtude dessa ponderação de interesses, diante de um direito legítimo da pessoa, mesmo que, segundo a opinião de terceiros, seja ofensivo à sua dignidade.

Tomemos como exemplo o fato de um casal colocar cenas de sexo explícito disponíveis em um *site* da *internet*. Nesse caso, teriam eles direito à exposição da sua imagem, praticando o mais íntimo dos atos sexuais? E se tivessem filhos, a situação se modificaria? Estariam, em ambos os casos, exercendo o seu direito de liberdade à intimidade, ou esse direito poderia ser limitado? São perguntas que ensejaram respostas diferentes, variando de acordo com a pessoa, o tempo, a cultura, a sociedade etc.

Dessa forma, obrigatoriamente, diante do caso concreto, temos que emitir um *juízo de valor*, procurando alcançar a solução que pareça mais justa, embora até o próprio conceito de *justiça* seja um conceito relativo, também merecedor de um outro juízo de valor.

6.2. PRINCÍPIO DA INTERVENÇÃO MÍNIMA

De acordo com um Estado Constitucional e Democrático de Direito, sufragado pela nossa Constituição Federal, a qual, no parágrafo único do seu art. 1º, diz que *todo poder emana do povo, que o exerce por meio de representantes eleitos ou diretamente, nos termos desta Constituição*, os princípios constitucionais, expressos e implícitos servem de obstáculo a ser transposto pelo legislador no momento da inovação do ordenamento jurídico, mediante a criação ou a revogação dos tipos penais.

Já deixamos antever os princípios que deverão merecer a atenção do legislador para que seja efetivamente atendido o chamado Direito Penal do Equilíbrio. Alguns deles, a exemplo do princípio da intervenção mínima, servirão de norte antes mesmo da criação típica; outros, como o princípio da insignificância, limitarão a interpretação dos tipos penais.

Importante frisar, nesta oportunidade, que a inovação do ordenamento jurídico-penal não deve atender a um único princípio, mas sim ao conjunto deles. E, como princípio inicial, de análise obrigatória, temos o princípio da intervenção mínima, verdadeiro coração do Direito Penal do Equilíbrio.

O princípio da intervenção mínima deve ser analisado sob dois enfoques diferentes, a saber:

a) *ab initio*, devendo ser entendido como um princípio de análise abstrata, que serve de orientação ao legislador quando da criação ou da revogação das figuras típicas;

b) evidencia a chamada *natureza subsidiária do Direito Penal*, devendo ser encarado como a *ultima ratio* de intervenção do Estado.

Na sua primeira vertente, para que se possa entender como o princípio da intervenção mínima servirá de orientação ao legislador, precisamos descobrir seu ponto de partida. Na verdade, precisamos evidenciar a sua finalidade última, que se confunde com a própria finalidade do Direito Penal. Em um enfoque minimalista, característico do princípio da intervenção mínima, a finalidade do Direito Penal é proteger os bens mais importantes e necessários ao convívio em sociedade. Partindo dessa visão, somente os bens de maior relevo é que merecerão a atenção do legislador penal que, a fim de protegê-los, deverá criar os tipos penais incriminadores, proibindo ou determinando a prática de comportamentos, sob a ameaça de uma sanção.

Dessa forma, percebe-se, com clareza, que a primeira vertente do princípio da intervenção mínima gira em torno, especificamente, da *teoria do bem jurídico*, cuja análise será procedida adiante.

Com sua segunda vertente, o princípio da intervenção mínima deixa entrever a necessidade de o Direito Penal ser aplicado de forma subsidiária, tendo em vista a drasticidade de sua resposta, permitindo, assim, ancorado no princípio da dignidade da pessoa humana, que outros ramos do ordenamento jurídico, com primazia, procurem fazer a proteção dos bens jurídicos, somente sendo necessária a interferência do Direito Penal quando esses outros ramos demonstrarem que são ineficazes ou insuficientes à sua proteção. O estudo da natureza subsidiária do Direito Penal, com as importantes implicações práticas, será levado a efeito logo após o tópico relativo a análise da teoria do bem jurídico.

6.2.1. Teoria do bem jurídico como fundamento da intervenção mínima

Se, de acordo com uma concepção minimalista, a finalidade do Direito Penal é proteger os bens mais importantes e necessários ao convívio em sociedade, a primeira pesquisa a ser feita é a de, justamente, identificar a origem da teoria, bem como o conceito de bem jurídico, para, em momento posterior, analisarmos os seus critérios de seleção para fins de proteção pelo Direito Penal.

Luiz Régis Prado, almejando traçar uma evolução conceitual de bem jurídico, e afirma que "a ideia de objeto jurídico do delito nasce com o movimento da ilustração e com o surgimento do Direito Penal moderno".[6]

Roxin, a seu turno, colocando em dúvida se a origem da teoria do bem jurídico ocorreu, efetivamente, no Século das Luzes, aduz:

> "A questão de se o conceito de bem jurídico, cuja criação se atribui a Birnbaum, tinha na época em que surgiu no século XIX um conteúdo liberal e limitador da punibilidade, é tão discutida como a conexão que frequentemente se afirma que existe entre a teoria do bem jurídico e o Direito Penal do iluminismo, que havia se esforçado para restringir a punibilidade aos danos sociais, derivando disto, também, a exigência de impunidade das meras infrações contra a moral."[7]

Em que pese a discussão existente, foi a partir das ideias iluministas que a teoria do bem jurídico se desenvolveu e se projetou no Direito Penal. A passagem de um Estado Absolutista para um Estado Liberal fez com que a teoria do bem jurídico-penal ganhasse a importância que merecia, visto ser uma garantia do cidadão aceitar a criação de tipos penais incriminadores pelo Estado somente quando um bem jurídico estivesse sendo por ele protegido.

Isso significa que o tipo penal passaria a exercer uma função seletiva de bens jurídicos, necessários à manutenção do corpo social. Contudo, como bem alertou Luiz Regis Prado:

> "apesar de o postulado de que o delito lesa ou ameaça de lesão os bens jurídicos ter a concordância quase total e pacífica dos doutrinadores, o mesmo não se pode dizer a respeito do conceito de bem jurídico, onde reina grande controvérsia."[8]

---

6 PRADO, Luiz Regis. *Bem jurídico-penal e constituição*, p. 21.
7 ROXIN, Claus. *Derecho penal* – Parte general, p. 55.
8 PRADO, Luiz Regis. *Bem jurídico-penal e Constituição*, p. 35-36.

Gunther Jakobs assevera que "um bem é uma situação ou fato valorado positivamente".⁹ Para Bustos Ramírez e Hormazábal Malarée:

> "os bens jurídicos considerados materialmente são relações sociais concretas que surgem como síntese normativa dos processos interativos de discussão e confrontação que tem lugar dentro de uma sociedade democrática. São dinâmicos, pois estão em permanente discussão e revisão."¹⁰

Zaffaroni, a seu turno, assevera que:

> "bem jurídico penalmente tutelado é a relação de disponibilidade de uma pessoa com um objeto, protegida pelo Estado, que revela seu interesse mediante normas que proíbem determinadas condutas que as afetam, as que se expressam com a tipificação dessas condutas."¹¹

Esperanza Vaello Esquerdo esclarece que:

> "os bens jurídicos constituem valores ou interesses protegidos pelo Direito na medida em que são pressupostos necessários para que as pessoas desenvolvam sua vida social, podendo ser de natureza individual (vida, liberdade, honra etc.) ou comunitária (saúde pública, segurança do Estado, meio ambiente, entre outros)."¹²

Certo é que, independentemente do conceito que se adote de bem jurídico, ora enfatizando um bem individualmente considerado, ora levando em consideração um bem de interesse coletivo ou social, a escolha deverá recair somente sobre aqueles que gozarem da importância exigida pelo Direito Penal, a fim de que o princípio da intervenção mínima seja atendido.

O raciocínio aqui desenvolvido é de tal importância que Ferrajoli,¹³ comparando os crimes com as contravenções penais, advoga a tese da completa revogação destas últimas, uma vez que, de acordo com a pena cominada em abstrato, que define, na verdade, a gravidade da infração penal, se às contravenções penais competem a proteção dos bens que não são tão importantes a ponto de serem protegidos pelos tipos penais que preveem os delitos, melhor seria, em atenção ao princípio da intervenção mínima, que todas fossem abolidas, sendo os bens nelas previstos protegidos por outros ramos do ordenamento jurídico, vale dizer, o civil, o administrativo etc.

---
9 JAKOBS, Gunther. *Derecho penal* – Parte general, p. 50.
10 BUSTOS RAMÍREZ, Juan J; HORMAZÁBAL MALARÉE, Hernán. *Leciones de derecho penal*, v. 1, p. 59.
11 ZAFFARONI, Eugenio Raúl. *Tratado de derecho penal* – Parte geral, v. III, p. 240.
12 ESQUERDO, Esperanza Vaello. *Introducción al derecho penal*, p. 42.
13 FERRAJOLI, Luigi. *Direito e razão*, p. 575.

Também deverá ser considerado o fato de que cada sociedade possui liberdade para valorar seus bens de acordo com a sua cultura, não se podendo generalizá-los ou mesmo limitá-los. Como veremos mais adiante, existe uma *zona de consenso* na qual determinados bens possuem o mesmo valor em qualquer sociedade. Por outro lado, também existem as *zonas de conflito*, ou seja, situações que são tratadas de uma forma por determinada sociedade, mas recebem tratamento e importância completamente diferentes por outra. Por exemplo, a vida é um bem sobre o qual existe consenso de proteção. Contudo, há infrações penais – que, em tese, protegem a vida – que são previstas em determinada sociedade e não o são em outra. Raciocine-se com o delito de aborto, punido pela legislação brasileira, mas tolerado em outros ordenamentos.

O critério de proteção dos bens mais importantes e necessários ao convívio em sociedade, portanto, não poderá ser absoluto, rígido, determinado para todo e qualquer ordenamento jurídico, pois que o grau de importância oscilará de cultura para cultura.

6.2.1.1. O critério de seleção dos bens jurídico-penais e a criação típica

Se alguém descumpre as regras sociais normatizadas, se desconsidera as proibições ou imposições estabelecidas pelo ordenamento jurídico-penal que, pelo menos em tese, foram editadas em benefício da sociedade, a fim de preservar uma convivência tranquila e pacífica entre os cidadãos, a ideia de censurar o ato de rebeldia ao sistema logo nos vem à mente.

A censura vem corporificada por meio da pena. É ela, inclusive, que irá ditar a gravidade do mal praticado. Mas como chegar a esse *quantum*, como dizer, por exemplo, que aquele comportamento é mais grave do que este, merecendo, pois, maior censura e, consequentemente, pena maior? Como mensurar a censura do Estado realizada por meio da pena, que deverá, obrigatoriamente, ser proporcional ao mal praticado pelo agente? Considerando, ainda, as funções que se atribuem à pena – reprovar e prevenir os crimes –, como apontar aquela exata, que consiga cumprir as referidas funções?

Tais perguntas, como se percebe, não são fáceis de responder. Esclarecer por que ao delito de furto simples, que tem por finalidade proteger o nosso patrimônio, foi cominada uma pena privativa de liberdade que varia entre um a quatro anos e, no delito de lesão corporal, cujo escopo é a proteção de nossa integridade corporal e a saúde, na sua modalidade fundamental, foi prevista, em abstrato, também outra pena privativa de liberdade que varia entre três meses e um ano, é tarefa de difícil solução.

Outro ponto a ser debatido diz respeito, também, à pena a ser aplicada a cada infração penal: escolher, entre as penas previstas pela lei penal aquela que mais se adapte ao fato delituoso praticado. Desde uma pequena pena de multa, até a privação da liberdade, sem contar com a possibilidade, também, mesmo que excepcionalmente, da aplicação da pena de morte, em caso de guerra declarada, nos termos do art. 5º, XLVII, *a*, da Constituição Federal.

Podemos tomar como referência de valores superiores aqueles inseridos na Constituição. Considerando uma hierarquia de bens, necessária ao raciocínio da proporcionalidade, teríamos que, obrigatoriamente, começar pelo estudo daqueles que, em decorrência da sua importância, ganharam foros constitucionais. Contudo, existem outros bens de relevo a serem protegidos que não possuem *status* constitucional.

A tarefa de selecionar os bens parte, primeiramente, da sua valoração, de acordo com uma concepção minimalista, na qual somente aqueles realmente importantes poderão merecer a proteção do Direito Penal. Embora a nossa opção seja por um Direito Penal Mínimo, sabemos que, nem sempre, a sociedade compartilha essa postura ideológica. Na verdade, e como regra, pelo menos em nosso país, a sociedade, cansada de presenciar atos atrozes, que lhe causam repugnância, busca, cada vez mais, a tipificação de comportamentos até então considerados indiferentes para o Direito Penal. Começa a surgir, portanto, um terrível processo de inflação legislativa, que somente conduz ao descrédito e à desmoralização do Direito Penal.

Mesmo sabendo que a "mola propulsora" da criação dos tipos penais é a mobilização da chamada opinião pública, a política criminal de cada época é que define a seleção dos comportamentos que devem ser punidos, com a consequente valoração dos bens jurídicos que devem ser penalmente tutelados. É uma política criminal de tensão, haja vista que movimentos antagônicos – minimalistas e maximalistas – se digladiam em busca da vitória de seus ideais. Os minimalistas afirmam que a criação exagerada de tipos penais (incriminadores) fará com que o Direito Penal se ocupe de proteger bens que não têm a importância necessária por ele exigida, nivelando-o aos outros ramos do ordenamento jurídico, mesmo sendo as suas penalidades as mais estigmatizantes; já os adeptos das teses maximalistas aduzem que a sociedade deve valer-se desse meio forte de imposição de terror, que é o Direito Penal, a fim de tentar evitar a prática de comportamentos em tese a ela danosos ou perigosos, não importando o *status* que goze o bem que com ele se quer proteger. Para os maximalistas, o Direito Penal teria um papel educador, isto é, mediante a imposição de suas graves sanções, inibiria aquele que não está acostumado a atender às normas de convivência social a praticar atos socialmente intoleráveis, mesmo que de pouca ou nenhuma importância.

A seleção dos bens jurídicos varia de sociedade para sociedade. O critério de seleção será valorativo-cultural, de acordo com a necessidade de cada época, de cada sociedade. Existe uma zona de consenso, comum a toda e qualquer sociedade, no sentido da proteção de determinados bens, com a criação de certas figuras típicas, como é o caso do delito de homicídio, roubo etc. Contudo, existem zonas de conflito, nas quais condutas que são incriminadas em determinada sociedade já não o são em outras, a exemplo do que ocorre com a punição pelo aborto e pelo homossexualismo.

Conforme esclarecem Jorge de Figueiredo Dias e Manuel da Costa Andrade

> "Há crimes – e não caberá aqui enumerá-los – que exprimem um inequívoco consenso de toda a colectividade e que despertam nela sentimentos de coesão e solidariedade. Trata-se, além disso, de crimes comuns à generalidade das sociedades e tendencialmente constantes ao longo da história. Não faltam, porém, crimes 'criados' para emprestar eficácia a uma particular moralidade ou a um determinado arquétipo de organização econômica, social ou política. Tais crimes constituem sempre, de forma mais ou menos imediata, afloramentos de uma determinada conflitualidade, porquanto a criminalização nesta área pressupõe o exercício do *poder* no interesse de uns, mas impondo-se a *todos*.
>
> Como facilmente se intui, é aqui que o problema da definição do crime se converte num problema eminentemente político."[14]

De acordo com a nossa opção minimalista, seja partindo da busca de valores constitucionais, seja selecionando outros que não têm sede constitucional, o que importa, na proteção e seleção desses bens pelo Direito Penal, é, efetivamente, que eles possuam a importância exigida por esse ramo do ordenamento jurídico, considerado o mais grave e radical de todos.

Luiz Flávio Gomes, dissertando sobre os papéis exercidos pelo bem jurídico na seleção dos comportamentos que se quer proibir ou impor sob a ameaça de uma sanção penal, diz:

> "(a) o primeiro é de natureza *indicativa*, é dizer, em decorrência do princípio da exclusiva proteção de bens jurídicos, hoje se reconhece (indicativamente) que somente os bens existenciais (individuais ou supraindividuais)

---

14 DIAS, Jorge de Figueiredo; ANDRADE, Manuel da Costa. *Criminologia* – O homem delinquente e a sociedade criminógena, p. 89.

mais importantes para o ser humano, é dizer, os que são *indispensáveis* para o desenvolvimento da sua personalidade, merecem ser contemplados em uma norma como objeto de proteção (e, por conseguinte, da ofensa) penal;

(b) segundo é de caráter *negativo*, no sentido de que estamos em condições de afirmar, com boa margem de segurança, ao menos quais bens *não podem* ser convertidos em objeto da tutela (e da ofensa) penal: a moral, a ética, a religião, a ideologia, os valores culturais como tais etc."[15]

Na tarefa de proteção dos bens vitais e necessários ao convívio em sociedade, o legislador, encarregado da seleção desses bens, deve considerar como princípios norteadores da sua atividade a chamada intervenção mínima do Direito Penal, ressaltando-se a sua natureza subsidiária, bem como a lesividade e a inadequação social do comportamento que se quer proibir ou impor sob a ameaça de uma sanção.

Embora o bem tenha sido politicamente considerado como relevante, se outros ramos do ordenamento jurídico puderem, com eficiência, fazer a sua proteção, não haverá necessidade da intervenção radical do Direito Penal, vale dizer, se o direito administrativo, por exemplo, for capaz de inibir comportamentos que ofendam bens de relevo, em virtude do caráter subsidiário do Direito Penal, aquele terá preferência na defesa do bem que se quer proteger com a proibição da conduta. Não bastasse, ainda deverá o legislador levar a efeito o raciocínio da lesividade do comportamento, isto é, somente poderá proibir condutas que ultrapassem a pessoa do agente e que venham atingir bens pertencentes a terceiros. De acordo com esse raciocínio, não pode haver proibições de pensamentos, de formas particulares de ser (modo de se vestir, opção sexual, educação etc.), devendo o Direito Penal ser tolerante com as diferenças existentes entre os seres humanos. Ainda, o comportamento proibido deverá merecer a reprovação da sociedade, pois que se a conduta que se quer proibir ou impor já se encontra assimilada pelo meio social, querer criminalizá-la seria, na verdade, fomentar a prática de infrações penais, pois que a sociedade, já acostumada com a prática de determinado comportamento, não se deixaria influenciar pela proibição.

Enfim, ultrapassados todos os princípios informadores da criação dos tipos penais, abre-se a oportunidade de o Direito Penal colocar o seu manto protetor sobre determinado bem.

---

15 GOMES, Luiz Flávio. *Norma e bem jurídico no direito penal*, p. 55.

Como bem ressaltou Luiz Flávio Gomes:

> "é pressuposto lógico de todo discurso garantista supor que o legislador, apesar da margem de liberdade (com que conta) no exercício da sua atribuição de selecionar os bens jurídicos, margem essa que deriva da sua posição constitucional e, em última instância, de sua específica legitimidade democrática [...], está vinculado à Constituição e aos princípios político-criminais que emanam dela."[16]

O problema maior reside na seguinte indagação: O que é um bem importante, necessário e vital ao convívio em sociedade? Sabemos que o conceito de importância é fluido, pulverizado de acordo com as opções políticas adotadas em cada período de nossa história, pois, conforme assevera Francisco Bueno Arús, "nenhum critério científico é apto para assinalar o que se deve castigar, com que se deve castigar e entre quais limites temporais há de ser determinado o castigo".[17] Aquilo que era importante para o regime nacional-socialista de Hitler foi visto como uma atrocidade aos direitos humanos. Enfim, na seleção dos bens jurídicos deparamos com outro problema, vale dizer, o da afirmação da própria importância, que depende do período histórico por que passa a sociedade.

O ponto de partida de nosso raciocínio pode ser dirigido à análise dos bens apontados em nossa Constituição, que, pelo menos em tese, gozam de proeminência sobre todos os demais, em vista da sua enorme importância. Ainda na esteira de Luiz Flávio Gomes:

> "não é correto dizer que exclusivamente os direitos fundamentais são os merecedores da tutela penal. Outros bens ou interesses, particulares ou até mesmo coletivos, ainda que não estejam contemplados no texto constitucional, podem ser objeto da proteção penal, sempre que sejam *socialmente relevantes e compatíveis com o quadro axiológico-constitucional*."

Essa observação merece ser analisada de forma mais aprofundada, haja vista a existência de teorias constitucionalistas que autorizam, tão-somente, a criação de tipos penais incriminadores, caso exista abrigo constitucional para o bem a ser juridicamente tutelado pelo Direito Penal. Entendem, na verdade, a Constituição como um *limite positivo* ao Direito Penal, podendo-se destacar, conforme as lições de Janaína Conceição Paschoal,[18] duas vertentes desse pensamento: a) o Direito Penal como *potencial espelho* da Constituição e b) o Direito Penal como instrumento de tutela a direitos fundamentais.

---
16 GOMES, Luiz Flávio. *Norma e bem jurídico no direito penal*, p. 69.
17 ARÚS, Francisco Bueno, *La ciencia del derecho penal: un modelo de inseguridad jurídica*, p. 130.
18 PASCHOAL, Janaína Conceição. *Constituição, criminalização e direito penal mínimo*, p. 59-60.

Por intermédio da primeira vertente, vale dizer, a do Direito Penal como potencial espelho da Constituição, somente poderia haver a proteção de bens jurídicos que tivessem previsão expressa na Constituição. A Lei Maior seria o limite positivo do legislador, no sentido de somente permitir, por meio do Direito Penal, a proteção dos bens constitucionalmente previstos, estejam eles ligados ou não aos direitos tidos como fundamentais. A segunda vertente, mais radical do que a primeira, somente permitiria a proteção penal de bens jurídicos constitucionalmente previstos desde que fizessem parte do rol dos chamados direitos fundamentais, afastando-se a possibilidade de tutela penal sobre os demais, mesmo que se encontrassem sobre o abrigo constitucional.

Contudo, já o dissemos, outros bens existem que podem não ter sido contemplados em sede constitucional, mas que também gozam da importância exigida pelo Direito Penal. A sociedade é mutante. Valores até então desconhecidos tornam-se fundamentais. Pode acontecer – o que não é incomum – de, em determinado momento histórico em que foi editada a Constituição, não ter havido a contemplação de um bem que, tempos depois, verificou-se ser da maior importância.

Conforme afirmam Paulo César Busato e Sandro Montes Huapaya:

> "[...] o critério de seleção ou hierarquização dos valores e interesses que o Direito Penal é chamado a proteger, de lesões ou colocações em perigo, não tem uma regra geral imutável, e sim depende da estrutura social determinada em um momento histórico. A decisão entre uma e outra postura não depende das bases valorativas que o próprio Direito Penal elaborou. A Constituição só constitui uma fonte de *referência*, mas tampouco estabelece os limites à seletividade ou hierarquização, já que a sociedade evolui de maneira vertiginosa. Com isso, a presença de novos riscos e suas valorações jurídicas e apreciações de índole ideológicas, éticas ou políticas determinam mudanças no campo jurídico-penal que não vão, necessariamente, decorrer de alterações valorativas do campo constitucional."[19]

Em algumas situações, a própria Constituição é que *indica* a incriminação de comportamentos atentatórios, por exemplo, à vida, à liberdade, à igualdade, à segurança, à propriedade, conforme dispõe o *caput* do art. 5º, bem como o seu inciso XLI, quando diz que *a lei punirá qualquer discriminação atentatória dos direitos e liberdades fundamentais*, ou, supostamente, quando

---

[19] BUSATO, Paulo César; HUAPAYA, Sandro Montes. *Introdução ao direto penal* – Fundamentos para um sistema penal democrático, p. 92.

determina a incriminação de comportamentos, por entendê-los altamente lesivos a bens jurídicos de relevo, a exemplo do que ocorre com a previsão contida no inciso XLII do art. 5º de nossa Lei Maior, que diz que *a prática de racismo constitui crime inafiançável e imprescritível, sujeito à pena de reclusão, nos termos da lei*; no inciso XLIII, dizendo que *a lei considerará crimes inafiançáveis e insuscetíveis de graça ou anistia a prática de tortura, o tráfico ilícito de entorpecentes e drogas afins, o terrorismo e os definidos como crimes hediondos, por eles respondendo os mandantes, os executores e os que, podendo evitá-los, se omitirem*; e, ainda, no inciso XLIV, quando assevera que *constitui crime inafiançável e imprescritível a ação de grupos armados, civis ou militares, contra a ordem constitucional e o Estado democrático.*

Janaína Conceição Paschoal aduz:

> "A doutrina tem interpretado, de forma diversa, as indicações de criminalização e as determinações expressas de criminalização. Defende que, com relação às primeiras, o constituinte faz uma análise da dignidade penal dos bens que reconhece como importantes para uma dada sociedade, deixando a avaliação da necessidade para o legislador ordinário, enquanto, na segunda (determinação expressa de criminalização), o constituinte já teria feito a avaliação da dignidade e da necessidade da tutela, não sobrando ao legislador qualquer liberdade para ponderar concretamente a necessidade desse tipo de proteção."[20]

Com acerto, rebatendo o raciocínio tradicional, a ilustre autora assevera:

> "Assumir que o constituinte já avalia o merecimento e a necessidade da tutela penal, estando, portanto, o legislador obrigado a criminalizar, significa voltar as costas ao necessário caráter material da lei e da própria Constituição, importando ainda a desconsideração dos princípios informadores do Direito Penal Mínimo, que, em última instância, pauta-se na necessidade efetiva e não meramente formal da tutela penal."[21]

Em sentido contrário, atuando como *limite negativo ao Direito Penal*, em vez de apontar quais os bens merecem a tutela do Direito Penal, pode a Constituição proibir a incriminação de determinadas condutas. Serve, portanto, como limite ao *ius puniendi* do Estado. É uma barreira intransponível ao legislador, cabendo ao Poder Judiciário o controle de diplomas legais

---
20 PASCHOAL, Janaína Conceição. *Constituição, criminalização e direito penal mínimo*, p. 80.
21 PASCHOAL, Janaína Conceição. *Constituição, criminalização e direito penal mínimo*, p. 84.

que ofendam as proibições de incriminação contidas no texto de nossa norma fundamental. Pode, ainda, embora permitindo a proibição de certos comportamentos, impedir a cominação de penas que afetem a dignidade da pessoa humana, tal como acontece em nosso art. 5º, inciso XLVII, que diz que *não haverá pena de morte, salvo no caso de guerra declarada, nos termos do art. 84, XIX; de caráter perpétuo; de trabalhos forçados; de banimento e cruéis.*

Conforme preleciona Alice Bianchini:

> "um Estado do tipo democrático e de direito deve proteger, com exclusividade, os bens considerados essenciais à existência do indivíduo em sociedade. A dificuldade encontra-se, exatamente, na identificação desta classe de bens. A determinação do que seria digno de tutela penal representa uma decisão política do Estado, que, entretanto, não é arbitrária, mas condicionada à sua própria estrutura. Em um Estado social e democrático de direito, a eleição dos bens jurídicos haverá de ser realizada levando em consideração os indivíduos e suas necessidades no interior da sociedade em que vivem."[22]

Na verdade, a escolha do bem a ser protegido pelo Direito Penal e, consequentemente, a criação da figura típica, como já deixamos antever, deverão obedecer aos princípios penais fundamentais (intervenção mínima, lesividade, adequação social, fragmentariedade etc.), que servirão de norte ao legislador, a fim de depurar a sua escolha, não permitindo, por exemplo, que, com a desculpa de se proteger certo bem, proíba comportamentos plenamente tolerados pela sociedade, que não causam danos a terceiros etc.

Existe, portanto, liberdade política na escolha dos bens que merecerão a tutela do Direito Penal. Contudo, tal liberdade de escolha encontra-se limitada pela obrigatória observância dos princípios penais fundamentais.

6.2.2. Da natureza subsidiária do Direito Penal

A segunda vertente do princípio da intervenção mínima evidencia a chamada natureza subsidiária do Direito Penal, fazendo com que ele seja entendido como a *ultima ratio* de intervenção do Estado.

Tal raciocínio se faz mister numa visão minimalista do Direito Penal, haja vista que se os outros ramos do ordenamento jurídico demonstrarem que são fortes o suficiente na proteção de determinados bens, é preferível que tal proteção seja por eles levada a efeito, no lugar da drástica intervenção do

---

[22] BIANCHINI, Alice. *Pressupostos materiais mínimos da tutela penal*, p. 41.

Direito Penal, com todas as suas consequências maléficas, a exemplo do efeito estigmatizante da pena, dos reflexos que uma condenação traz sobre a família do condenado etc.

De acordo com as precisas lições de Enrique Cury Urzúa

"o Direito Penal é secundário ou subsidiário, porque a pena somente deve ser aplicada quando o ataque ao bem jurídico não pode sancionar-se de maneira apropriada através dos meios de protegê-los de que dispõem os outros ramos do ordenamento jurídico. A pena é, pois, um recurso de *ultima ratio*. O mesmo se deve dizer das medidas de segurança e correção. Este caráter secundário ou subsidiário do Direito Penal é uma consequência das tendências político-criminais do presente, inspiradas no *princípio da humanidade*."[23]

No mesmo sentido, afirma Roxin que o Direito Penal é tão somente:

"a última dentre todas as medidas protetoras que se devem considerar, quer dizer, que somente pode intervir quando falhem outros meios de solução social do problema – como a ação civil[...], as sanções não penais etc. – Por isso, se denomina a pena como a *ultima ratio* da política social e se define sua missão como proteção *subsidiária* de bens jurídicos."[24]

Paulo de Souza Queiroz, a seu turno, afirma:

"o Direito Penal deve ser, enfim, a *extrema ratio* de uma política social orientada para a dignificação do homem. Semelhante intervenção há de pressupor, assim, o insucesso das instâncias primárias de prevenção e controle social, família, escola, trabalho etc., e de outras formas de intervenção jurídica, civil, trabalhista, administrativa. Vale dizer: a intervenção penal, quer em nível legislativo, quando da elaboração das leis, quer em nível judicial, quando da sua aplicação concreta, somente se justifica *se* e *quando* seja realmente imprescindível e insubstituível."[25]

Em muitas situações o Direito Administrativo demonstrará, inclusive, força superior ao próprio Direito Penal, dada a sua pronta eficácia. O poder de polícia, que é inerente ao Estado, faz com que o Direito Administrativo resolva situações conflituosas com muito mais rapidez do que o Direito Penal.

---

23 CURY URZÚA, Enrique. *Derecho penal* – Parte general, t. I, p. 54-55.
24 ROXIN, Claus. *Derecho penal* – Parte general, t. I, p. 65.
25 QUEIROZ, Paulo de Souza. *Funções do direito penal*, p. 125.

A criação da figura típica encontra-se limitada pelo princípio da intervenção mínima, considerado um dos princípios fundamentais do Direito Penal do Equilíbrio. Por intermédio da vertente que aponta a natureza subsidiária do Direito Penal, o legislador, no momento da escolha do bem, além de ter de aferir sua importância, tanto em nível individual como coletivo ou social, deverá observar, obrigatoriamente, se os outros ramos do ordenamento jurídico se mostram suficientemente eficazes na proteção daquele bem que, de antemão, já fora entendido como importante, para, somente após, caso essa proteção seja entendida como ineficaz ou insuficiente, permitir a intervenção drástica do Direito Penal.

Vejamos a hipótese da criação de tipos penais incriminadores pela Lei nº 9.605/98 que, em tese, podem ser praticados pelas pessoas jurídicas. O *caput* do art. 54 do mencionado diploma legal proíbe a conduta de *causar poluição de qualquer natureza em níveis tais que resultem ou possam resultar em danos à saúde humana, ou que provoquem a mortandade de animais ou a destruição significativa da flora*, punindo o infrator, se pessoa física, com uma pena de reclusão que varia entre um e quatro anos, e multa.

A pessoa jurídica que praticar tal infração penal, obviamente, não poderá ser submetida à mencionada pena de reclusão, em face da sua peculiar natureza, mas tão somente às penas determinadas pelo art. 21 da Lei nº 9.605/98, vale dizer: *I – multa; II – restritiva de direitos; III – prestação de serviços à comunidade.*

À primeira vista, podemos até ceder à tentação de se levar a efeito a punição, por meio do Direito Penal, de uma pessoa jurídica, pelo fato de que o dano ambiental por ela produzido tem repercussões sérias e importantes no meio ambiente, patrimônio de todos. Queremos afirmar, portanto, que o bem juridicamente protegido pelo art. 54, por exemplo, da referida Lei, ou seja, o *meio ambiente*, é de relevada importância, razão pela qual o primeiro raciocínio necessário à criação do tipo penal incriminador estaria preenchido.

Contudo, de acordo com o enfoque minimalista, não só a importância do bem permite a criação da figura típica, mas, além de tal aferição, mister se faz que, ainda em um plano abstrato, o legislador chegue à conclusão de que os outros ramos do ordenamento jurídico, caso tentem protegê-lo, sozinhos, sem a intervenção do Direito Penal, não terão sucesso.

Na hipótese em estudo, ou seja, sobre a necessidade de chamar o Direito Penal a intervir, nos casos de crimes ambientais, a fim de se responsabilizar criminalmente a pessoa jurídica, entendemos que o princípio da intervenção mínima, sob a vertente da subsidiariedade, foi brutalmente violado.

Isso porque, como é cediço, o Direito Administrativo, mediante o seu poder de polícia, pode proteger, com muito mais rapidez e eficácia, o meio ambiente, sem que se faça necessária a presença do Direito Penal. As penas previstas pela Lei Ambiental, quase em sua totalidade, podem ser aplicadas também pelo Direito Administrativo, via poder de polícia, tanto na permissão inicial para instalação de uma empresa, quanto na fiscalização de suas atividades após o começo de sua operacionalização.

Onofre Alves Batista Júnior, logo após definir o poder de polícia como a "atividade do Estado consistente em limitar a propriedade ou a liberdade em prol do bem comum",[26] adverte:

> "Este conceito, em linha de evolução, dentro da multifacetada influência estrangeira, caminha no sentido de se constituir num *poder de criar normas jurídicas* ou *emitir atos administrativos* com a finalidade de *promover o bem-estar público*, buscando abranger *os mais variados setores da sociedade*, tais como segurança, cultos, indústria, comércio, costumes, moral, saúde, meio ambiente, propriedade, patrimônio artístico e cultural, defesa do consumidor."[27]

O poder de polícia, em uma das suas vertentes, pode ser entendido como espécie do gênero ato administrativo, sendo-lhe, pois, inerentes os seguintes atributos: a) presunção de legitimidade; b) imperatividade; c) exigibilidade; e d) executoriedade.

Interessa-nos mais de perto a característica da executoriedade, que, segundo Celso Antônio Bandeira de Mello, "é a qualidade pela qual o Poder Público pode compelir *materialmente* o administrado, sem precisão de buscar as vias judiciais, ao cumprimento da obrigação que impôs e exigiu".[28]

Assim, sendo bem empregado o poder de polícia pelo Poder Executivo, por exemplo, caso ocorra um dano ao meio ambiente produzido por uma pessoa jurídica, o recurso ao Direito Administrativo, com a imposição de multas, interdição de atividades etc., será infinitamente mais eficaz e célere do que a utilização do Direito Penal para inibir esse tipo de comportamento.

Discorrendo sobre as hipóteses de cabimento da executoriedade do ato administrativo, Celso Antônio Bandeira de Mello preleciona:

> "a) quando a lei prevê expressamente, que é o caso óbvio;
>
> b) quando a executoriedade é condição indispensável à eficaz garantia do interesse público confiado pela lei à

---

26 BATISTA JÚNIOR, Onofre Alves. *O poder de polícia fiscal*, p. 77.
27 BATISTA JÚNIOR, Onofre Alves. *O poder de polícia fiscal*, p. 77.
28 MELLO, Celso Antônio Bandeira de. *Curso de direito administrativo*, p. 195.

administração; isto é, nas situações em que, se não for utilizada, haverá grave comprometimento do interesse que incumbe à administração assegurar. Isto ocorre nos casos em que a *medida é urgente* e não há via jurídica de igual eficácia à disposição da administração para atingir o fim tutelado pelo direito, uma medida judicial. Nestes casos entende-se que a autorização para *executoriedade* está *implícita* no sistema legal, pois é em decorrência dele que a Administração deve garantir a proteção ao bem jurídico em risco."[29]

Caso o Direito Penal seja convocado a proteger o meio ambiente, como acontece no Brasil, para que possamos chegar à aplicação de multas ou mesmo à interdição da atividade praticada pela pessoa jurídica, precisaremos recorrer ao *due process of law*, com o necessário contraditório, ampla defesa etc., para, somente após esgotadas todas as vias, chegarmos à determinação de uma sanção.

Com o Direito Administrativo, como regra, primeiro aplica-se a medida necessária para cessar a atividade danosa (característica da executoriedade do ato), depois pode ser discutida a sua legalidade por intermédio do Poder Judiciário.

Concluindo, a vertente correspondente à natureza subsidiária do Direito Penal faz com que, primeiramente, sejam verificadas as demais hipóteses de intervenção (administrativa, civil etc.), para somente depois, aferida a sua insuficiência, permitir a proteção dos bens jurídicos por meio do Direito Penal.

6.3. PRINCÍPIO DA LESIVIDADE

Efetivamente, o século XVIII foi marcante para as principais modificações sofridas pelo Direito Penal. Novos princípios foram desenvolvidos sob o fundamento da dignidade da pessoa humana.

O preâmbulo da Declaração dos Direitos do Homem e do Cidadão, de 1789, traduz, com ênfase, as novas preocupações com o ser humano:

> "Os representantes do povo francês, reunidos em Assembleia Nacional, tendo em vista que a ignorância, o esquecimento ou o desprezo dos direitos do homem são as únicas causas dos males públicos e da corrupção dos Governos, resolveram declarar solenemente os direitos naturais, inalienáveis e sagrados do homem, a fim de que esta declaração, sempre presente em todos os membros do corpo social, lhes lembre permanentemente seus direitos e deveres; a fim de que os

---

29 MELLO, Celso Antônio Bandeira de. *Curso de direito administrativo*, p. 197.

atos do Poder Legislativo e do Poder Executivo, podendo ser a qualquer momento comparados com a finalidade de toda a instituição política, sejam por isso mais respeitados; a fim de que as reivindicações dos cidadãos, doravante fundadas em princípios simples e incontestáveis, se dirijam sempre à conservação da Constituição e à felicidade geral."

Todos nós estudamos, estarrecidos, as terríveis histórias da Inquisição. Pessoas eram investigadas, acusadas, condenadas e executadas simplesmente porque pensavam de forma diferente da Igreja da época, sendo consideradas, por exemplo, como hereges.

Champlin e Bentes relembram que:

"em 1163, no concílio de Tours, na França, o papa Alexandre III ordenou que o clero procurasse os hereges com base em *inquéritos*, com a ajuda de testemunhas juramentadas. Durante um período de cerca de cinquenta anos (de 1163 a 1215), houve processos inquisitoriais em andamento. No século XIII, a inquisição atuava em toda a Europa, excetuando-se na Escandinávia e na Inglaterra. Diferentemente dos casos tratados nos tribunais civis, os acusados nunca eram informados quem eram os seus acusadores. Se as ofensas fossem consideradas leves, penalidades bastante insignificantes eram baixadas, geralmente envolvendo formas de penitência. Mas os alegados crimes, que usualmente nada mais envolviam senão diferenças de opinião doutrinária, eram pesadamente punidos, com encarceramento, banimento e até a morte, para não dizermos sobre indescritíveis torturas sofridas pelas vítimas. O mais incrível é que, em 1253, o Papa Inocente IV autorizou oficialmente o uso de torturas, no processo dos interrogatórios. Portanto, o suposto vigário ou substituto do humilde Jesus Cristo, que proibia toda sorte de violência, tornou-se pesadamente culpado desse crime de torturar até mesmo *membros de sua própria Igreja*."[30]

Para que se tenha ideia da gravidade do período que antecedeu a adoção e do princípio da lesividade, as Ordenações Filipinas, as últimas que foram aplicadas antes da edição de nosso primeiro Código Criminal, publicado em 1830, previam a punição dos hereges, dos apóstatas, dos feiticeiros, dos que renegavam ou blasfemavam contra Deus ou contra os santos da Igreja Católica,

---
30 CHAMPLIN, Russel Norman; BENTES, João Marques. *Enciclopédia de bíblia, teologia e filosofia*, p. 339.

dos que benziam cães ou bichos sem a autorização das autoridades e dos que faziam vigílias em Igrejas.

O período iluminista veio em defesa da chamada secularização, ou seja, houve a separação entre o direito e a moral. Nem tudo, a partir daquele movimento, que fosse considerado imoral poderia ser considerado também como contrário e/ou proibido pelo Direito. A religião também foi separada. O Estado não podia mais confundir direito com fé.

Ferrajoli, nesse sentido, esclarece:

> "O segundo fundamento, bem mais importante no plano ético-político, trazido pelo Iluminismo penal ao requisito da materialidade da ação criminal é o princípio axiológico de separação entre direito e moral. Já se falou das teses de Hobbes, Pufendeorf, Bentham e de todo o pensamento laico e liberal sobre os limites do direito no que concerne à moral, por força dos quais nem todos os pecados devem ser proibidos, já que não é tarefa do direito sancionar ou impor a moral. Essa tese encontra, nos princípios de exteriorização dos atos suscetíveis de proibição penal e de reserva dos atos internos ao domínio específico e exclusivo da moral, seus dois corolários mais relevantes política e eticamente."[31]

Uma das principais conquistas desse período foi, efetivamente, o princípio da lesividade, também reconhecido como princípio da ofensividade, que, segundo Nilo Batista:

> "transporta para o terreno penal a questão geral da *exterioridade* e *alteridade* (ou bilateralidade) do direito: ao contrário da moral – e sem embargo da relevância jurídica que possam ter as atitudes interiores, associadas, como motivo ou fim de agir, a um sucesso externo –, o direito 'coloca face a face, pelo menos, dois sujeitos'."[32]

O princípio da lesividade, o princípio da intervenção mínima e o princípio da adequação social servirão de norte ao legislador quando da criação, e da necessidade de revogação da figura típica. O primeiro raciocínio a ser produzido quando o legislador quiser criar uma figura típica será o de, efetivamente, aferir a importância do bem jurídico que irá merecer a atenção do Direito Penal. Se o bem goza desse *status*, ou seja, se é importante a ponto de merecer a proteção do Direito Penal, vencido o primeiro princípio,

---

31 FERRAJOLI, Luigi. *Direito e razão*, p. 385.
32 BATISTA, Nilo. *Introdução crítica ao direito penal*, p. 91.

ingressamos no segundo, de averiguação obrigatória, que é justamente o princípio da lesividade.

De acordo com o enfoque do princípio da lesividade, podemos trabalhar com as quatro vertentes propostas por Nilo Batista,[33] a saber:

a) proibição de incriminações que digam respeito a uma atitude interna do agente;

b) proibição de incriminações de comportamentos que não excedam ao âmbito do próprio autor;

c) proibição de incriminações de simples estados ou condições existenciais;

d) proibição de incriminações de condutas desviadas que não afetem qualquer bem jurídico.

Na verdade, podemos resumir todas as vertentes anunciadas por Nilo Batista em um único raciocínio: o Direito Penal só pode, de acordo com o princípio da lesividade, proibir comportamentos que extrapolem o âmbito do próprio agente, que venham atingir bens de terceiros, atendendo-se, pois, ao brocardo *nulla lex poenalis sine injuria*.

Luiz Flávio Gomes, analisando o princípio em tela, afirma:

> "Uma vez que se concebe que a ofensividade é condição necessária, ainda que não suficiente, da intervenção penal e que o delito é expressão de uma infração ao Direito (lesão ou perigo concreto de lesão ao bem jurídico protegido), tem relevância ímpar exigir do legislador a *descrição do fato típico como uma ofensa a um determinado e específico bem jurídico*."[34]

Como bem ressaltado por Luiz Flávio Gomes, o princípio da lesividade é *um* princípio, e não *o* princípio necessário para a criação dos tipos penais incriminadores. A criação dos tipos penais ficará subordinada, ainda, à constatação da importância do bem que se quer proteger (princípio da intervenção mínima), bem como da inadequação social do comportamento que se quer proibir ou impor sob a ameaça de uma sanção (princípio da adequação social).

Tomemos, agora, o lugar do legislador e, hipoteticamente, daremos início à construção dos tipos penais. De acordo com o critério de seleção dos bens jurídicos, escolhemos a vida, a fim de que o Direito Penal faça recair sobre ela a sua proteção. Será que, no caso em exame, poderia o legislador, com o fim de proteger o bem vida, punir a conduta daquele que, desesperado, procura acabar

---

33 BATISTA, Nilo. *Introdução crítica ao direito penal*, p. 92-94.
34 GOMES, Luiz Flávio. *Princípio da ofensividade no direito penal*, p. 35.

com a sua própria, tentando, portanto, sem sucesso obviamente, praticar o suicídio? A primeira barreira imposta à criação típica já teria sido ultrapassada, quando afirmamos que a vida era um bem importante a ponto de merecer a proteção do Direito Penal. Contudo, a criação típica estaria inviabilizada com o segundo raciocínio, ou seja, a segunda barreira principiológica tornou-se intransponível, uma vez que a conduta daquele que atenta contra a própria vida não é lesiva, pois que não atinge bem jurídico de terceiros.

É, portanto, em razão do princípio da lesividade, de observância obrigatória, que o Direito Penal está impedido de proibir, por exemplo, a automutilação, pois a conduta daquele que se quer mutilar não ultrapassa a pessoa do agente e não atinge, consequentemente, bens de terceiros.

Várias infrações penais têm sido questionadas, negando-se, inclusive, sua validade, quando submetidas ao "teste da lesividade". Segundo Luiz Flávio Gomes,[35] todos os tipos penais que preveem *delitos de perigo abstrato* não se sustentariam. No mesmo sentido, adverte Mariano Silvestroni que "os delitos de perigo abstrato não podem ser admitidos em um direito penal baseado no princípio da lesividade. A mera presunção de que certas condutas podem afetar a terceiros não basta para legitimar a ingerência punitiva se essa afetação não se produz realmente no caso concreto".[36] Do mesmo modo, as contravenções penais de vadiagem, embriaguez e, ainda, o que se tem mais discutido ultimamente, o crime previsto no art. 28 da Lei nº 11.343/2006, que tipifica o consumo de drogas.

O art. 28 do mencionado diploma legal está assim redigido:

"Quem adquirir, guardar, tiver em depósito, transportar ou trouxer consigo, para consumo pessoal, drogas sem autorização ou em desacordo com determinação legal ou regulamentar será submetido às seguintes penas"

Sob o argumento de que a conduta praticada pelo usuário de drogas não excede o âmbito do próprio autor, Nilo Batista assevera:

"O mesmo fundamento veda a punibilidade da *autolesão*, ou seja, a conduta externa que, embora vulnerando formalmente um bem jurídico, não ultrapassa o âmbito do próprio autor, como exemplo o suicídio, a automutilação e o uso de drogas. No Brasil, (...) incrimina o uso de drogas, em franca oposição ao princípio da lesividade e às mais atuais recomendações político-criminais."[37]

---

35 GOMES, Luiz Flávio. *Princípio da ofensividade no direito penal*, p. 13.
36 SILVESTRONI, Mariano H. *Teoría constitucional del delito*, p. 207.
37 BATISTA, Nilo. *Introdução crítica ao direito penal*, p. 92-93.

Emiliano Borja Jiménez fundamenta a não incriminação do *uso de drogas*, dizendo:

> "o consumidor de qualquer das substâncias qualificadas como drogas tóxicas, estupefacientes ou psicotrópicas, está atuando uma faceta de sua liberdade com relação à disposição de sua saúde de forma autônoma, ainda quando esta sofra menoscabos pelo prazer do consumo de narcóticos. Atendendo a esta perspectiva individual, a criação de barreiras punitivas por parte do Estado, que determinem uma obstaculização a esse direito de consumo, se apresenta como uma intolerável ingerência que se concretizaria numa vulneração de um dos fundamentos de natureza política e da paz social: o direito ao livre desenvolvimento da personalidade, concreção da dignidade humana."[38]

A parte geral do nosso Código Penal, em obediência ao princípio da lesividade, no que diz respeito à tentativa, exige o início da execução, não sendo punidos, portanto, a simples cogitação (*cogitationis poenam nemo patitur*) e os atos considerados como preparatórios, determinando-se no inciso II do art. 14 o seguinte:

> **Art. 14.** Diz-se o crime:
> I – [...];
> II – [...] tentado, quando, iniciada a execução, não se consuma por circunstâncias alheias à vontade do agente.

Se a punição pela cogitação está fora de dúvida, talvez surja alguma discussão quanto à excepcional punição pela prática de atos preparatórios. Se nos fizéssemos a seguinte pergunta: Excepcionalmente, alguém pode ser punido pela prática de um ato preparatório? – com certeza, não fosse o princípio da lesividade, estaríamos tentados a dizer que sim, justificando nossa posição, inclusive, com a citação de alguns dispositivos penais, a exemplo do art. 288 do Código Penal, que prevê o delito de associação criminosa, de acordo com a nova rubrica e redação legal que lhe foi conferida pela Lei nº 12.850, de 2 de agosto de 2013.

Contudo, de acordo com o princípio em estudo, não existe exceção à regra da exteriorização do comportamento como um fundamento da lesividade, ou seja, não se pode excepcionar a regra de que para o Direito Penal somente interessam os atos considerados executórios, sendo os demais completamente a ele indiferentes.

---

38 JIMÉNEZ, Emiliano Borja. *Curso de política criminal*, p. 198.

Assim, os agentes são punidos pela associação criminosa não porque praticaram atos preparatórios, mas sim porque executaram a conduta núcleo do art. 288, que prevê a associação, sendo que foi exatamente isso que eles fizeram, ou seja, se associaram para o fim específico de cometer crimes.

Concluindo, o princípio da lesividade servirá de norte ao legislador, a fim de que somente aquelas condutas que extrapolem a pessoa do agente e que venham a atingir bens de relevo possam vir a ser proibidas pelo Estado por intermédio do Direito Penal.

6.4. PRINCÍPIO DA ADEQUAÇÃO SOCIAL

Tal como os princípios estudados anteriormente – intervenção mínima e lesividade –, o princípio da adequação social, cuja formulação inicial se atribui ao professor alemão Hans Welzel, serve tanto como princípio orientador do legislador quando da criação ou da revogação das figuras típicas, bem como instrumento de interpretação dos tipos penais constantes de nosso Código Penal.[39]

De acordo com as palavras de seu criador:

> "Na função dos tipos de apresentar o 'modelo' de conduta proibida se põe de manifesto que as formas de condutas selecionadas por eles têm, por uma parte, um caráter social, quer dizer, estão referidas à vida social, mas, por outra parte, são precisamente inadequadas a uma vida social ordenada. Nos tipos se faz patente a natureza social e ao mesmo tempo histórica do Direito Penal: assinalam as formas de conduta que se apartam gravemente das ordenações históricas da vida social.
>
> Isto repercute na compreensão e interpretação dos tipos, que por influência da doutrina da ação causal eram demasiado restritas, enquanto se via a essência do tipo em lesões causais dos bens jurídicos."[40]

Desta forma, encontra-se o legislador, na qualidade de pesquisador e selecionador das condutas ofensivas aos bens jurídicos mais importantes e necessários ao convívio em sociedade, impedido de criar tipos penais

---

[39] Como lembra Gonzalo D. Fernández, in Bien jurídico y sistema del delito, p. 169, "Welzel incorreu certamente em variações sistemáticas a respeito da colocação da adequação social dentro do sistema do ilícito, que lhe foram estritamente questionados. Primeiro a considerou, corretamente, no âmbito da tipicidade; contudo, mais tarde lhe concedeu natureza jurídica de uma *causa de justificação de caráter consuetudinário*, até que, por último, retornou a seu pensamento originário, tratando a adequação social de novo como uma questão de tipicidade".

[40] WELZEL, Hans. *Derecho penal alemán*, p. 66.

incriminadores que proíbam condutas que já estejam perfeitamente aceitas e toleradas por essa mesma sociedade, pois, caso contrário, estaria, na verdade, compelindo a população a cometer crimes, uma vez que, estando a sociedade acostumada a praticar determinados comportamentos, não mudaria a sua normal maneira de ser pelo simples fato do surgimento de uma lei penal que não teve a sensibilidade suficiente para discernir condutas inadequadas socialmente daquelas outras que não são toleradas pela sociedade.

Imagine-se, hoje, *v.g.*, que o legislador, a título de evitar o aumento do número de casos de alcoolismo, criasse um tipo penal incriminador com a seguinte redação: "Ingerir bebidas alcoólicas após as 22 horas em locais públicos, abertos ou expostos ao público". À primeira vista, pareceria uma atitude louvável do legislador, que demonstrou estar preocupado com a população. Contudo, tal criação típica se mostraria completamente inviável, haja vista que, por mais que a sociedade compreenda os males causados pela ingestão imoderada de bebidas alcoólicas, também já está acostumada ao seu uso regular, razão pela qual tal proibição somente estimularia o uso clandestino, pois que a lei estaria indo de encontro aos costumes já consolidados.

Merece destaque, ainda, o fato de que ao princípio da adequação social se atribui, também, uma função interpretadora dos tipos penais. Os costumes, intimamente ligados ao princípio em estudo, que traduzem o comportamento da sociedade em determinada época, servirão de norte, também, para o exegeta quando da interpretação típica, a fim de que os modelos de conduta aparentemente proibidas ou impostas pela lei penal estejam em perfeita sintonia com o sentimento social.

A título de exemplo, utilizaremos as disposições contidas no art. 233 do Código Penal, que prevê o delito de ato obsceno, dizendo: *Praticar ato obsceno, em lugar público, aberto ou exposto ao público*. Voltemos à década de 1940, período em que o Código Penal entrou em vigor, requerendo um exercício de imaginação. Suponhamos que seu avô tenha conhecido sua avó, numa época em que os namorados sequer andavam de mãos dadas pela rua. Seu avô, considerado "moderninho" para aqueles padrões, surpreende sua avó com um beijo rápido nos lábios. Um oficial da polícia de costumes assiste à cena, estarrecido, juntamente com as demais pessoas que se encontravam no local e, imediatamente, o prende em flagrante, em razão de ter cometido o crime de ato obsceno.

Pergunta-se: Na década de 1940, beijar alguém publicamente era considerado ato obsceno? Pelo que os meios de comunicação relatam, sim, razão pela qual deveria o seu avô (ou o meu) ser condenado pelo delito em questão.

Voltemos, agora, ao século XXI. O seu avô que foi preso há sessenta anos pelo crime de ato obsceno por ter beijado publicamente a sua avó, retorna ao mesmo local onde fora preso em flagrante e, por mais uma vez, repete a cena que o levou a cumprir pena. Mais uma pergunta deve ser feita: Hoje, aproximadamente sessenta anos depois, beijar alguém publicamente se configura no delito em análise? A resposta só pode ser negativa, havendo pequena discussão, contudo, no que diz respeito ao chamado "beijo lascivo", talvez pelo fato de que sua intensidade e vigor choque as pessoas que se encontram ao redor.

Pelo exposto, demonstramos que o princípio da adequação social servirá, inicialmente, como orientação para o legislador quando da criação ou da revogação de figuras típicas. Mencionamos também a revogação em virtude do fato de que condutas que no passado eram consideradas inadequadas socialmente, se hoje já não mais gozarem desse *status*, a sua proibição deve ser retirada de nosso ordenamento jurídico-penal, a exemplo do que ocorre com a contravenção penal do jogo do bicho.

Como proibir o jogo do bicho se o Estado ocupa a posição de maior "banqueiro" de jogos de azar? Será que a sociedade já se acostumou com esse tipo de aposta, de modo que tolera a sua prática, mesmo tendo consciência da sua qualidade de jogo de azar? Quantos jogos de azar existem que não são proibidos pelo Estado, principalmente aqueles que são por ele mesmo fomentados, a exemplo das chamadas "raspadinhas"?

Enfim, o princípio da adequação social será de grande valia para que não sejam proibidas, impostas ou mesmo mantidas condutas que já estejam perfeitamente assimiladas pela sociedade.

Por outro lado, percebe-se que a adoção do princípio da adequação social, como princípio de interpretação, nos conduzirá ao afastamento da tipicidade do fato. Nesse sentido são as lições de Assis Toledo, quando diz:

> "A ação socialmente adequada está desde o início excluída do tipo, porque se realiza dentro do âmbito de normalidade social, ao passo que a ação amparada por uma causa de justificação só não é crime, apesar de socialmente inadequada, em razão de uma autorização especial para a realização da ação típica."[41]

Corroborando o raciocínio esposado acima, Juarez Cirino dos Santos esclarece:

> "A opinião dominante compreende a adequação social como hipótese de exclusão da tipicidade, mas existem setores que

---
41 TOLEDO, Francisco de Assis. *Princípios básicos de direito penal*, p. 131-132.

a consideram como justificante, como exculpante, ou como princípio geral de interpretação da lei penal. Não há dúvida que a adequação social é um princípio geral que orienta a criação e a interpretação da lei penal, mas sua atribuição à antijuridicidade pressupõe a ultrapassada concepção do tipo livre-de-valor, e sua compreensão como exculpante pressupõe uma inaceitável identificação entre a adequação social de determinadas ações e a natureza proibida do injusto."[42]

Mediante posições anteriores, conclui-se, portanto, que a adoção do princípio da adequação social faz com que o intérprete não consiga ultrapassar a barreira da tipicidade, a fim de verificar a ilicitude ou mesmo a culpabilidade.

Dessa forma, o princípio da adequação social, conjugado com os princípios da intervenção mínima e da lesividade, abre a possibilidade ao legislador da criação da figura típica, do mesmo modo que também, como o reverso de uma mesma moeda, o alerta para a necessidade de revogação dos tipos penais que não mais preveem comportamentos inadequados socialmente, servindo, ainda, como importante instrumento de análise e interpretação das figuras típicas.

6.5. PRINCÍPIO DA INSIGNIFICÂNCIA

Uma vez ultrapassadas as barreiras correspondentes aos princípios da intervenção mínima, lesividade e adequação social, abre-se a oportunidade ao legislador para a criação dos tipos penais incriminadores. Sob o enfoque minimalista, em uma visão equilibrada do Direito Penal, somente aqueles bens mais importantes, que sofrem os ataques mais lesivos e inadequados socialmente, é que podem merecer a atenção e a proteção do Direito Penal, pois, caso contrário, estaríamos aceitando a tese, já debatida em tópico próprio, do Direito Penal Máximo.

A tarefa de legislar não é fácil. Identificar, com precisão, as condutas que se quer proibir ou impor, sob a ameaça de uma sanção de natureza penal, a fim de proteger um bem considerado de vital importância para a manutenção da sociedade, requer do legislador, primeiramente, uma visão político-criminal correta, além de uma apurada técnica de redação legislativa.

Identificado o bem a ser protegido pelo tipo penal, não podendo o legislador descer a minúcias, deve o intérprete, ao analisar a infração penal criada, ajustá-la ao raciocínio minimalista, pugnando, pois, por um Direito Penal do Equilíbrio. Traduzindo melhor a ideia, raciocinemos com a seguinte hipótese: o legislador, numa análise antecedente à criação típica, chegou à

---

42 SANTOS, Juarez Cirino dos. *A moderna teoria do fato punível*, p. 37-38.

conclusão de que o patrimônio era um bem importante a ponto de merecer a proteção do Direito Penal, e que, quando o agente não destruía o seu próprio patrimônio, sua conduta era lesiva e inadequada socialmente. Pois bem, o raciocínio anterior comprova a adoção dos princípios que servem de orientação ao legislador na criação dos delitos contra o patrimônio.

Contudo, uma vez criadas as figuras típicas correspondentes aos delitos contra o patrimônio, a pergunta a ser feita a seguir, que diz respeito diretamente ao princípio da insignificância, é a seguinte: Embora o patrimônio tenha sido considerado abstratamente pelo legislador como um bem importante, a ponto de merecer a proteção do Direito Penal, todo e qualquer patrimônio, no caso concreto, independentemente do seu valor, goza desse *status*? Obviamente, a resposta, aqui, só pode ser negativa.

Se a finalidade do Direito Penal, no plano abstrato, é a proteção dos bens mais importantes e necessários ao convívio em sociedade, não podemos fazer um raciocínio paradoxal a esse justamente quando estivermos diante da concreção de um comportamento que, à primeira vista, é ofensivo a um bem juridicamente protegido pelo tipo penal. Seria um raciocínio absurdo concluir que no art. 155 do Código Penal, por exemplo, todos os patrimônios possíveis e imagináveis estariam protegidos, *v.g*, em virtude da criação do delito de furto.

Daí, portanto, a necessidade inafastável da adoção do princípio da insignificância, na qualidade de princípio que traduz o raciocínio minimalista, equilibrado, visando interpretar corretamente os textos legais.

6.5.1. Origem e natureza jurídica do princípio da insignificância

Em que pese haver divergência doutrinária quanto às origens do princípio da insignificância, pois que Diomar Akel Filho aduz que "o princípio já vigorava no Direito romano, onde o pretor não cuidava, de modo geral, de causas ou delitos de bagatela, consoante a máxima contida no brocardo *minima non curat pretor*",[43] conforme esclarece Maurício Antônio Ribeiro Lopes, "o princípio da insignificância, ou, como preferem os alemães, a 'criminalidade de bagatela' – *Bagatelledelikte*, surge na Europa como problema de índole geral e progressivamente crescente a partir da primeira guerra mundial. Ao terminar esta, e em maior medida ao final do segundo confronto bélico mundial, produziu-se, em virtude de circunstâncias socioeconômicas sobejamente conhecidas, um notável aumento de delitos de caráter patrimonial e econômico e, facilmente demonstrável pela própria devastação sofrida pelo continente, quase todos eles marcados pela característica singular de consistirem em

---

43 *Apud* Maurício Antônio Ribeiro Lopes, *in Princípio da insignificância no direito penal*, p. 37.

subtrações de pequena relevância, daí a primeira nomenclatura doutrinária de 'criminalidade de bagatela'".[44]

O desenvolvimento do princípio da insignificância muito se deve ao professor alemão Claus Roxin. Francisco de Assis Toledo, discorrendo sobre o tema, preleciona:

> "Welzel considera que o princípio da adequação social bastaria para excluir certas lesões insignificantes. É discutível que assim seja. Por isso, Claus Roxin propôs a introdução, no sistema penal, de outro princípio geral para a determinação do injusto, o qual atuaria igualmente como regra auxiliar de interpretação. Trata-se do princípio da insignificância, que permite na maioria dos tipos, excluir danos de pouca importância."[45]

De acordo com as lições proferidas, percebe-se que o princípio da insignificância:

a) é entendido como um princípio auxiliar de interpretação;

b) pode ser aplicado em grande parte dos tipos;

c) tem por finalidade afastar do tipo penal os danos de pouca ou nenhuma importância.

Realmente, como já deixamos antever, o princípio da insignificância serve como instrumento de interpretação, a fim de que o exegeta leve a efeito uma correta ilação do tipo penal, dele retirando, de acordo com a visão minimalista, bens que, analisados no plano concreto, são considerados de importância inferior àquela exigida pelo tipo penal quando da sua proteção em abstrato.

Contudo, embora de utilização obrigatória em muitos casos, nem todos os tipos penais permitem o raciocínio da insignificância. Assim, por exemplo, não se discute que em sede de homicídio não se aplica o princípio. Por mais que, segundo a argumentação do autor do fato, a vítima não "valesse nada", tal conclusão não permite a aplicação do princípio. Em outros fatos que, aparentemente se amoldariam à lei penal, o princípio é de aplicação obrigatória, a exemplo do que ocorre com os delitos de furto, dano, peculato, lesões corporais, consumo de drogas etc.

Assim, interpretando restritivamente o tipo penal, o princípio da insignificância evidencia a sua natureza de princípio que conduz à atipicidade do fato. Tal situação, contudo, merece análise mais aprofundada, tendo como pano de fundo a nossa estrutura jurídica do crime.

---
44 LOPES, Maurício Antônio Ribeiro. *Princípio da insignificância no direito penal*, p. 39.
45 TOLEDO, Francisco de Assis. *Princípios básicos de direito penal*, p. 133.

Em uma concepção analítica tripartida, o crime é entendido como uma ação típica, ilícita e culpável. O fato típico, primeira característica a ser analisada na estrutura jurídica do crime, é composto pelos seguintes elementos:

a) conduta dolosa ou culposa, comissiva ou omissiva;

b) resultado;

c) nexo de causalidade;

d) tipicidade penal.

Por tipicidade penal entende-se, modernamente, a conjugação da tipicidade formal com a tipicidade conglobante. A tipicidade chamada conglobante ou conglobada exige, para a sua configuração, que no caso concreto o intérprete conclua pela *tipicidade material*, na qual será realizada a análise e a aplicação do princípio da insignificância, bem como pela antinormatividade do comportamento levado a efeito pelo agente.

Zaffaroni, com o brilhantismo que lhe é peculiar, afirma:

> "O *tipo penal* se compõe do *tipo legal* (adequação da conduta à individualização predominantemente descritiva feita no preceito legal, com seu aspecto objetivo e subjetivo) e do *tipo conglobante* (que requer a lesão ou colocação em perigo do bem jurídico tutelado mediante a comprovação da antinormatividade pela contradição da conduta com a norma, conglobada com as restantes do ordenamento que integra).
>
> Será função deste segundo passo da tipicidade penal operar como corretivo da tipicidade legal, reduzindo à verdadeira dimensão do que a norma proíbe, deixando fora da tipicidade penal aquelas condutas que somente são alcançadas pela tipicidade legal, mas que o ordenamento normativo não proíbe, precisamente porque as ordena ou as fomenta ou não as pode alcançar, por exceder o poder repressivo do Estado ou por ser insignificante sua lesividade."[46]

Interessa-nos, nesta oportunidade, o estudo tão somente da tipicidade conglobante, em sua característica correspondente à tipicidade material. Por tipicidade material deve-se entender o critério por meio do qual o Direito Penal afere a importância do bem no caso concreto. Na verdade, o estudo da teoria da tipicidade penal tem início com a aferição da chamada tipicidade formal ou legal. Quer isso dizer que, se o fato for formalmente típico, ou seja, se houver uma adequação do comportamento praticado pelo agente ao modelo abstrato previsto na lei penal, que é o nosso tipo, deve-se ingressar no estudo da característica seguinte, ainda dentro da tipicidade penal.

---

46 ZAFFARONI, Eugenio Raúl. *Tratado de derecho penal* – Parte general, v. III, p. 236.

Concluindo-se, pelo menos em tese, pela tipicidade formal do fato, o estudo da tipicidade conglobante funcionará, como afirmou Zaffaroni, como um corretivo à tipicidade, ajustando-a efetivamente aos raciocínios minimalistas, como ocorre com relação à tipicidade material.

A título de ilustração, imagine-se a seguinte hipótese: *A* entra em um supermercado e subtrai um chocolate no valor de R$ 1,00. Trazendo tal fato para a estrutura jurídica do crime, começaríamos o seguinte raciocínio, especificamente quanto à tipicidade penal: A conduta praticada pelo agente amolda-se ao preceito primário do art. 155 do Código Penal, pois que ele subtraíra, para si, coisa alheia móvel. Contudo, considerando a visão minimalista proposta pelo princípio da insignificância, que deve ser analisado em sede de tipicidade material, o passo seguinte, de acordo com a análise da tipicidade conglobante, na vertente correspondente à tipicidade material, seria a aferição da importância do bem no caso concreto.

Nossa pergunta, agora, a fim de comprovar a tipicidade material, seria a seguinte: Quando o legislador criou o delito de furto, proibindo a subtração de coisa alheia móvel, foi pensando em qualquer tipo de patrimônio, ou somente naquele que, no enfoque minimalista, tivesse alguma importância para o Direito Penal?

De acordo com um Direito Penal do Equilíbrio, a resposta a essa indagação só pode ser no sentido de que a lei não pode se ocupar com bagatelas, mas sim com agressões a bens de relevo. No caso em exame, o fato deveria ser considerado atípico, por ausência da chamada tipicidade material.

Desta forma, por tudo o que até agora foi exposto, podemos concluir que o princípio da insignificância possui a natureza de causa que exclui a tipicidade do fato. Entretanto, embora majoritária tal posição, outros autores a visualizam, em sede de ilicitude, como um princípio de justificação ou, ainda, como um princípio eximente da culpabilidade.

Abel Cornejo, defendendo a possibilidade de o princípio da insignificância ser entendido também como uma causa de justificação, afirma:

> "Se um fato se reveste de tal caráter, não é materialmente antijurídico, ainda que o seja formalmente. Existe acordo na doutrina (não obstante a discrepância de Jiménez de Asúa) em considerar que a essência da antijuridicidade material se põe de manifesto na lesão ou colocação em perigo de bens jurídicos."[47]

---
47 CORNEJO, Abel. *Teoría de la insignificancia*, p. 65.

O raciocínio esposado pelo professor gira em torno do fato de que a insignificância do bem conduz ao afastamento da ilicitude por ausência de antijuridicidade material, adotando a posição segundo a qual a antijuridicidade seria a relação de contrariedade que se estabelece entre a conduta do agente e o ordenamento jurídico, que cause lesão ou exponha a perigo de lesão um bem juridicamente protegido. Como o bem não tem a importância exigida pelo Direito Penal, o fato estaria justificado pela ausência da ilicitude material.

E continua suas lições dizendo ser possível o estudo do princípio como eximente da pena:

> "Outro critério – mais plausível que o anterior – em abono da aplicação do princípio, por estimá-lo eficaz para o sistema penal, ademais de erigir-se em um limite a ingerência do Estado e um justificativo ético a aplicação de uma pena, o considera uma eximente de pena, cuja aplicação se atribui aos juízes que – em cada caso concreto – deverão determinar se se encontram ante uma hipótese de insignificância, ou se, pelo contrário, a conduta reveste de importância suficiente para se constituir em um ilícito penal."[48]

Em que pese a força do raciocínio trazido à colação pelo renomado professor, não podemos com ele concordar, pois que o estudo da estrutura jurídica do crime não resistiria à análise da tipicidade penal, para que, em momentos posteriores, ingressássemos no estudo das suas duas outras características, vale dizer, a ilicitude e a culpabilidade.

O criador da teoria finalista da ação, Hans Welzel, analisando os elementos integrantes da estrutura jurídica do crime, dizia:

> "A tipicidade, a antijuridicidade e a culpabilidade são os elementos que convertem uma ação em um delito. A culpabilidade – a responsabilidade pessoal por um fato antijurídico – pressupõe a antijuridicidade do fato, do mesmo modo que a antijuridicidade, por sua vez, tem de estar concretizada em tipos legais. A tipicidade, a antijuridicidade e a culpabilidade estão relacionadas logicamente de tal modo que cada elemento posterior do delito pressupõe o anterior."[49]

Por intermédio das lições de Welzel, podemos perceber que o estudo da teoria do delito não pode ser realizado por saltos, ou seja, cada uma das suas características serve como uma barreira a ser ultrapassada a fim de que seja possível a análise da característica seguinte. Sendo assim, seria impossível

---

48 CORNEJO, Abel. *Teoría de la insignificancia*, p. 70.
49 WELZEL, Hans. *Derecho penal alemán*, p. 57.

chegar ao estudo da antijuridicidade ou mesmo da culpabilidade, uma vez que o princípio da insignificância teria o condão de, *ab initio*, eliminar a tipicidade em virtude da ausência de tipicidade material.

O princípio da insignificância, portanto, em que pesem as posições em contrário, *permissa venia*, tem por finalidade afastar a tipicidade do fato, não permitindo que o intérprete ingresse no estudo das características seguintes que integram a infração penal, vale dizer, a ilicitude e a culpabilidade.

Desta forma, com base no raciocínio acima esposado, podemos afirmar a impropriedade da expressão *crime de bagatela*, segundo a qual a doutrina identifica o princípio da insignificância. A expressão é equivocada, em virtude de não observar a natureza jurídica do princípio da insignificância. Esclarecendo melhor o tema, se com o raciocínio da insignificância o intérprete chega à conclusão de que o fato praticado pelo agente é atípico, por ausência de tipicidade material, como pode chamar um fato atípico, indiferente para o Direito Penal, de *crime de bagatela*. Na verdade, se não há *crime*, não posso identificar aquele fato como *crime de bagatela*, senão como um *fato de bagatela*, que não merece a atenção do Direito Penal.

O princípio da insignificância, portanto, servirá de instrumento de utilização obrigatória nas mãos do intérprete, a fim de realizar a perfeita adaptação do comportamento do agente ao modelo abstrato previsto na lei penal, com a sua atenção voltada para a importância do bem ofendido, raciocínio que é levado a efeito considerando-se a chamada tipicidade material.

Não se pode esquecer, ainda, que além dessa característica de ser analisado em sede de tipicidade material, existem outras posições que o justificam fora mesmo da teoria do delito. Conforme esclarece Gonzalo D. Fernández:

> "muitos autores renunciam a punibilidade do fato insignificante por puras razões político-criminais de *merecimento da pena*, dado que, em tais casos, a sanção penal violentaria a proporcionalidade ante uma afetação ínfima do bem jurídico. Por sua vez, outras posturas doutrinais se apoiam em argumentos de índole processual, vinculados a necessidade de eliminar a sobrecarga que padece a Administração da Justiça e lograr, através disso, uma maior eficácia nos sistemas de ajuizamento."[50]

---

50 FERNÁNDEZ, Gonzalo D. *Bien jurídico y sistema del delito*, p. 164.

6.5.2. O Princípio da insignificância nos Tribunais Superiores

Tanto o Superior Tribunal de Justiça quanto o Supremo Tribunal Federal têm reconhecido a possibilidade de aplicação do princípio da insignificância. O STF, inclusive, criou alguns critérios que foram adicionados à mera aferição, no caso concreto, da tipicidade material, dizendo:

> O Plenário do Supremo Tribunal Federal tem um entendimento consolidado de que o princípio da insignificância incide quando presentes, cumulativamente, as seguintes condições objetivas: (i) mínima ofensividade da conduta do agente; (ii) nenhuma periculosidade social da ação; (iii) grau reduzido de reprovabilidade do comportamento; e (iv) inexpressividade da lesão jurídica provocada, ressaltando, ainda, que a contumácia na prática delitiva impede a aplicação do princípio (STF, RHC 169.831 AgR/MS, Rel. Min. Roberto Barroso, 1ª T., DJe 30/10/2019).

6.6. PRINCÍPIO DA INDIVIDUALIZAÇÃO DA PENA

Uma vez ultrapassadas as barreiras dos princípios da intervenção mínima, da lesividade e da adequação social, concluímos, com a segurança necessária, ser o Direito Penal fragmentário. Isso porque, como vimos anteriormente, ao Direito Penal do Equilíbrio não cabe a proteção de todos os bens existentes em nossa sociedade, mas tão somente daqueles que gozem de proeminência individual ou coletiva, vale dizer, somente aqueles mais importantes e necessários ao convívio em sociedade. Além da fundamental importância do bem, devemos também verificar, de acordo ainda com o princípio da mínima intervenção, se outros ramos do ordenamento jurídico são capazes de, por si sós, cumprir à altura essa missão protetora, sem o auxílio do Direito Penal.

Uma vez aferida a importância do bem, chegando-se, ainda, à conclusão de que os demais ramos do ordenamento não são capazes o suficiente de protegê-lo, podemos, neste primeiro momento, convocar o Direito Penal. Contudo, o princípio da intervenção mínima não é o princípio, mas sim *um* princípio de análise obrigatória para a criação do tipo penal incriminador. Logo em seguida, deverá o legislador investigar se a conduta que atinge aquele bem, já previamente considerado importante, é lesiva, ofensiva, ou seja, se o comportamento extrapola a pessoa do agente, vindo a atingir bens de terceiros, conforme raciocínio exteriorizado no capítulo próprio.

Por último, verifica-se se a conduta que ofende aquele bem de relevo é inadequada socialmente, pois, caso contrário, não poderá o Estado proibir comportamentos que já estão plenamente aceitos pela sociedade, sob pena de se transformar no maior estimulador de infrações penais.

Ultrapassados todos esses princípios, abre-se a oportunidade para a criação típica. A primeira fase foi vencida. Tais princípios – intervenção mínima, lesividade e adequação social – servem de orientação ao legislador para a criação do preceito primário do tipo penal incriminador. Entretanto, a norma penal em sentido estrito exige, para a sua configuração, a criação de um preceito secundário, no qual deverá ser apontada a pena cominada para o caso de descumprimento do preceito primário.

A Constituição Federal assevera, em seu art. 5º, inciso XXXIX: *Não há crime sem lei anterior que o defina, nem pena sem prévia cominação legal.*

A redação existente na Lei Maior em muito se assemelha àquela contida no art. 1º do Código Penal, que assim dispõe: *Não há crime sem lei anterior que o defina. Não há pena sem prévia cominação legal.*

Percebe-se, com clareza, que a preocupação não se limita à narração do comportamento proibido ou imposto pela lei penal, como também à prévia determinação de uma sanção.

Compete ao princípio da individualização da pena, como raciocínio consequente à adoção dos princípios anteriormente expostos, no enfoque proposto pelo Direito Penal do Equilíbrio, determinar a sanção correspondente a cada infração penal.

O princípio da individualização da pena foi consignado expressamente no texto de nossa Constituição Federal, conforme se verifica no inciso XLVI do art. 5º, assim redigido:

> A lei regulará a individualização da pena e adotará, entre outras, as seguintes:
>
> a) privação ou restrição da liberdade;
>
> b) perda de bens;
>
> c) multa;
>
> d) prestação social alternativa;
>
> e) suspensão ou interdição de direitos.

O princípio da individualização da pena ocorre em três fases distintas, a saber: a) fase da cominação; b) fase da aplicação; c) fase da execução.

O Capítulo II do Título V do Código Penal cuidou, especificamente, da primeira fase da individualização, vale dizer, a fase da *cominação das penas*. Conceitualmente, a fase da individualização das penas é aquela que ocorre no plano abstrato, sendo de competência do legislador. Dissemos que é a fase que ocorre no *plano abstrato* em virtude do fato de que, inicialmente, antes mesmo da criação típica, o legislador deverá levar a efeito um raciocínio de valoração dos bens, com o objetivo de determinar a importância que cada um merece.

É efetivamente por meio da fase da cominação que o legislador, após a eleição dos bens mais importantes e necessários ao convívio em sociedade, dá início a um trabalho de individualização, levando a efeito um raciocínio de comparação, no sentido de se chegar, o mais próximo possível, ao valor atribuído ao bem pela sociedade.

A título de exemplo, imaginem-se as hipóteses de seleção dos bens *vida* e *integridade física*. A primeira pergunta que devemos nos fazer, a fim de permitir a proteção desses dois bens pelo Direito Penal, é se eles, efetivamente, gozam da importância exigida por esse ramo do ordenamento jurídico. Em seguida, a pergunta correspondente ao princípio da individualização das penas seria a seguinte: A vida e a integridade física, embora bens de relevo, gozam da mesma importância, ou possuem valores diferentes? Obviamente que, no caso em questão, o bem vida é de valor superior ao bem integridade física, razão pela qual nos crimes contra a vida, a pena, individualmente considerada, deve ser superior àquela destinada à proteção da integridade física pelo tipo penal incriminador.

É por meio da fase da cominação, portanto, que o legislador determina a importância de cada bem. A pena seria, *grosso modo*, o preço correspondente a cada infração penal que tem por finalidade proteger determinados bens.

Sabemos quão difícil é a determinação de uma pena cujo escopo é valorar um bem jurídico. O legislador deve apontar as penas mínima e máxima correspondentes a cada infração penal, almejando, com isso, proteger o bem jurídico previsto pelo tipo penal incriminador. Deverá, obrigatoriamente, nesse estudo comparativo, trabalhar com o princípio da proporcionalidade, intimamente relacionado ao da individualização da pena.

Luigi Ferrajoli, com precisão, esclarece:

> "A tarifa das penalidades é a medida do valor dos bens sociais, escreveu Rudolf Jhering, de sorte que o sistema de penas assinala a escala de valores historicamente determinada de uma dada sociedade, além de seu grau de autoritarismo, tolerância e humanidade. Ainda que seja impossível medir a gravidade de um delito singularmente considerado, é possível, no entanto, afirmar, conforme o princípio de proporcionalidade, que do ponto de vista interno se dois delitos são punidos com a mesma pena, é

porque o legislador considera-os de gravidade equivalente, enquanto se a pena prevista para um delito é mais severa do que a prevista para o outro, o primeiro delito é considerado mais grave do que o segundo."[51]

A segunda fase da individualização corresponde à aplicação da pena. A aplicação da pena veio prevista no Capítulo III do Título V do Código Penal, sendo esta, agora, de competência do julgador.

Em um primeiro plano, o legislador, mesmo com dificuldades, procura dar a importância que cada bem merece, valendo-se do instrumento da individualização das penas relativas a cada infração penal. Num segundo momento, uma vez praticada a infração penal, o juiz deverá individualizar, por mais uma vez, a pena, para fins de sua efetiva aplicação ao agente.

Merece ser frisado que, em um Estado Constitucional e Democrático de Direito, quem dita a importância do bem a ser protegido pelo Direito Penal não é o juiz, mas sim o legislador. A lei, na verdade, é que se encarrega de dar a importância que cada bem merece. O juiz, no caso concreto, considerando a importância do bem já ditada anteriormente pela lei, deverá, mediante um trabalho consciente e fundamentado de individualização, encontrar a pena justa para o caso concreto, não podendo, contudo, jamais fugir às orientações legais a que está submetido.

Luigi Ferrajoli, dissertando sobre o tema, afirma:

> "Foi precisamente a polêmica contra o despotismo dos juízes, [...] o que constituiu o principal motivo inspirador da batalha iluminista pela reforma penal. 'Só as leis podem decretar as penas dos delitos, e esta autoridade deve residir unicamente no legislador', escreveu Beccaria. Disso segue-se que 'nenhum magistrado (que é parte da sociedade) pode com justiça infligir penas contra outro indivíduo da mesma sociedade' e que constitui 'ofício'dos juízes 'apenas examinar se tal homem praticou, ou não, uma ação contrária às leis estabelecidas por um 'código fixo', que devem 'observar à letra'. De outro lado, no furor polêmico contra o arbítrio judicial, a cultura penal iluminista cultivou um equívoco: a ideia, ligada ao mito do juiz como 'boca da lei', da necessidade de uma absoluta predeterminação legal da pena e da supressão de qualquer discricionariedade judicial

---

51 FERRAJOLI, Luigi. *Direito e razão*, p. 323.

na valoração da gravidade do delito e, por conseguinte, na medida da pena correspondente."[52]

Para que o juiz possa, com precisão, individualizar a pena do agente que praticou a infração penal, deverá observar o critério trifásico determinado pelo *caput* do art. 68 do Código Penal, que diz:

> Art. 68. A pena-base será fixada atendendo-se ao critério do art. 59 deste Código; em seguida, serão consideradas as circunstâncias atenuantes e agravantes; por último, as causas de diminuição e de aumento.

Inicialmente, conforme determinado pelo art. 68 do Código Penal, o juiz deverá analisar, isoladamente, cada uma das chamadas circunstâncias judiciais elencadas pelo art. 59 do mesmo diploma repressivo, a fim de que possa indicar a pena-base para o delito cometido pelo agente. Fica o magistrado, portanto, obrigado a uma análise individualizada de cada circunstância judicial, devendo exteriorizar seu raciocínio com o escopo de evidenciar os motivos pelos quais chegou àquela quantidade, sob pena de macular o ato decisório, pois que a Constituição Federal exige, no inciso IX do art. 93, além da publicidade dos julgamentos pelos órgãos do Poder Judiciário, que todas as suas decisões sejam fundamentadas, sob pena de nulidade.

No momento seguinte ao da fixação da pena-base, o julgador observará o rol das circunstâncias atenuantes e agravantes, à procura daquela que se adapte à condição do sentenciado, podendo, inclusive, se entendê-la cabível na espécie, atenuar a pena em razão de circunstância relevante, anterior ou posterior ao crime, embora não prevista expressamente em lei, conforme permite o art. 66 do Código Penal.

Finalmente, como última fase da individualização a ser realizada pelo julgador, deverá aferir a existência das minorantes ou majorantes, ou seja, as causas de diminuição ou de aumento de pena previstas tanto na parte geral quanto na especial da legislação penal.

Uma vez condenado o autor da infração penal, aplicada a pena entendida como necessária e suficiente à reprovação e à prevenção do crime, inicia-se a última fase da individualização da pena, que ocorre durante a sua execução.

Os arts. 5º e 6º da Lei de Execução Penal determinam que *os condenados serão classificados, segundo os seus antecedentes e personalidade, para orientar a individualização da execução penal*, sendo que *a classificação será feita por*

---
52 FERRAJOLI, Luigi. *Direito e razão*, p. 324.

Comissão Técnica de Classificação, que elaborará o programa individualizador da pena privativa de liberdade adequada ao condenado ou preso provisório.

José Antônio Paganella Boschi, analisando os artigos em tela, afirma:

> "Muito embora as eloquentes determinações legais, os condenados, contudo, não são classificados para a individualização da execução, mas recolhidos às penitenciárias para cumprimento de penas em ambientes coletivos, sem infraestrutura condigna, sem trabalho, ficando na maioria das vezes entregues à própria sorte.
>
> A individualização da pena na fase da execução é, no Brasil, ainda uma garantia vaga, indefinida, etérea, que permite afirmar que a reclusão e a detenção não ressocializam, porque não há ressocialização sem tratamento e sem que o condenado esteja determinado a se ressocializar."[53]

Sabemos que o Código Penal determina, na parte final do seu art. 59, que as penas devem ser tão somente aquelas necessárias e suficientes para a reprovação e a prevenção dos crimes. No que diz respeito às teorias relativas que preconizam as vertentes preventivas – geral e especial –, especificamente com relação à prevenção especial, esta se biparte em positiva e negativa.

Por prevenção especial positiva entende-se o processo de ressocialização pelo qual deverá ser submetido o condenado, sendo a prevenção especial negativa o simples efeito de retirá-lo, momentaneamente, do convívio em sociedade, a fim de que não volte a delinquir (pelo menos *extra muros*).

Conforme afirmado acima por Paganella Boschi, embora a ressocialização, com todas as críticas que lhe são inerentes, deva ser um objetivo do Estado, tal função atribuída à pena, principalmente sob seu enfoque individualizador, não consegue ser alcançada.

De nada vale a determinação de classificação do condenado, para fins de individualização, se, na prática, sua pena é cumprida com outros condenados com classificações diversas da sua, com antecedentes e personalidades diferentes, em um ambiente promíscuo, dessocializador, que estimula mais a corrupção do caráter do que o arrependimento necessário, que não o impulsiona a modificar-se no sentido de querer reintegrar-se à sociedade, afastando-se da vida do crime.

Contudo, embora as críticas sejam incontáveis, o princípio da individualização da pena impõe a modificação do sistema, a fim de que ele

---

53 BOSCHI, José Antonio Paganella. *Das penas e seus critérios de aplicação*, p. 70.

possa ser atendido em sua terceira vertente, no momento máximo do Estado, em que faz sentir todo o seu poder, que é o da segregação forçada de seus cidadãos.

6.7. PRINCÍPIO DA PROPORCIONALIDADE

A discussão a respeito da ideia de pena proporcional não é nova. A partir, principalmente, do século XVIII, com destaque também para a obra de Beccaria, as discussões sobre as penas proporcionais vêm sendo travadas com progressos e retrocessos.

Podemos indicar, ainda, o Código de Hamurabi como aquele que, tecnicamente, primeiro nos forneceu uma noção inaugural de proporcionalidade, mesmo que não se pudesse afirmar, com certeza absoluta, que o "olho por olho e o dente por dente" cumpria rigorosamente essa função.

O certo é que penas desproporcionais nos trazem a sensação de injustiça. Desde criança, raciocinamos com a ideia de castigo proporcional à nossa desobediência. A ideia de proporção é inata ao ser humano. Quando nossos pais exageravam na correção, o sentimento de revolta tomava conta de nossos pensamentos. Não era justo. Era muito pequena a desobediência, dizíamos, para que tamanha correção nos fosse aplicada.

Contudo, um dos maiores problemas que o Direito Penal enfrenta é, justamente, o de encontrar a pena proporcional, principalmente quando se tem em mira a descoberta de sanções alternativas à pena privativa de liberdade, penas intermediárias que procuram dar a resposta ao "mal" praticado pelo agente, mas com os olhos voltados para o princípio da dignidade da pessoa humana.

Não é fácil, portanto, a elaboração do raciocínio perfeito que tenha em conta que a severidade da pena deva ser proporcional à gravidade do delito, mesmo porque, considerando-se o nível atual de inflação legislativa, o número excessivo de tipos penais incriminadores torna cada vez mais difícil o raciocínio da proporcionalidade, uma vez que cada tipo merecerá a sua comparação no ordenamento jurídico-penal.

Conforme destacaram Nilo Batista, Zaffaroni, Alagia e Slokar:

> "já que é impossível demonstrar a racionalidade da pena, as agências jurídicas devem, pelo menos, demonstrar que o custo em direitos da *suspensão* do conflito mantém uma proporcionalidade mínima como o grau da lesão que tenha provocado. Temos aí o *princípio da proporcionalidade mínima da pena com a magnitude da lesão*. Com esse princípio não se

legitima a pena como retribuição, pois continua sendo uma intervenção seletiva do poder que se limita a suspender o conflito sem resolvê-lo e, por conseguinte, conserva intacta sua irracionalidade. Simplesmente se afirma que o Direito Penal deve escolher entre irracionalidades, deixando passar as de menor conteúdo; o que ele não pode é admitir que a essa natureza irracional do exercício do poder punitivo se agregue um dado de máxima irracionalidade, por meio do qual sejam afetados bens jurídicos de uma pessoa em desproporção grosseira com a lesão que ela causou."[54]

Podemos destacar dois momentos de aferição obrigatória da proporcionalidade das penas. Inicialmente, o primeiro raciocínio seria levado a efeito considerando as penas cominadas em abstrato. Como princípio implícito, podemos extrair o princípio da proporcionalidade do princípio da individualização das penas.[55] Quando o legislador cria o tipo penal incriminador, proibindo ou impondo determinado comportamento sob a ameaça de uma sanção de natureza penal, esta sanção deverá ser proporcional à gravidade do mal produzido pelo agente com a prática da infração penal.

Sabemos que o raciocínio da proporcionalidade não é dos mais fáceis, pois que não podemos mensurar, exatamente, quanto vale a vida, a integridade física, a honra, a dignidade sexual etc. Contudo, faz-se mister que tal proteção ocorra mediante uma pena entendida como a mais proporcional possível, considerando-se o bem atingido pelo delito.

Luigi Ferrajoli preleciona:

"O fato de que entre a pena e delito não exista nenhuma relação natural não exime a primeira de ser *adequada* ao segundo em alguma medida. Ao contrário, precisamente o caráter convencional e legal do nexo retributivo que liga a sanção ao ilícito penal exige que a eleição da qualidade e da quantidade de uma seja realizada pelo legislador e pelo juiz *em relação à natureza e à gravidade do outro*."[56]

---

54 BATISTA, Nilo; ZAFFARONI, Eugenio Raúl; ALAGIA, Alejandro; SLOKAR, Alejandro. *Direito penal brasileiro*, v. I, p. 230-231.

55 No que diz respeito aos princípios constitucionais implícitos, a exemplo do que ocorre com o princípio da proporcionalidade, Olga Sánchez Martínez, *in Los principios en el derecho y la dogmática penal*, p. 84, assevera, com propriedade, que "a Constituição faz algumas referências concretas ao direito penal. Nela se encontram explicitamente contidos princípios de aplicação no âmbito penal. Mas esses princípios expressos, cujo valor jurídico não parece oferecer dúvidas, não são os únicos contemplados pela dogmática penal. Também são derivados de preceitos constitucionais princípios implícitos. A formulação desses princípios provém de seu conteúdo coerente com outras regras e princípios formal e expressamente vinculados a fontes".

56 FERRAJOLI, Luigi. *Direito e razão*, p. 320.

Prima facie, deverá o legislador ponderar a importância do bem jurídico atacado pelo comportamento do agente para, em um raciocínio seguinte, tentar encontrar a pena que possua efeito dissuasório, isto é, que seja capaz de inibir a prática daquela conduta ofensiva. Após o raciocínio correspondente à importância do bem jurídico-penal, que deverá merecer a proteção por meio de uma pena que, mesmo imperfeita, seja a mais proporcional possível, no sentido de dissuadir aqueles que pretendem violar o ordenamento jurídico com ataques aos bens por ele protegidos, o legislador deverá proceder a um estudo comparativo entre as figuras típicas, para que, mais uma vez, seja realizado o raciocínio da proporcionalidade sob um enfoque de comparação entre os diversos tipos que protegem bens jurídicos diferentes.

Se o legislador é o primeiro responsável pelo raciocínio da proporcionalidade, considerando-se abstratamente a infração penal por ele criada, o segundo responsável será o juiz, agora quando do cometimento da infração penal prevista em algum diploma repressivo, pois que, como bem observado por Esperanza Vaello Esquerdo, trata-se:

> "de um princípio que tem um duplo destinatário, pois vai dirigido tanto ao legislador como ao juiz. O primeiro, no sentido de exigir-lhe que, ao elaborar as leis, estabeleça penas proporcionadas, em abstrato, à gravidade do delito, e ao segundo, para que no momento de aplicá-las imponha sanções acomodadas à concreta gravidade do delito executado, fazendo uso da margem de discricionariedade que dispõe."[57]

Se o bem jurídico possui, em tese, determinado valor, e se esse valor é, por intermédio do Direito Penal, mensurado por uma sanção previamente cominada na lei penal, no caso concreto, deverá o julgador, de acordo com um processo de individualização da pena, encontrar aquela proporcional ao mal praticado especificamente por determinada pessoa, autora do delito.

São, portanto, dois os momentos de aferição da proporcionalidade: o primeiro, por meio das penas cominadas em abstrato e o segundo, das penas aplicadas ao caso concreto.

6.7.1. Proibição de excesso e proibição de proteção deficiente

Podemos, ainda, extrair duas importantes vertentes do princípio da proporcionalidade, quais sejam, a *proibição do excesso (Übermassverbot)* e a *proibição de proteção deficiente (Untermassverbot)*.

---

[57] ESQUERDO VAELLO, Esperanza. *Introducción al derecho penal*, p. 43.

Por meio do raciocínio da proibição do excesso, dirigido tanto ao legislador quanto ao julgador, procura-se proteger o direito de liberdade dos cidadãos, evitando a punição desnecessária de comportamentos que não possuem a relevância exigida pelo Direito Penal, ou mesmo comportamentos que são penalmente relevantes, mas que foram excessivamente valorados, fazendo com que o legislador cominasse, em abstrato, pena desproporcional à conduta praticada, lesiva a determinado bem jurídico. A título de exemplo, vejamos o que ocorre com o delito de lesão corporal praticada na direção de veículo automotor, tipificado no art. 303 do Código de Trânsito brasileiro, comparativamente ao art. 129, *caput*, do Código Penal. Se o agente, culposamente, dada uma distração no momento em que tentava sintonizar uma estação de rádio, vier a atropelar a vítima na direção de seu automóvel, será punido com uma pena de detenção, de seis meses a dois anos. Agora, se, dolosamente, tiver a intenção de atropelá-la, a fim de causar-lhe lesões corporais de natureza leve, a pena, de acordo com o preceito secundário do art. 129, *caput*, do Código Penal, será de detenção, de três meses a um ano.

Assim, podemos verificar o excesso no que diz respeito ao delito de lesão corporal culposa, praticada na direção de veículo automotor, em que um comportamento culposo está sendo punido mais severamente do que um doloso.

Por outro lado, o raciocínio também deve ser dirigido ao julgador, auxiliando na interpretação dos tipos penais, evitando-se a punição exagerada de fatos de pouca importância. A título de exemplo, podemos citar o que vem acontecendo após a entrada em vigor da Lei nº 12.015, de 7 de agosto de 2009, em que parte da doutrina vem se posicionando no sentido de entender que o beijo lascivo forçado, ou seja, praticado mediante violência ou grave ameaça, pode se configurar em um delito de estupro. Esse raciocínio equivocado, *permissa venia*, faz com que um comportamento que não possui a gravidade exigida pelo art. 213 do Código Penal seja exageradamente punido.

Dessa forma, o julgador, erigindo a vertente da proibição de excesso, deixará de subsumir ao art. 213 do diploma repressivo a conduta daquele que leva a efeito o beijo lascivo forçado, amoldando-a a outro tipo penal, a exemplo daquele que prevê o constrangimento ilegal (art. 146 do CP), ou mesmo o delito de importunação sexual (art. 215-A do CP).

A outra vertente do princípio da proporcionalidade diz respeito à proibição de proteção deficiente. Quer isso dizer que, se por um lado, não se admite o excesso, por outro, não se admite que um direito fundamental seja deficientemente protegido, seja mediante a eliminação de figuras típicas, seja pela cominação de penas que ficam aquém da importância exigida pelo bem que se quer proteger, seja pela aplicação de institutos que beneficiam indevidamente o agente etc. Conforme nos esclarece André Estefam, "a proibição deficiente consiste em não se permitir uma deficiência na prestação legislativa, de modo a desproteger bens jurídicos fundamentais. Nessa medida, seria patentemente inconstitucional, por afronta à proporcionalidade, lei que pretendesse descriminalizar o aborto".[58]

Podemos concluir com Lenio Streck:

> "Trata-se de entender, assim, que a proporcionalidade possui uma dupla face: de proteção positiva e de proteção de omissões estatais. Ou seja, a inconstitucionalidade pode ser decorrente de excesso do Estado, caso em que determinado ato é desarrazoado, resultando desproporcional o resultado do sopesamento *(Abwägung)* entre fins e meios; de outro, a inconstitucionalidade pode advir de proteção insuficiente de um direito fundamental-social, como ocorre quando o Estado abre mão do uso de determinadas sanções penais ou administrativas para proteger determinados bens jurídicos. Este duplo viés do princípio da proporcionalidade decorre da necessária vinculação de todos os atos estatais à materialidade da Constituição, e que tem como consequência a sensível diminuição da discricionariedade (liberdade de conformação) do legislador."[59]

6.7.2. A pena necessária

As penas, de acordo com a parte final do art. 59 do Código Penal, devem ser aquelas *necessárias* e *suficientes* para a *reprovação* e *prevenção* do crime.

Sob o enfoque do princípio da intervenção mínima, tem-se entendido que a finalidade do Direito Penal é a proteção dos bens mais importantes e necessários ao convívio em sociedade. Extrai-se daí sua natureza subsidiária, ou seja, em decorrência da gravidade de suas penas, o Direito Penal somente poderá intervir quando se verificar que os outros ramos do ordenamento jurídico não são fortes o suficiente na proteção de determinado bem. O Direito Penal deve ser encarado como *ultima*, e não como *prima ratio*.

A drasticidade da pena nos obriga a concluir que a primazia na proteção dos bens deve ser concedida aos outros ramos do ordenamento jurídico, a exemplo do Direito Civil, do Direito Administrativo, do Direito Tributário etc. Somente quando se verificar a insuficiência dessa proteção é que surge o

---

58 ESTEFAM, André. *Direito penal* – Parte geral, p. 125-126.
59 STRECK, Lênio Luiz. A dupla face do princípio da proporcionalidade: da proibição de excesso *(Übermassverbot)* à proibição de proteção deficiente *(Untermassverbot)* ou de como não há blindagem contra normas penais inconstitucionais. *Revista da Ajuris*, Ano XXXII, p. 180.

Direito Penal, como o mais forte de todos os ramos do ordenamento jurídico, visando dar a proteção que o bem merece, dada sua importância.

O princípio da culpabilidade, mediante o juízo de censura que se produz no plano concreto, deverá servir de norte ao julgador, para auxiliá-lo a encontrar a pena que seja necessária à prevenção e à reprovação do crime.

O inciso I do art. 59 diz que o juiz deverá estabelecer as penas aplicáveis entre as cominadas, vale dizer, a privativa de liberdade, a restritiva de direito ou a multa.

As funções de reprovar e prevenir a prática de futuras infrações penais é que ditam a necessidade da pena.

Se, no caso concreto, o julgador entender que a pena privativa de liberdade não é necessária, em razão da culpabilidade do agente, poderá, se o preceito secundário do tipo penal incriminador o permitir, ou mesmo se for possível a substituição de acordo com as regras da parte geral do Código Penal, determinar outra, de natureza diversa.

Independentemente da posição teórica que o intérprete venha a assumir, o princípio da necessidade deverá, sempre, ser conjugado com as duas funções atribuídas à pena, mencionadas expressamente na última parte do *caput* do art. 59 do Código Penal, ou seja, as funções de reprovar e prevenir, que serão analisadas mais detidamente adiante.

O princípio da necessidade da pena somente diz respeito, ainda, aos agentes tidos como imputáveis. Somente com relação a eles é que as funções previstas na parte final do art. 59 do Código Penal poderão ser realizadas. Aos agentes inimputáveis não cabe a aplicação da pena, pela absoluta falta de necessidade de se reprovar e prevenir a prática de infrações penais, pois que não são passíveis de reprovação, mas sim de ajuda. Não são ainda objeto de prevenção, mas de tratamento, a fim de que não venham a praticar, no futuro, outros comportamentos proibidos pela lei penal. Não poderá ser tomada por ineficaz a vertente da prevenção geral, pois todos aqueles que tomaram conhecimento da prática da ação típica e ilícita levada a efeito pelo inimputável reconhecerão a necessidade de tratamento, que também corresponde a uma das formas de resposta penal, com a efetiva aplicação de medida de segurança, a qual, em muitos casos, torna-se até mais radical que a própria aplicação da pena.

Com relação ao princípio da necessidade de aplicação da pena, com o enfoque das funções de reprovação e prevenção, vale transcrever a crítica produzida por Córdoba Roda, ao dizer que:

"em primeiro lugar, devemos observar que a presunção conforme a qual para todo sujeito normal que comete um fato previsto como delito, a pena resulta como necessária devido às razões de prevenção geral ou especial, expressa um juízo que guarda uma grande discrepância em relação ao que sucede na vida real. Recorde-se, a este respeito, que, segundo é perfeitamente sabido, a aplicação da pena pode ser absolutamente desnecessária, quando não prejudicial pelos seus nefastos efeitos que a privação da liberdade comporta, para uma grande proporção dos sujeitos 'normais'. A não-execução da pena em tais casos não tem, ademais, porque diminuir a pretendida eficácia de prevenção geral, já que as legítimas exigências resultantes desta podem restar satisfeitas pela condenação penal do sujeito. Opor-se em tais casos à inexecução da pena, em atenção ao relaxamento que isso poderia supor, comporta, a nosso juízo, um intolerável tributo em favor da segurança jurídica."

Em segundo lugar, ao que se refere aos inimputáveis, não cremos ser correto afirmar, em termos absolutos, que para todo sujeito inimputável seja a pena desnecessária.[60]

Com esta sua última afirmação quer o autor dizer que nem sempre será necessária a aplicação da pena, mesmo tendo o agente praticado, em tese, um fato tido como criminoso. Segundo o seu raciocínio, se no caso concreto não se conseguir identificar que a aplicação de uma pena atingirá as suas funções de prevenção – geral e especial –, deverá o agente ser absolvido.

Informa, ainda, o autor que, inclusive, os adeptos da teoria absoluta, que pregam a função de reprovação da pena, já se têm rendido aos argumentos da desnecessidade de aplicação da pena, em razão dos conhecidos malefícios que a sua execução traduz.

Segundo, ainda, Córdoba Roda:

"pretender que as penas privativas de liberdade sejam cumpridas em todos os casos em que se verifique o cometimento de um delito, sem admitir a possibilidade de que se prescinda da sua imposição ou se diminua sua duração em atenção à sua ineficácia, quando não a seus nefastos efeitos, sofre o intolerável prejuízo da imposição de um castigo inútil, ou produtor, inclusive, de males irreparáveis."[61]

---

60 CÓRDOBA RODA, Juan. *Culpabilidad y pena*. p. 42.
61 CÓRDOBA RODA, Juan. *Culpabilidad y pena*, p. 54.

Merece destaque, por oportuno, o alerta de Michel Foucault quando afirmava que a prisão, "em vez de devolver à liberdade indivíduos corrigidos, espalha na população delinquentes perigosos".[62]

Em nossa legislação penal, temos a hipótese do chamado *perdão judicial,* que, em última análise, corrobora a tese de que nem sempre a pena se faz necessária, mesmo diante do fato de ter o agente praticado uma conduta típica, ilícita e culpável. A exemplo do que ocorre nas circunstâncias previstas no § 5º do art. 121 do Código Penal, o juiz poderá deixar de aplicar a pena se as consequências da infração atingirem o agente de forma tão grave que a sanção penal se torne *desnecessária*. Como se percebe pela leitura do mencionado parágrafo, a própria lei penal fez menção à ausência de necessidade de aplicação da pena, uma vez presentes aquelas hipóteses.

Roxin ainda exemplifica com um caso concreto, em que membros de um movimento pacifista, com a finalidade de protestar contra o rearmamento, invadiram um terreno militar americano isolado por um alambrado, colocaram a pastar algumas ovelhas e plantaram uma árvore. Essa ação comovedora era, lamentavelmente, uma violação de domicílio punível, e por essa violação e pelo dano ao alambrado os pacifistas foram punidos. Segundo Roxin, poderia ter-se excluído a responsabilidade daquele grupo, pois, mesmo sendo considerados culpáveis perante a lei penal, também se moviam no âmbito constitucional de proteção da liberdade de opinião e reunião, e, não tendo ocasionado um dano considerável, podia-se conceder-lhes a benevolência.[63]

Talvez o raciocínio do afastamento completo da aplicação da pena ainda seja por demais vanguardista, daí a necessidade de sua conjugação com outro princípio, o da *suficiência*, que terá o condão de medi-la, partindo do pressuposto de ser ela necessária, a fim de que ao agente seja aplicada pena suficiente para a reprovação e prevenção do crime.

Tais princípios deverão ser conjugados, ainda, com o princípio da humanidade ou da dignidade da pessoa humana, que proíbe penas desnecessárias e contrárias ao seu fim utilitário. As penas devem ser, portanto, *qualitativa* e *quantitativamente,* necessárias e suficientes à reprovação e prevenção dos crimes.

Podemos dizer que a *qualidade* está para o princípio da necessidade, assim como a *quantidade* esta para o princípio da suficiência da pena, que será analisado a seguir.

Contudo, quando tivermos de analisar o princípio da necessidade, no enfoque proposto pela parte final do art. 59 do Código Penal, não poderemos

---

62 FOUCAULT, Michel. *Vigiar e punir*, p. 221.
63 *Apud* PARMA, Carlos. *Culpabilidad*, p. 156.

afastar a aplicação da pena, haja vista que, para tanto, o agente teria de ser absolvido. A finalidade da consignação do princípio da necessidade, no capítulo correspondente à aplicação da pena, no qual está inserido o mencionado art. 59, faz com que o raciocínio seja no sentido de que a pena é, efetivamente, necessária. Entretanto, deverá ser observado, entre as penas cominadas, qual delas, qualitativamente, será entendida como necessária aos fins previstos também por este mesmo artigo, vale dizer, o de reprovar e prevenir a prática de infrações penais.

Assim, concluindo, o princípio da necessidade inserido no art. 59 do Código Penal não nos permite afastar a aplicação da lei penal àquele que tiver praticado uma conduta típica, ilícita e culpável, mas sim escolher aquela entendida como necessária a atender aos fins determinados na lei penal. Deverá o julgador, portanto, mediante critério predeterminado pela lei, escolher a modalidade de pena que mais se adapte ao caso concreto, isto é, se privativa de liberdade, restritiva de direitos ou multa. Essas são, portanto, as penas que o julgador tem à sua disposição para atender ao *princípio da necessidade*. São escolhidas, assim, em virtude de sua qualidade, pois que a quantidade será objeto de apreciação de outro princípio, vale dizer, o da *suficiência das penas*.

6.7.3. A pena suficiente

A pena, como diz o jargão popular, é um mal necessário, mesmo que tal raciocínio seja dirigido a um número limitado de infrações penais. Contudo, para que seja justa, e não um ato de puro arbítrio, ou, no sentido contrário, de protecionismo, não poderá ir além ou aquém da sua necessidade, devendo, pois, ser aquela suficiente para a reprovação e a prevenção do crime.

Pena suficiente é aquela que não é excessiva. Na precisa lição de Carrara:

> "não deve ultrapassar a proporção com o mal do delito. Todo sofrimento irrogado ao culpado além do princípio da pena, que é o de dar ao preceito uma sanção proporcionada à sua importância jurídica, e além da necessidade da defesa, que é a de elidir a força moral objetiva do delito, é um abuso de força, é ilegítima crueldade."[64]

De acordo com as lições do mestre italiano, o princípio da suficiência da pena deverá estar intimamente ligado ao princípio da proporcionalidade. Suficiente é a pena proporcional ao mal praticado pelo agente.

Não poderá o juiz, portanto, aplicar uma pena evidentemente rigorosa, se o caso concreto exigir uma punição mais branda, pois que suficiente à reprovação e prevenção do crime.

---

64 CARRARA, Francesco. *Programa do curso de direito criminal*, v. II, p. 98.

Juarez Tavares assevera:

> "Concebida como expressão de poder, a pena, contudo, deve guardar uma relação proporcional com o dano social produzido pelo delito. Desde que inexista essa relação ou se apresente ela de modo absolutamente inexpressiva, pode-se questionar a validade da norma que instituiu a punição, em face de haver o legislador atuado arbitrariamente na sua confecção."[65]

O inciso II do art. 59 do Código Penal determina, também, que o julgador, orientado pelas funções da pena – reprovar e prevenir –, deverá estabelecer a sua quantidade nos limites previstos, bem como o regime inicial de cumprimento da pena privativa de liberdade, conforme assevera o inciso III do mencionado artigo.

Em reforço a este último raciocínio, ou seja, da suficiência da pena para que atenda às funções de reprovar e prevenir o delito, merece ainda registro o fato de que o § 3º do art. 33 do diploma repressivo diz que a determinação do regime inicial de cumprimento da pena far-se-á com observância dos critérios previstos pelo art. 59 do Código Penal.

Imaginemos, por exemplo, a hipótese em que a pena privativa de liberdade tenha sido eleita como necessária, a fim de atender às funções de reprovação e prevenção. Contudo, pode acontecer que o regime apontado objetivamente pela lei como o de início de seu cumprimento não seja suficiente para o caso concreto, podendo o juiz, nesta hipótese, valer-se do § 3º do art. 33 do já referido estatuto penal, com o escopo de impor regime mais rigoroso.

Suponhamos que alguém tenha sido condenado a uma pena privativa de liberdade de oito anos de reclusão. O juiz, observando a culpabilidade do agente, ou seja, o juízo de censura que deverá recair sobre o injusto por ele cometido, poderá deixar de lado o regime objetivamente fixado pela lei, vale dizer, o regime semiaberto, e, justificadamente, determinar o início de seu cumprimento em regime fechado, sob o argumento de que o regime legal, isto é, aquele previsto de forma objetiva pela lei penal, não é suficiente para fins de atender às funções da pena, vale repetir, *reprovar* e *prevenir*.

Também preconizava Beccaria:

> "Para que a pena não seja a violência de um ou de muitos contra o cidadão particular, deverá ser essencialmente pública, rápida, necessária, a mínima dentre as possíveis, nas dadas circunstâncias ocorridas, proporcional ao delito e ditada pela lei."[66]

---

65 TAVARES, Juarez. Critérios de seleção de crimes e cominação de penas. *Revista Brasileira de Ciências Criminais*, p. 84.
66 BECCARIA, Cesare. *Dos delitos e das penas*, p. 139.

Pena suficiente, portanto, será aquela que, quantitativamente, melhor representar as funções de reprovar e prevenir os crimes, não podendo, outrossim, ficar além, ou mesmo aquém, das exigências do fato praticado pelo agente.

Ferrajoli, demonstrando sua preocupação com a quantidade máxima de pena a ser aplicada, disserta:

> "Penso que a duração máxima da pena privativa de liberdade, qualquer que seja o delito cometido, poderia muito bem reduzir-se, a curto prazo, a dez anos e, a médio prazo, a um tempo ainda menor; e que uma norma constitucional deveria sancionar um limite máximo, digamos, de dez anos. Uma redução deste gênero suporia uma atenuação não só quantitativa, senão também qualitativa da pena, dado que a ideia de retornar à liberdade depois de um breve e não após um longo ou um talvez interminável período tornaria sem dúvida mais tolerável e menos alienante a reclusão."[67]

Podemos concluir esclarecendo ser a *pena necessária* aquela que, qualitativamente, mais atende às funções de reprovar e prevenir o crime, ao passo que *pena suficiente* estaria intimamente ligada *à quantidade* da sanção aplicada ao agente que praticou a infração penal.

6.8. PRINCÍPIO DA RESPONSABILIDADE PESSOAL

Ancorado no princípio da dignidade da pessoa humana, o princípio da responsabilidade pessoal, conhecido também como princípio da pessoalidade ou da intranscendência da pena, determina que nenhuma pena poderá ultrapassar a pessoa do condenado.

Aduz Luiz Luisi:

> "É princípio pacífico do Direito Penal das nações civilizadas que a pena pode atingir apenas o sentenciado. Praticamente em todas as nossas Constituições está disposto que nenhuma pena passará da pessoa do delinquente. A vigente Carta Magna contém essa norma no inciso XLV do art. 5º: 'Nenhuma pena passará da pessoa do condenado [...]'. Ao contrário do ocorrido no direito pré-beccariano a pena não pode se estender a pessoas estranhas ao delito, ainda que vinculadas ao condenado por laços de parentesco ou sangue."[68]

---

[67] FERRAJOLI, Luigi. *Direito e razão*, p. 332.
[68] LUISI, Luiz. *Os princípios constitucionais penais*, p. 36.

A história do Direito Penal demonstra que, em passado não muito distante, as penas não somente atingiam o autor da infração penal, como também a sua família, o seu clã, o grupo social em que estava inserido; enfim, todos eram responsabilizados pelo comportamento daquele que a havia praticado.

Exemplo clássico dessa afirmação foi a decisão proferida contra Tiradentes, em 18/4/1792, conforme trecho extraído do acórdão, *verbis*:

> "Portanto, condemnam o Réu Joaquim José da Silva Xavier por alcunha Tiradentes Alferes que foi da tropa paga da Capitania de Minas a que com braço e pregão seja conduzido pelas ruas públicas ao lugar da forca e nella morra morte natural para sempre, e que depois de morto lhe seja cortada a cabeça e levada a Villa Rica aonde em o lugar mais publico della será pregada, em um poste alto até que o tempo a consuma, e o seu corpo será dividido em quatro quartos, e pregados em postes, pelo caminho de Minas no sítio da Varginha e das Sebolas aonde o Réu teve as suas infames praticas, e os mais nos sítios dos sítios (*sic*) de maiores povoações até que o tempo também os consuma; declaram o réu infame, *e seus filhos e netos tendo-os*, e os seus bens applicam para o Fisco e Câmara Real, e a casa em que vivia em Villa Rica será arrasada e salgada, para que nunca mais no chão se edifique, e não sendo própria será avaliada e paga a seu dono pelos bens confiscados, e no mesmo chão se levantará um padrão, pelo qual se conserve na memória a infâmia deste abominável Réu."[69]

Conforme se percebe pela redação do acórdão, não somente o réu Tiradentes foi declarado infame, como também seus filhos e netos, havendo, pois, formalmente, ultrapassado a sua pessoa, vindo a atingir a pessoa de terceiros.

Tal princípio, de foro constitucional, impede, à primeira vista, que a pena seja aplicada ou cumprida por quem não praticou a infração penal.

Zaffaroni, dissertando sobre o princípio em questão, afirma:

> "Nunca se pode interpretar uma lei penal no sentido de que a pena transcenda a pessoa que é autora ou partícipe do delito. A pena é uma medida de caráter estritamente

---
[69] *Apud* DOTTI, René Ariel. *Casos criminais célebres*, p. 27.

pessoal, como é também uma ingerência ressocializadora sobre o condenado."[70]

A nossa Lei Maior, abrigando expressamente o princípio da responsabilidade pessoal, assevera no inciso XLV do seu art. 5º:

> nenhuma pena passará da pessoa do condenado, podendo a obrigação de reparar o dano e a decretação do perdimento de bens ser, nos termos da lei, estendidas aos sucessores e contra eles executadas, até o limite do valor do patrimônio transferido.

Em que pese a força da determinação constitucional, podemos analisar o princípio sob dois enfoques diferentes. Inicialmente, sob o aspecto informal, o princípio perde a sua natureza absoluta, pois sabemos que quando alguém é condenado, segregado temporariamente do convívio familiar, a pena estende o seu raio de ação àquelas pessoas que, embora não tenham praticado o delito, sentem a força da sanção penal em razão da separação daquele que, por exemplo, mantinha a subsistência da família. Não somente o lado financeiro de uma segregação parcial da liberdade de alguém afeta seus familiares. Os parentes, de forma geral, mesmo sem qualquer relação de dependência financeira com aquele que praticou a infração penal, sofrem emocionalmente com sua prisão. Seus filhos já não têm com quem brincar, já não contam com sua presença na saída da escola e, o que é pior, passam também a ser estigmatizados por uma condenação que não foi a deles. Normalmente, as esposas de condenados que cumprem penas são tratadas como prostitutas; suas mães, desprezadas pelo fato de terem gerado um "criminoso", são acusadas de não o terem educado. Enfim, a pena ultrapassa, em muito, a pessoa do condenado quando analisada informalmente.

O segundo enfoque do princípio evidencia a sua natureza formal, ou seja, podemos nos fazer a seguinte indagação: Sob o aspecto formal, a pena poderá ultrapassar a pessoa do condenado?

Para que a resposta a essa indagação seja a mais precisa possível, devemos desdobrá-la para que a analisemos de acordo com as penas cominadas na lei penal, a saber: privativas de liberdade, restritivas de direito e multa.

Por razões óbvias, quanto às penas privativas de liberdade, a resposta só pode ser negativa, ou seja, ninguém poderá cumprir uma pena privativa de liberdade no lugar daquele que praticou a infração penal. O mesmo raciocínio se aplica às penas restritivas de direitos, à exceção daquelas de natureza pecuniária, pois,

---

70 ZAFFARONI, Eugenio Raúl. *Manual de derecho penal* – Parte general, p. 138.

como adverte Ferrajoli,⁷¹ o princípio perde a sua natureza absoluta quando ele está diante de sanções que importem em pecúnia, como é o caso da prestação pecuniária, pena restritiva de direitos prevista pelo art. 43, I, do Código Penal.

Criticando a adoção da pena pecuniária, Luigi Ferrajoli adverte:

> "A pena pecuniária é uma pena aberrante sob vários pontos de vista. Sobretudo porque é uma pena *impessoal,* que qualquer um pode saldar, de forma que resulta duplamente injusta: em relação ao réu, que não a quita e se subtrai, assim, à pena; em relação ao terceiro, parente ou amigo, que paga e fica assim submetido a uma pena por um fato alheio."⁷²

Nesse sentido, também são as lições de José Antonio Paganella Boschi:

> "A despeito do princípio, é inegável que os efeitos da condenação se projetam reflexamente sobre terceiros inocentes, muitas vezes irreversivelmente. É o que acontece, por exemplo, quando os pais efetuam o pagamento das multas impostas aos filhos [...] ou então quando a empresa – e seus sócios – recolhem as sanções impostas aos seus diretores, gerentes ou administradores, por condenações em crimes econômicos."⁷³

Como exemplo de que o princípio da responsabilidade pessoal pode ser facilmente burlado, trazemos à colação os fatos que ocorreram durante a execução da pena de multa após o trânsito em julgado da ação penal 470, que tramitou no Supremo Tribunal Federal e ficou vulgarmente conhecida como "processo do mensalão", onde alguns dos condenados, sob o argumento de não terem recursos para levarem a efeito o pagamento da sanção pecuniária, solicitaram apoio de pessoas a eles partidárias, e arrecadaram, via internet, através de um site criado especificamente para essa finalidade, quantias superiores às que efetivamente foram condenados e, com elas, efetuaram a quitação das multas que lhes foram aplicadas, ou seja, o patrimônio dos condenados não sofreu qualquer diminuição, permanecendo tal qual existiam, pelo menos em tese, no começo da ação penal.

Concluindo, se observada informalmente, a pena transcende, ultrapassa a pessoa do condenado, vindo a atingir aquelas pessoas que lhe são próximas – amigos, parentes etc. –, que sofrem moral, emocional e economicamente com a sua condenação. Sob o aspecto formal, entendido aqui no sentido de efetivo cumprimento da pena, a regra da intranscendência não é absoluta, pois que, quando estivermos diante de penas pecuniárias – multas ou prestações

---

71 FERRAJOLI, Luigi. *Direito e razão*, p. 334.
72 FERRAJOLI, Luigi. *Direito e razão*, p. 334.
73 BOSCHI, Jose Antonio Paganella. *Das penas e seus critérios de aplicação*, p. 58.

pecuniárias –, nada garante que sua inflição desfalque o patrimônio do condenado, podendo outras pessoas levar a efeito o pagamento.

6.9. PRINCÍPIO DA LIMITAÇÃO DAS PENAS

Ao iniciarmos a análise do princípio da limitação da penas, merece ser lembrada a lição de Ferrajoli que, com precisão, afirma:

> "a história das penas é, sem dúvida, mais horrenda e infamante para a humanidade do que a própria história dos delitos: porque mais cruéis e talvez mais numerosas do que as violências produzidas pelos delitos têm sido as produzidas pelas penas e porque, enquanto o delito costuma ser a violência ocasional e às vezes impulsiva e necessária, a violência imposta por meio da pena é sempre programada, consciente, organizada por muitos contra um."[74]

Ao estudarmos o tópico referente ao critério de seleção dos bens jurídico-penais e a criação típica, dissemos que a Constituição funciona como limite negativo ou como limite positivo do Direito Penal.

Tendo em vista que o nosso tópico diz respeito ao princípio da limitação das penas, analisaremos, neste momento, somente a vertente relativa à Constituição como limite negativo do Direito Penal. Para tanto, merece ser colacionada a lição de Janaína Conceição Paschoal:

> "Uma das possíveis formas de relacionar o Direito Penal e a Constituição é tomando esta como limite negativo daquele. Importa dizer que toda criminalização que não desrespeite frontalmente o texto constitucional será admitida, ainda que o valor (ou bem) tutelado não esteja albergado na Constituição, significando que, nessa concepção, não se exige para a criminalização que a Constituição tenha reconhecido a dignidade do bem a ser protegido pelo Direito Penal."

Ou seja, para os partidários da limitação negativa, o Estado pode tipificar condutas atentatórias a valores que não tenham sido reconhecidos pela Constituição, desde que tal incriminação não fira os valores constitucionais.

Tomando-se como base a legislação nacional, tem-se que, sob essa perspectiva de limite negativo, o legislador ordinário não poderia (como não pode) criminalizar a conduta de associar-se para fins lícitos, sob pena de incorrer em inconstitucionalidade.[75]

---

74 FERRAJOLI, Luigi. *Direito e razão*, p. 310.
75 PASCHOAL, Janaína Conceição. *Constituição, criminalização e direito penal mínimo*, p. 55.

A nossa Constituição Federal funcionando, efetivamente, como limitadora negativa, com fundamento no princípio da dignidade da pessoa humana, no inciso XLVII do art. 5º, diz:

> Não haverá penas:
> a) de morte, salvo em caso de guerra declarada, nos termos do art. 84, XIX;
> b) de caráter perpétuo;
> c) de trabalhos forçados;
> d) de banimento;
> e) cruéis.

Percebe-se, pela redação trazida à colação, que a Constituição funciona não somente como limite negativo no que diz respeito à tipificação de comportamentos, isto é, quanto à proibição de condutas que sejam permitidas pela Lei Maior, como também no que diz respeito ao preceito secundário do tipo penal incriminador, lugar destinado à cominação das penas.

Todas as proibições para fins de cominação de penas giram em torno do princípio da dignidade da pessoa humana, também reconhecido expressamente pelo inciso III do art. 1º da nossa Carta Magna, constituindo-se em um dos fundamentos da República Federativa do Brasil.

Conforme preconiza Nilo Batista:

> "a pena nem 'visa a sofrer o condenado', como observou Fragoso, nem pode desconhecer o réu enquanto pessoa humana, como assinala Zaffaroni, e esse é o fundamento do princípio da humanidade. Não por acaso, os documentos internacionais consideram desumanas as penas como aquela executada em Damiens. O princípio pertence à política criminal, porém é proclamado por vários ordenamentos jurídicos positivos. Entre nós, está o princípio da humanidade reconhecido explicitamente pela Constituição, nos incisos III (proibição de tortura e tratamento cruel ou degradante), XLVI (individualização – ou seja, 'proporcionalização' – da pena) e XLVII (proibição de penas de morte, cruéis ou perpétuas) do art. 5º da CR."[76]

Cobo del Rosal e Vives Antón, dissertando sobre o princípio da humanidade das penas, esclarecem:

---

76 BATISTA, Nilo. *Introdução crítica ao direito penal*, p. 99-100.

> "A qualificação de uma pena como desumana ou degradante depende da execução da pena e das modalidades que esta se reveste, de modo que por sua própria natureza a pena não ocasione sofrimentos de uma especial intensidade (penas desumanas) ou provoquem uma humilhação ou sensação de aviltamento [...]."[77]

No mesmo sentido, aduz Ferrajoli:

> "Acima de qualquer argumento utilitário, o valor da pessoa humana impõe uma limitação fundamental em relação à qualidade e à quantidade da pena. É este o valor sobre o qual se funda, irredutivelmente, o rechaço da pena de morte, das penas corporais, das penas infames e, por outro lado, da prisão perpétua e das penas privativas de liberdade excessivamente extensas. Devo acrescentar que este argumento tem um caráter político, além de moral: serve para fundar a legitimidade do Estado unicamente nas funções de tutela da vida e os demais direitos fundamentais; de sorte que, a partir daí, um Estado que mata, que tortura, que humilha um cidadão não só perde qualquer legitimidade, senão que contradiz sua razão de ser, colocando-se no nível dos mesmos delinquentes."[78]

Portanto, entendida a norma constitucional em estudo como limite negativo ao Direito Penal, bem como considerando que tal limite negativo é derivado do princípio da dignidade da pessoa humana, analisaremos, rapidamente, cada uma dessas proibições, em espécie.

6.9.1. Da pena de morte

O Protocolo à Convenção Americana sobre Direitos Humanos referente à Abolição da Pena de Morte, aprovado em Assunção, no Paraguai, em 8 de junho de 1990, resume, com felicidade, em seu preâmbulo, os motivos pelos quais se deve abolir, por completo, a pena de morte, considerando:

> "Que o art. 4 da Convenção Americana sobre Direitos Humanos reconhece o direito à vida e restringe a aplicação da pena de morte;

---

77 COBO DEL ROSAL, Manuel; VIVES ANTÓN, Tomás S. *Derecho penal* – Parte general, p. 100.
78 FERRAJOLI, Luigi. *Direito e razão*, p. 318.

> Que toda pessoa tem o direito inalienável de que se respeite sua vida, não podendo este direito ser suspenso por motivo algum;
>
> Que a tendência dos Estados americanos é favorável à abolição da pena de morte;
>
> Que a aplicação da pena de morte produz consequências irreparáveis que impedem sanar o erro judicial e eliminam qualquer possibilidade de emenda e de reabilitação do processado;
>
> Que a abolição da pena de morte contribui para assegurar proteção mais efetiva do direito à vida;
>
> Que é necessário chegar a acordo internacional que represente um desenvolvimento progressivo na Convenção Americana sobre Direitos Humanos;
>
> Que Estados-partes na Convenção Americana sobre Direitos Humanos expressaram seu propósito de se comprometer mediante acordo internacional a fim de consolidar a prática da não aplicação da pena de morte no continente americano [...]."

De todas essas considerações, merece destaque aquela que diz que a pena de morte produz consequências irreparáveis que impedem sanar o erro judiciário e eliminam qualquer possibilidade de emenda e de reabilitação, haja vista que, nesta última parte, a pena de morte, além de contrastar com o princípio da dignidade da pessoa humana, contraria as funções preventivas atribuídas à pena, principalmente no que diz respeito à ressocialização do condenado.

Garrido, Stangeland e Redondo colocam a descoberto a falácia do discurso da pena de morte, fornecendo dados importantes a esse respeito, tendo como paradigma os Estados Unidos da América do Norte:

> "Nos Estados Unidos, em alguns dos seus estados onde se aplica a pena de morte, se tem efetuado diversos estudos em torno da efetividade dissuasória desta pena. Para isso, os investigadores tem comparado estados que aplicam a pena de morte com outros que não já contemplam, com a finalidade de avaliar se a delinquência violenta nos primeiros é menos grave que nos segundos. Outra metodologia utilizada na América do Norte tem sido comparar a taxa de assassinatos antes e depois da abolição da pena de morte naqueles estados

que a suprimiram. Os resultados destas investigações norte-americanas não têm confirmado a predição teórica da dissuasão: quer exista ou não a pena de morte, não parece ter efeito algum sobre as taxas de homicídios."[79]

Nos termos preconizados pela Constituição Federal, no Brasil a pena de morte somente poderá ser aplicada nos casos de guerra declarada, nos termos do art. 84, XIX, sendo sua execução por fuzilamento, conforme o art. 56 do Código Penal Militar, *verbis*:

> **Art. 56.** A pena de morte é executada por fuzilamento.

6.9.2. Da pena de caráter perpétuo

A liberdade é um direito inato ao ser humano. O homem nasceu para ser livre, para ficar livre. A pena privativa de liberdade, por questões de necessidade, por ausência de alternativas para o caso concreto, limita um direito do ser humano previsto constitucionalmente.

Se, em muitas ocasiões, a pena privativa de liberdade é um mal necessário, até mesmo essa necessidade deve encontrar limites. Se a pena pretende atingir seus objetivos previstos na parte final do art. 59 do Código Penal, ou seja, ser necessária e suficiente para a reprovação e prevenção do crime, deve não somente retribuir o mal praticado pelo agente que cometeu o delito, mas voltar-se para o futuro, com o fim de fazer com que seja novamente inserido no convívio em sociedade.

José Antonio Paganella Boschi, sobre o tema, afirma:

> "A proibição de imposição de penas de caráter perpétuo, até o fim dos dias, guarda correspondência com a ideia de que a pena, além da função retributiva, deve ser instrumento de reconstrução moral do indivíduo, de modo a despertar o desejo de reinserção na sociedade livre."[80]

O Estado deve procurar acenar-lhe com a esperança do retorno à sua família, aos seus amigos, ao seu trabalho enfim, fazer com que, efetivamente, traga consigo a esperança por dias melhores, fora do cárcere.

Não somente as penas de caráter perpétuo são ofensivas ao princípio da dignidade da pessoa humana, como também aquelas de longa duração. O art. 75 do Código Penal, com a nova redação que lhe foi conferida pela Lei nº 13.964, de 24 de dezembro de 2019, prevê o limite de 40 anos como o

---

79 GARRIDO, Vicente; STANGELAND, Per; REDONDO, Santiago. *Princípios de criminologia*, p. 194-195.
80 BOSCHI, José Antonio Paganella. *Das penas e seus critérios de aplicação*, p. 152.

tempo máximo para o efetivo cumprimento da pena, razão pela qual, quando o agente for condenado a penas privativas de liberdade cuja soma seja superior a 40 anos, devem elas ser unificadas para atender a esse limite.

Ferrajoli, discorrendo sobre o limite máximo das penas privativas de liberdade, questiona:

> "Qual poderia ser, numa perspectiva de minimização da pena, a duração máxima da pena de prisão? 'Nenhuma pena privativa de liberdade', escreveu Vittorio Foa, em 1949, poucos anos depois da sua longa permanência nas prisões fascistas, 'deveria superar os três ou, no máximo, os cinco anos'; e, pouco antes, na Assembleia Constituinte, Umberto Tarracini, que também tinha passado na prisão os vinte anos de fascismo, tinha proposto que a duração da reclusão não superasse o limite de quinze anos.
>
> Penso que a duração máxima da pena privativa de liberdade, qualquer que seja o delito cometido, poderia muito bem reduzir-se, a curto prazo, a dez anos e, a médio prazo, a um tempo ainda menor; e que uma norma constitucional deveria sancionar um limite máximo, digamos, de dez anos. Uma redução deste gênero suporia uma atenuação não só quantitativa, senão também qualitativa da pena, dado que a ideia de retornar à liberdade depois de um breve e não após um longo ou um talvez interminável período tornaria sem dúvida mais tolerável e menos alienante a reclusão."[81]

Embora essa seja a tendência daqueles que procuram observar a todo custo o princípio da dignidade da pessoa humana, nossos legisladores, geralmente adeptos do movimento de lei e ordem, procuram trilhar caminho completamente oposto, pugnando pelo aumento do tempo máximo permitido para o efetivo cumprimento da pena.

As penas de caráter perpétuo não somente repugnam o pensamento humanitário, como também aquelas excessivamente longas, conforme bem salientou Ferrajoli.

6.9.3. Da pena de trabalhos forçados

Quando a Constituição proíbe as chamadas "penas de trabalhos forçados", não quer dizer, com essa expressão, que o preso não está obrigado ao trabalho. Apenas, de acordo com o princípio da dignidade da pessoa humana,

---
81 FERRAJOLI, Luigi. *Direito e razão*, p. 332.

veda a cominação e a aplicação de penas que aviltem a pessoa do condenado, como, *v.g.*, forçá-lo a trabalhar com bolas de ferro presas aos pés, recebendo chicotadas caso não cumpra o serviço a contento etc.

A Convenção nº 29, da Organização Internacional do Trabalho (OIT), de 28 de junho de 1930, esclarece o sentido da expressão *trabalho forçado*, dizendo, em seu art. 2º:

> **Art. 2º.** Para fins da presente Convenção o termo 'trabalho forçado ou obrigatório' designará todo o trabalho ou serviço exigido a um indivíduo sob ameaça de qualquer castigo e para o qual o dito indivíduo não se tenha oferecido de livre vontade.

As Regras Mínimas para o Tratamento de Prisioneiros, adotadas pelo *1º Congresso nas Nações Unidas sobre a Prevenção do Crime e Tratamento de Delinquentes*, realizado em Genebra, em 1955, nos itens 71.1 e 71.2, determinam o seguinte:

> 1. O trabalho na prisão não deve ser penoso.
>
> 2. Todos os presos condenados deverão trabalhar, em conformidade com as suas aptidões física e mental, de acordo com a determinação do médico.

A Lei de Execução Penal assevera que o trabalho não somente é um *direito*, mas também um *dever* do condenado, inclusive de natureza social.

Os arts. 28, *caput*, 39, V e 41, II da Lei nº 7.210/84, dizem, respectivamente:

> **Art. 28.** O trabalho do condenado, como dever social e condição de dignidade humana, terá finalidade educativa e produtiva.
>
> Art. 39. Constituem deveres do condenado:
>
> (...)
>
> V – execução do trabalho, das tarefas e das ordens recebidas.
>
> Art. 41. Constituem direitos do preso:
>
> (...)
>
> II – atribuição de trabalho e sua remuneração.

Mirabete, comentando sobre trabalho penitenciário, preleciona:

> "A concepção do trabalho penitenciário seguiu historicamente a evolução experimentada na conceituação da pena privativa de liberdade. Inicialmente, estava ele vinculado à ideia de vingança e castigo e manteve essas características como forma mais grave e aflitiva de cumprir a pena na prisão. Mesmo depois, encontrando-se na atividade laborativa do preso uma fonte de produção para o Estado, o trabalho foi utilizado nesse sentido, dentro das tendências utilitárias dos sistemas penais e penitenciários. Hoje, porém, estão totalmente superadas as fases em que se utilizava a pena das galés, dos trabalhos forçados, como o *shot-drill* (transporte de bolas de ferro, pedras e areia), o *tread-mill* (moinho de roda), o *crank* (voltas de manivela) etc. Na moderna concepção penitenciária, o momento da execução da pena contém uma finalidade reabilitadora ou de reinserção social, assinalando-se o sentido pedagógico do trabalho. Entende-se hoje por trabalho penitenciário a atividade dos presos e internados, no estabelecimento penal ou fora dele, com remuneração equitativa e equiparado ao das pessoas livres no concernente à segurança, higiene e direitos previdenciários e sociais."[82]

Dessa forma, em que pese a evidente superioridade da Carta Constitucional sobre a Lei de Execução Penal, os artigos mencionados não são incompatíveis entre si. O trabalho demonstra que o condenado está preocupado em ser reinserido na sociedade produtiva, devendo ser frisado, por oportuno, que ainda terá direito à remição de sua pena, na proporção de três por um, ou seja, três dias de trabalho para um dia de pena remida, enquanto a sua recusa em trabalhar demonstrará a sua falta de aptidão ao retorno à sociedade.

6.9.4. Da pena de banimento

A pena de banimento, quando admitida em nosso ordenamento jurídico, era uma forma simples e cômoda de livrar-se daqueles que pensavam de maneira diferente, que buscavam discutir suas ideias, tidas como revolucionárias, como acontecia com os chamados Atos Institucionais, a exemplo do AI nº 13, de 6 de setembro de 1969, que estabelecia o banimento de brasileiro *que comprovadamente se tornar inconveniente, nocivo ou perigoso à Segurança Nacional*.

Indo um pouco mais ao passado, a família imperial, logo após o advento da República, em 1889, também foi vítima do banimento, tendo sido expulsa do território nacional.

---

[82] MIRABETE, Julio Fabbrini. *Execução penal*, p. 87.

Conforme nos esclarece José Antonio Paganella Boschi:

> "a pena de *banimento* foi largamente aplicada em Portugal, conhecida pelo nome de deportação, degredo ou desterro, implicando despacho do condenado para o Brasil ou para as Colônias da África.
>
> O Código Criminal de 1830 dispunha sobre essa espécie de pena no art. 50; no art. 51, sobre a de degredo; e, no art. 52, sobre a de desterro, tendo sido só a primeira reiterada pelo Código de 1890 (art. 46), até ser abolida, logo após, pela Constituição de 1891 (art. 72, § 20).
>
> Essas penas tinham em comum a força de produzir o compulsório afastamento do condenado do lugar onde vivia, afetando, pois, o direito de ir, vir e ficar, que tem hoje no *habeas corpus* (art. 5º, inciso LXVIII), como ação constitucional de liberdade, seu mais eficaz instrumento de proteção."[83]

Com a proibição do banimento, a Constituição Federal preserva o direito à diferença, garante a liberdade de manifestação do pensamento e de crítica, mantém inviolável a liberdade de consciência e de crença, impede que alguém seja privado de seus direitos por motivo de crença religiosa ou de convicção filosófica ou política, assegura a liberdade de expressão nas atividades intelectuais, artísticas, científicas, de comunicação enfim, resguarda, por mais uma vez, a dignidade da pessoa humana.

6.9.5. Das penas cruéis

A história das penas é, verdadeiramente, uma história de horrores. Parece que o homem sente prazer em ver o sofrimento de seu semelhante. Em um passado não muito distante, as execuções eram espetáculos a que as multidões assistiam e deliravam com os gritos do condenado e com a habilidade do carrasco em fazê-lo sofrer o máximo possível.

Dissertando sobre o suplício, dizia Michel Foucault:

> "Que é um suplício?
>
> Pena corporal, dolorosa, mais ou menos atroz (dizia Jaucourt); e acrescentava: 'é um fenômeno inexplicável a extensão da imaginação dos homens para a barbárie e a crueldade'.
>
> [...].

---

[83] BOSCHI, José Antonio Paganella. *Das penas e seus critérios de aplicação*, p. 150.

> A morte-suplício é a arte de reter a vida no sofrimento, subdividida em 'mil mortes', e obtendo, antes de cessar a existência, *the most exquisite agonies*. O suplício repousa na arte quantitativa do sofrimento. Mas não é só: esta produção é regulada. O suplício faz correlacionar o tipo de ferimento físico, a qualidade, a intensidade, o tempo dos sofrimentos com a gravidade do crime, a pessoa do criminoso, o nível social de suas vítimas. Há um código jurídico da dor; a pena, quando é supliciante, não se abate sobre o corpo ao acaso ou em bloco; ela é calculada de acordo com regras detalhadas: número de golpes de açoite, localização do ferrete em brasa, tempo de agonia na fogueira ou na roda (o tribunal decide se é o caso de estrangular o paciente imediatamente, em vez de deixá-lo morrer, e ao fim de quanto tempo esse gesto de piedade deve intervir), tipo de mutilação a impor (mão decepada, lábios ou língua furados)."[84]

Durante o período iluminista, vozes abalizadas se levantaram contra a crueldade das penas, ecoando por todas as nações civilizadas. Beccaria, com precisão incrível, criticando a crueldade das penas e a sua ineficácia no combate às infrações penais, dizia:

> "Um dos maiores freios dos delitos não é a crueldade das penas, mas sua infalibilidade e, como consequência, a vigilância dos magistrados e a severidade de um juiz inexorável que, para ser uma virtude útil, deve ser acompanhada de uma legislação branda. A certeza de um castigo, mesmo moderado, sempre causará mais intensa impressão do que o temor de outro mais severo, unido à esperança da impunidade, pois, os males, mesmo os menores, quando certos, sempre surpreendem os espíritos humanos, enquanto a esperança, dom celestial que frequentemente tudo supre em nós, afasta a ideia de males piores, principalmente quando a impunidade, outorgada muitas vezes pela avareza e pela fraqueza, fortalece-lhe a força. A própria atrocidade da pena faz com que tentemos evitá-la com audácia tanto maior quanto maior é o mal e leva a cometer mais delitos para escapar à pena de um só."[85]

---

84 FOUCAULT, Michel. *Vigiar e punir*, p. 31.
85 BECCARIA, Cesare. *Dos delitos e das penas*, p. 87.

Se as penas mencionadas anteriormente – morte, prisão perpétua, banimento e trabalhos forçados – são ofensivas ao princípio da dignidade humana, que dirá uma pena cruel que traga um sofrimento insuportável ao condenado.

Políticos de ocasião, que costumam manipular a população com o discurso do Direito Penal, a todo instante apregoam a necessidade de penas mais graves, a exemplo da castração para estupradores, como se isso fosse possível, levando em consideração a nossa Constituição Federal, que proíbe, mediante uma cláusula pétrea, a implementação de penas cruéis.

Contudo, embora formalmente não se possa cominar penas dessa natureza, informalmente sabemos que a pena privativa de liberdade, mesmo que prevista regularmente tanto em nossa Constituição como na legislação que lhe é inferior, em muitas situações, deve ser considerada como cruel, pois que os condenados, jogados em uma cela fétida, sem luz, sem as mínimas condições de higiene, sem privacidade, dormindo em pé por faltar-lhes espaço, são tratados como verdadeiros animais, sendo que o Estado, ainda assim, nutre esperanças na recuperação.

Enfim, as penas cruéis, que procuram trazer sofrimentos excessivos ao condenado, atingem frontalmente o princípio da dignidade da pessoa humana, razão pela qual não podem ser toleradas em nosso sistema penal.

6.10. PRINCÍPIO DA CULPABILIDADE

Antes de analisarmos especificamente o princípio da culpabilidade, com suas três vertentes fundamentais, é preciso esclarecer que a culpabilidade é comumente conceituada como o juízo de censura que recai sobre a conduta típica e ilícita praticada pelo agente. Contudo, o que vem a ser esse chamado juízo de censura, que corresponde ao conceito de culpabilidade?

Podemos raciocinar com dois enfoques diferentes sobre esse juízo de censura. Primeiramente, um enfoque de natureza interna, realizado pelo próprio agente que praticou a infração penal; segundo, sob um enfoque externo, a ser levado a efeito pelo aplicador da lei.

Sob o enfoque do agente, esse juízo de censura seria aquela situação em que o próprio agente teria o sentimento de reprovabilidade do comportamento por ele praticado. Podemos dizer que o agente estaria acometido de um sentimento de culpa, de reprovação interna, por ter praticado a infração penal.

Contudo, sabemos que em muitas ocasiões, ao invés desse sentimento de culpa, o agente passa a acreditar que o seu comportamento criminoso é completamente normal, sendo, inclusive, em muitas situações, até mesmo louvável.

Pense-se, como exemplo, nos chamados justiceiros, ou seja, aquelas pessoas contratadas por determinada comunidade que, em face da ausência do Estado, paga-lhes para que tenham alguma proteção, evitando a prática de crimes. Quando alguma infração penal é cometida, o justiceiro investiga, processa e condena o agente à morte. A execução do suposto meliante é entendida com um sentimento de dever cumprido. A sua consciência não o reprova por ter tirado a vida de um semelhante, pois, na verdade, entende que a sociedade deve agradecer-lhe por ter eliminado um sujeito que nada acrescentava, mas sim atormentava o convívio social.

Tais sentimentos são tratados pela criminologia por meio das chamadas técnicas de neutralização, de autoria de Sykes e Matza. Dissertando sobre as técnicas de neutralização, Garrido, Stangeland e Redondo asseveram:

> "Dado que a maioria dos jovens não rechaça frontalmente as normas sociais convencionais, quando as transgridem podem recorrer a uma série de mecanismos de neutralização ou exculpação. Todos nós utilizamos estas estratégias para justificar nossa conduta e para permitirmos que, em certas circunstâncias, conduta e normas sigam por caminhos diferentes."[86]

As técnicas de neutralização mais comuns citadas pelos renomados criminólogos são as seguintes:

- negação da responsabilidade;
- negação do delito;
- negação da vítima, ou seja, sua desqualificação;
- condenação daqueles que condenam a ação;
- apelação a lealdades devidas;
- defesa da necessidade da conduta;
- defesa de um valor;
- negação da justiça ou da necessidade da lei;
- argumento de que "todo mundo faz";
- argumento de que "teria direito em fazê-lo".

A vingar o conceito de juízo de censura como aquele emitido pelo próprio agente praticante do injusto, o Direito Penal viveria o caos, pois que, não raras vezes, como dito acima, infrações graves ficariam impunes diante dessa ausência de censura pessoal.

---

[86] GARRIDO, Vicente; STANGELAND, Per; REDONDO, Santiago. *Princípios de criminologia*, p. 216.

Se não há como aferir o juízo de censura por meio da ótica do próprio agente, ou seja, mediante seu próprio sentimento de reprovabilidade do comportamento por ele praticado, tal censura deverá ser realizada externamente por alguém que tenha a possibilidade de verificar se a conduta típica e ilícita levada a efeito é passível de censura, sendo, pois, o juiz o responsável por essa constatação.

Seguindo as lições de Cezar Roberto Bitencourt:

> "a expressão *juízo de censura* empregada com o significado de *censura*, ou então *juízo de culpabilidade* utilizado como sinônimo de *culpabilidade*, tem conduzido a equívocos [...] É preciso destacar, com efeito, que *censurável* é a conduta do agente, e significa *característica negativa da ação* do agente perante a ordem jurídica. E *juízo de censura* – estritamente falando – é a avaliação que se faz da conduta do agente, concebendo-a como censurável ou incensurável. Essa avaliação sim – juízo de censura – é feita pelo aplicador da lei, pelo julgador da ação; por essa razão se diz que está na cabeça do juiz."[87]

Podemos concluir, com Carlos Creus, que "a dimensão subjetiva do ataque antijurídico punível (culpabilidade) tem que estar reconhecida objetivamente (fora da interiorização do sujeito, ainda que versando sobre seu conteúdo) mediante um juízo de um terceiro (o juiz)".[88]

Uma vez entendido o juízo de censura, inerente ao conceito de culpabilidade, é lícito afirmar que o princípio da culpabilidade exerce papel de fundamental importância em uma concepção minimalista do Direito Penal. Somente os fatos censuráveis, altamente reprováveis, é que deverão merecer a atenção do Direito Penal.

O princípio do *nullum crimen, nulla poena sine culpa* impõe seja a culpabilidade analisada mediante três enfoques distintos e, ao mesmo tempo, interligados, a saber: culpabilidade; a) como elemento integrante do conceito analítico de crime; b) como princípio medidor da aplicação da pena; e c) como princípio que impede a chamada responsabilidade penal objetiva (sem culpa ou pelo resultado).

No que diz respeito à primeira vertente do princípio, vale dizer, a culpabilidade analisada como elemento indispensável ao reconhecimento da infração penal, Roxin, acertadamente, afirma:

---

[87] BITTENCOURT, Cezar Roberto; MUÑOZ CONDE, Francisco. *Teoria geral do delito*, p. 304.
[88] CREUS, Carlos. *Esquema de derecho penal* – Parte general, p. 102.

"O injusto penal, quer dizer, uma conduta típica e antijurídica, não é em si punível. A qualificação como injusto expressa tão somente que o fato realizado pelo autor é desaprovado pelo direito, mas não o autoriza a concluir que aquele deva responder pessoalmente por isso, pois que esta questão deve ser decidida em um terceiro nível de valoração: o da culpabilidade."[89]

Também nesse sentido concluía Mezger, dizendo:

"Delito é a ação tipicamente antijurídica e culpável. As características 'ação', 'antijuridicidade' e 'culpabilidade' se concebem aqui, antes de tudo, como determinadas situações de fato sobre as quais recai o juízo do juiz e que, portanto, constituem pressupostos indispensáveis de dito juízo para a imposição da pena."[90]

Uma vez adotada a concepção tripartida do conceito analítico de crime, somente concluímos pela existência de uma infração penal quando estiverem presentes suas três características ou elementos indispensáveis, vale dizer, a tipicidade, a ilicitude e a culpabilidade. Cada uma dessas características deverá ser analisada nessa ordem, de modo que cada uma delas seja considerada como elemento necessário, lógico e antecedente ao estudo do elemento seguinte. Quando o intérprete esgotar o estudo dessas três características, consequentemente, terá também concluído pela existência de uma infração penal.

Encontrando-se o juiz diante de um caso concreto, uma vez aferida a tipicidade, a ilicitude e a culpabilidade do agente, e concluindo pela existência da infração penal, deverá dar início ao próximo passo. A conclusão pela prática da infração penal o levará a condenar o agente; em seguida, dará início ao procedimento de aplicação da pena.

Aqui, por mais uma vez, deverá o julgador considerar a culpabilidade do agente. No primeiro momento, ou seja, quando concluiu pela existência da infração penal, a culpabilidade foi avaliada em um plano abstrato, se é que podemos assim nos referir, com a única finalidade de se poder concluir se o injusto penal praticado era passível de censura, permitindo a constatação da existência de uma infração penal.

Maurach e Zipf afirmam, com precisão:

"Em sua manifestação de justiça material, o princípio do Estado de direito exige uma adequada relação entre delito e pena. Com a pena se reprova o autor por uma transgressão

---
89 ROXIN, ARTZ i TIEDMANN. *Introducción al derecho penal y al derecho penal procesal*, p. 38.
90 MEZGER, Edmundo. *Tratado de derecho penal*, t. I, p. 163-164.

ao direito; isso pressupõe a reprovabilidade, quer dizer, culpabilidade. Uma pena sem culpabilidade seria assim 'uma represália incompatível com o Estado de direito para um fato pelo qual o autor não tem porque responder."[91]

Agora, uma vez constatada a infração penal, já estando o agente condenado pelo delito por ele selecionado e praticado, deverá o juiz, por mais uma vez, fazer valer o seu juízo de censura. Nesse momento, isto é, quando da aplicação da pena, o Estado poderá valorar o grau de reprovabilidade do comportamento criminoso, tendo como "termômetro" a culpabilidade do agente.

Se, naquele primeiro momento, afirmamos que a culpabilidade estava sendo analisada em um plano abstrato, neste segundo momento, quando da aplicação da pena, é que poderemos, realmente, valorar o juízo de reprovação, mediante a pena aplicada àquele que cometeu a infração penal.

Neste segundo momento, o juízo de culpabilidade será utilizado como medidor da aplicação da pena. As condutas mais reprováveis merecerão a aplicação de uma penalidade maior; as menos censuráveis, a seu turno, receberão pena menor.

Francesco Palazzo, analisando o princípio da culpabilidade como limitador da pena, adverte:

> "Acolher o princípio da culpabilidade exclusivamente como limite da pena é próprio de um sistema no qual a sanção encontra sua justificação na finalidade de prevenção do crime, respondendo a culpabilidade à exigência de evitar que o Estado, na persecução da finalidade preventiva, abuse do seu poder punitivo, chegando, até, a 'ferir' o respeito ao qual não se põe nenhuma exigência de irrogar a pena."[92]

O próprio Código Penal, em seu art. 59, determina que o juiz, ao fixar a pena-base, leve em consideração, como uma das circunstâncias judiciais, a culpabilidade do agente, dizendo, *verbis*:

> **Art. 59.** O juiz, atendendo à culpabilidade, aos antecedentes, à conduta social, à personalidade do agente, aos motivos, às circunstâncias e consequências do crime, bem como ao comportamento da vítima, estabelecerá, conforme seja necessário e suficiente para a reprovação e prevenção do crime.

---

91 MAURACH, Reinhart; ZIPF, Heinz. *Derecho penal* – Parte general, v. I, p. 155.
92 PALAZZO, Francesco. *Valores constitucionais e direito penal*, p. 53.

Nesse sentido, aduz Juan Córdoba Roda:

> "Uma segunda exigência que se deriva do princípio da culpabilidade é a correspondência ao *critério regulador da pena*, conforme o juízo de que a pena não deve ultrapassar o marco fixado pela culpabilidade da respectiva conduta."[93]

A última das três vertentes correspondentes ao princípio da culpabilidade impede o reconhecimento da chamada responsabilidade penal sem culpa, também conhecida como responsabilidade objetiva ou responsabilidade pelo resultado.

Um Direito Penal moderno, de cunho eminentemente subjetivista, não pode aceitar que a responsabilidade penal por determinado fato seja imputada a alguém que não atuou com dolo ou culpa. A simples produção de um resultado não tem a força de fazer com que o agente responda por ele.

Na esteira de Zaffaroni e Pierangeli:

> "todo Direito Penal primitivo caracteriza-se por responsabilizar fundamentalmente em razão da produção de um resultado e raramente por dar importância ao aspecto subjetivo da conduta.
>
> A imputação da produção de um resultado, fundada na causação dele, é o que se chama responsabilidade objetiva. A 'responsabilidade objetiva' é a forma de violar o princípio de que não há delito sem culpa, isto é, diz respeito a uma terceira forma de tipicidade, que se configuraria com a proibição de uma conduta pela mera causação de um resultado, sem exigir-se que esta causação tenha ocorrido dolosa ou culposamente."[94]

Como bem observado por Paulo César Busato e Sandro Montes Huapaya,

> "[...] por culpabilidade se pode entender a fixação da necessária comprovação da presença de *dolo ou culpa* para a admissão da responsabilidade penal, em oposição à responsabilidade objetiva. Tradicionalmente a doutrina identificou este último sentido como princípio da culpabilidade. Trata-se, com efeito, do estabelecimento de uma garantia contra os excessos da responsabilidade objetiva, mas também uma exigência que se soma à relação de causalidade para reconhecer a possibilidade de impor

---
[93] CÓRDOBA RODA, Juan. *Culpabilidad y pena*, p. 20.
[94] ZAFFARONI, Eugenio Raúl; PIERANGELI, José Henrique. *Manual de direito penal brasileiro*, p. 523-524.

pena. Mas, na medida em que o dolo e a culpa formam parte dos elementos subjetivos do tipo (tipicidade subjetiva), este conceito de culpabilidade só ficou como princípio."[95]

Concluindo, o princípio do *nullum crimen, nulla poena sine culpa* exige que a culpabilidade, no sentido de juízo de censurabilidade, seja entendida como elemento integrante e indispensável do conceito analítico do crime, que seja aferida no momento da aplicação da pena, na qualidade de princípio que terá por missão concretizar tal juízo de censura mediante a aplicação da pena mais adequada ao condenado, bem como na qualidade de princípio que não tolera a imputação de fatos que não possam ser atribuídos ao agente a título de dolo ou culpa.

6.11. PRINCÍPIO DA LEGALIDADE

Numa análise comparativa, podemos afirmar, após os estudos dos princípios citados anteriormente, que o princípio da legalidade ocupa lugar de destaque em uma concepção minimalista, voltada para um Direito Penal do Equilíbrio, encontrando abrigo expresso em nosso ordenamento jurídico, tanto em nossa Constituição Federal – art. 5º, XXXIX (*não há crime sem lei anterior que o defina, nem pena sem prévia cominação legal*) – quanto em nosso Código Penal – art. 1º (*Não há crime sem lei anterior que o defina. Não há pena sem prévia cominação legal*).

Jiménez de Asúa resume, com maestria, o princípio da legalidade, dizendo: "Todos têm o direito de fazer aquilo que não prejudica a outro e ninguém estará obrigado a fazer o que não estiver legalmente ordenado, nem impedido de executar o que a lei não proíbe".[96]

Muitos autores apontam a origem do princípio da legalidade à chamada Magna Carta inglesa, cuja edição veio a lume em 1215, ao tempo do rei João Sem Terra, sendo que o seu art. 39 possuía a seguinte redação:

> Nenhum homem livre será detido, nem preso, nem despojado de sua propriedade, de suas liberdades ou livres usos, nem posto fora da lei, nem exilado, nem perturbado de maneira alguma; e, não poderemos, nem faremos pôr a mão sobre ele, a não ser em virtude de um juízo legal de seus pares e segundo as leis do País.

---

95 BUSATO, Paulo César; HUAPAYA, Sandro Montes. *Introdução ao direito penal* – Fundamentos para um sistema penal democrático, p. 171.
96 Jiménez de ASÚA, Luiz. *Princípios de derecho penal* – La ley e el delito, p. 96.

Cobo del Rosal e Vives Antón, discordando desse posicionamento, prelecionam:

> "As origens do princípio da legalidade remontam, segundo alguns, à Magna Carta, mas seria enganoso situar nesse texto sua primeira formulação. E isso, nem tanto pelas razões deduzidas da natureza feudal do dito documento, senão porque, historicamente, o princípio da legalidade, tal e como é entendido no Direito Penal continental, não deriva dele. Na Magna Carta pode encontrar-se a origem da chamada *rule of law* própria do Direito anglo-saxão que, se tem certo paralelo com o princípio da legalidade, não deixa de apresentar importantes traços diferenciais. Com efeito, enquanto o princípio da legalidade traduz o predomínio da Lei sobre os juízes, a *rule of law* representa, fundamentalmente, uma garantia jurisdicional. Dita peculiaridade deriva das características do desenvolvimento histórico do Direito anglo-saxão (perpetuadas no sistema norte-americano), no qual a 'lei da terra', fundada no Direito natural e aplicada pelos juízes ordinários, chega a estar acima do Direito estatutário, criado pelo Parlamento. Pode, pois, afirmar-se que o princípio da legalidade é uma criação do pensamento iluminista, cujas primeiras manifestações positivas aparecem ulteriormente, com a Revolução Francesa."[97]

Incontestável a conquista obtida por meio da exigência da legalidade. Contudo, hoje em dia, não se sustenta um conceito de legalidade de cunho meramente formal, sendo necessário, outrossim, investigar a respeito de sua compatibilidade material com o texto que lhe é superior, vale dizer, a Constituição. Não basta que o legislador ordinário tenha tomado as cautelas necessárias no sentido de observar o procedimento legislativo correto, a fim de permitir a vigência do diploma legal por ele editado. Deverá, outrossim, verificar se o conteúdo, a matéria objeto da legislação penal, não contradiz os princípios expressos ou implícitos constantes de nossa Lei Maior.

Ferrajoli, com autoridade, afirma:

> "No Estado de direito o princípio da sujeição não só formal como também material da lei (ordinária) à lei (constitucional) possui um valor teórico geral, do qual resulta a diferente estrutura lógica das implicações mediante as quais formulamos o princípio de mera e o de estrita legalidade. Esta sujeição substancial concretiza-se nas diferentes técnicas garantistas por meio das quais o legislador e os

---

[97] COBO DEL ROSAL, Manuel; VIVES ANTÓN, Tomás S. *Derecho penal* – parte general, p. 68-69.

demais poderes públicos são colocados a serviço, por meio de proibições ou obrigações impostas sob pena de invalidade, da tutela ou satisfação dos diferentes direitos da pessoa."[98]

Conforme esclarece Nilo Batista, a fórmula latina do princípio da legalidade

"foi cunhada e introduzida na linguagem jurídica pelo professor alemão Paulo João Anselmo Feuerbach (1775-1833), especialmente em seu *Tratado,* que veio a lume em 1801. Ao contrário do que se difunde frequentemente, das obras de Feuerbach não consta a fórmula ampla *nullum crimen nulla poena sine lege*; nelas se encontra, sim, uma articulação das fórmulas *nulla poena sine lege, nullum crimen sine poena legali* e *nulla poena (legalis) sine crimine.*"[99]

De acordo com a concepção material do princípio da legalidade, preconizada por Ferrajoli e chancelada por Nilo Batista, o *nullum crimen nulla poena sine lege* deverá observar quatro vertentes que lhe são inerentes, a saber:

a) *nullum crimen nulla poena sine lege praevia*;

b) *nullum crimen nulla poena sine lege scripta*;

c) *nullum crimen nulla poena sine lege stricta*;

d) *nullum crimen nulla poena sine lege certa*.

Dada a importância do tema, cada uma dessas vertentes merecerá análise em tópicos distintos, conforme a ordem acima proposta. Antes, contudo, merece ser realizada, ainda, a distinção levada a efeito por alguns autores entre o princípio da legalidade e o princípio da reserva legal. Para Flávio Augusto Monteiro de Barros, o princípio adotado pelo Direito Penal foi o da reserva legal, e não o da legalidade. Isso porque, segundo explica o renomado autor:

"ambos são princípios de índole constitucional. Distinguem-se, porém, nitidamente. No princípio da legalidade, a expressão 'lei' é tomada em sentido amplo, abrangendo todas as espécies normativas do art. 59 da CF (leis ordinárias, leis complementares, leis delegadas, medidas provisórias, decretos legislativos e resoluções). Esse princípio é consagrado no art. 5º, II, da Magna Carta: "ninguém será obrigado a fazer ou deixar de fazer alguma coisa senão em virtude de lei."

Já o princípio da reserva legal emana de cláusula constitucional especificando que determinada matéria

---

[98] FERRAJOLI, Luigi. *Direito e razão*, p. 307.
[99] BATISTA, Nilo. *Introdução crítica ao direito penal*, p. 66.

depende de lei. Aqui a expressão 'lei' é tomada em sentido estrito, abrangendo apenas a lei ordinária e a lei complementar."[100]

Permissa venia, não entendemos necessário diferenciar legalidade de reserva legal. Isso porque, para que o ordenamento jurídico-penal seja inovado, independentemente da escolha nominal que se dê ao princípio, é preciso que o legislador observe o único procedimento legislativo apto para tanto. Para que a ordem normativa seja modificada, será preciso, em um Estado Constitucional e Democrático de Direito, que ambas as Casas do Congresso se manifestem (Câmara dos Deputados e Senado Federal), sendo que, ainda, o projeto deverá ser submetido ao sistema de freios e contrapesos exercido pelo Poder Executivo por meio do veto ou da sua sanção.

Dessa forma, os únicos diplomas legislativos que atendem a essas exigências são, efetivamente, a *lei ordinária* e a *lei complementar*, sendo que os demais fogem a esse procedimento. Assim, entendendo-se por *lei* tão-somente a *lei ordinária*, utilizada como regra, e a *lei complementar*, daremos início ao estudo das quatro vertentes preconizadas pelo brocardo *nullum crimen nulla poena sine lege*.

6.11.1. Nullum crimen nulla poena sine lege praevia

Uma das primeiras conquistas referentes ao princípio da legalidade é a de, justamente, proibir a chamada *lex post factum*. Ninguém pode ser surpreendido pelo Direito Penal sendo punido pela prática de um comportamento que, ao tempo da ação ou da omissão, era penalmente indiferente. A própria Constituição Federal, impedindo a retroatividade de lei que, de alguma forma, prejudique o agente, determina, em seu art. 5º, inciso XL que: *a lei penal não retroagirá, salvo para beneficiar o réu*.

A lei penal deve ser prévia, isto é, anterior ao fato cometido pelo agente. Mas o que significa essa *anterioridade*? Para respondermos a essa indagação, devemos formular outra, a saber: A lei penal poderá ter aplicação a partir da sua publicação ou da sua vigência? A resposta correta a essa indagação é: *Depende*. Depende, na verdade, de que a lei penal venha prejudicar ou beneficiar o agente.

Quando a lei penal, de alguma forma, prejudica o agente (criando novos tipos penais incriminadores, aumentando prazos prescricionais, arrolando novas circunstâncias agravantes etc.), seu termo inicial absoluto é a *vigência*, pois é justamente essa a ilação que se deve extrair do *nullum crimen nulla poena sine lege praevia*.

---

100 BARROS, Flávio Augusto Monteiro de. *Direito penal* – Parte geral, p. 46.

Contudo, nem sempre a lei penal prejudica. Pode, e é muito comum que isso aconteça, de alguma forma beneficiar o agente (diminuindo penas, criando novas circunstâncias atenuantes, diminuindo prazos prescricionais, condicionando a ação penal à representação do ofendido etc.). Nessa hipótese, ou seja, de criação normativa benéfica (*novatio legis in mellius*), a partir de quando a lei penal poderá ter aplicação?

Aqui, formaram-se duas correntes. A primeira delas, levando em consideração as disposições contidas no art. 2º e seu parágrafo único, do Código Penal, afirma que, por questões de *economia*, a lei penal deverá ser aplicada a partir da sua só publicação.

Isso porque, justificando, o mencionado art. 2º e o seu parágrafo único, determinam:

> **Art. 2º.** Ninguém pode ser punido por fato que lei posterior deixa de considerar crime, cessando em virtude dela a execução e os efeitos penais da sentença condenatória.
>
> Parágrafo único. A lei posterior, que de qualquer modo favorecer o agente, aplica-se aos fatos anteriores, ainda que decididos por sentença condenatória transitada em julgado.

Como se verifica pela redação acima, determina a lei penal que, se a lei posterior vier a abolir a infração penal ou, de alguma outra forma, favorecer o agente, deverá ter aplicação mesmo após o trânsito em julgado da sentença penal condenatória. Se é assim, ou seja, se a lei penal benéfica deverá, em qualquer hipótese, retroagir, por que razão seria preciso aplicar a lei anterior, correspondente à lei do fato, sendo que, pouco tempo depois o trabalho seria revisto em virtude da existência da *novatio legis in mellius*? Desta forma, para que não seja desperdiçado tempo, aplicando uma lei que pouco tempo depois já estaria revogada e substituída por outra que, de alguma forma, melhora a situação do agente, deve-se deixar de lado a primeira, a fim de ser aplicada a segunda, mesmo ainda estando no período de *vacatio legis*.

Após a publicação, existe expectativa de vigência da *novatio legis*, razão pela qual poderá ser aplicada, se benéfica, a partir da sua publicação.

A segunda corrente afirma, por questão de *segurança jurídica*, que a lei penal, mesmo beneficiando, somente poderá ser aplicada após a sua entrada em vigor. Sustentando essa posição, trazem em reforço o fatídico Código Penal de 1969, criado pelo Decreto-Lei nº 1.004, de 21 de outubro de 1969, que permaneceu por um período aproximado de nove anos em *vacatio legis*, sendo revogado pela Lei nº 6.578, de 11 de outubro de 1978, antes mesmo de entrar em vigor.

Fosse o mencionado Código Penal de 1969 aplicado ainda durante o período de *vacatio legis*, o que aconteceria naquelas hipóteses, por exemplo, em que o novel diploma repressivo houvesse abolido infrações penais anteriormente existentes no Código Penal de 1940, que ainda se encontrava em vigor? Uma vez declarada a extinção da punibilidade, por intermédio da *abolitio criminis*, não mais poderia o Estado rever aquela situação a fim de determinar o prosseguimento do feito, tendo em vista o impedimento da chamada revisão *pro societate*.

Concluindo, a *lex praevia* pode ser entendida em duas situações distintas: prejudicando ou beneficiando o agente. Se prejudicar, o termo inicial de aplicação será, sempre, o da data da sua vigência; se beneficiar, podemos trabalhar com duas correntes doutrinárias – a primeira entendendo pela sua aplicação, por *critérios de economia*, a partir da sua *publicação*, e a segunda, sob o argumento da *segurança*, após a sua *entrada em vigor*.

6.11.2. Nullum crimen nulla poena sine lege scripta

Em virtude dessa vertente do brocardo do *nullum crimen nulla poena sine lege,* verifica-se que o princípio da legalidade proíbe a criação de tipos penais incriminadores por meio dos costumes.

Conforme assevera Nilo Batista, "só a *lei escrita*, isto é, promulgada de acordo com as previsões constitucionais, pode criar crimes e penas: não o costume".[101]

Contudo, não podemos confundir criação típica por intermédio dos costumes, com a sua utilização como ferramenta de interpretação dos tipos penais. Na verdade, sem o conhecimento dos costumes seria impossível a real compreensão de muitas infrações penais. A título de exemplo, raciocinemos com a norma prevista no § 1º do art. 155 do Código Penal, que diz o seguinte: *A pena aumenta-se de um terço, se o crime é praticado durante o repouso noturno*.

Sem o efetivo conhecimento dos costumes, seria de total inaplicabilidade o parágrafo em exame. Isso porque, para que possa ser efetivamente aplicada a causa especial de aumento de pena relativa ao delito de furto, faz-se mister, primeiramente, interpretar a expressão *repouso*, indispensável à majorante.

Merece destaque a lição de Hungria, quando, dissertando sobre os costumes, com a precisão que lhe era peculiar, afirmava:

---
101 BATISTA, Nilo. *Introdução crítica ao direito penal*, p. 70.

"Tanto quanto a analogia, o costume não é fonte geradora do direito repressivo. Não pode suprir, ab-rogar ou retificar a lei penal. Cumpre, porém, distinguir entre costume *contra, extra ou ultra legem* e costume *integrativo, subsidiário* ou *elucidativo* da norma penal (costume *intra legem*). Nesse último caso, o costume intervém *ex vi legis*, sem afetar, portanto, o dogma de que a única fonte do Direito Penal é a lei. Assim, por exemplo, ao incriminar o 'ultraje público ao pudor', a lei penal se reporta a um *costume social*, isto é, à moralidade coletiva em torno dos fatos da vida sexual, ficando subordinada, para o seu entendimento e aplicação, à variabilidade, no tempo e no espaço, desse *costume*. Não há caso algum em que o costume *contra* ou *extra legem* possa ter o efeito, já não dizemos de criar crimes ou penas, mas de expungir a criminalidade legal de um fato."[102]

Da mesma forma que não se atribui poder criador normativo aos costumes, também deve ser a ele negado o efeito ab-rogante, ou seja, a possibilidade de os costumes revogarem a lei penal em vigor. Nesse sentido, afirmava Bobbio que "nos ordenamentos em que o costume é inferior à Lei, não vale o costume ab-rogativo; a Lei não pode ser revogada por um costume contrário".[103]

Concluindo, o princípio do *nullum crimen nulla poena sine lege scripta* proíbe a criação típica por meio dos costumes, sendo que o reverso dessa mesma moeda impede, também pelo mesmo argumento consuetudinário, a revogação dos tipos penais existentes.

6.11.3. *Nullum crimen nulla poena sine lege stricta*

O princípio da legalidade, em sua vertente do *nullum crimen nulla poena sine lege stricta*, também proíbe a adoção da chamada analogia *in malam partem*, pois, caso contrário, de nada valeria a existência de uma lei anterior ao fato se o intérprete pudesse estendê-la a um número de casos não previstos expressamente pelo tipo penal.

Contudo, a questão deve ser melhor analisada. Na verdade, embora tenhamos a convicção absoluta da proibição da analogia *in malam partem*, seria de todo descartado o uso da analogia em Direito Penal?

---

102 HUNGRIA, Nelson. *Comentários ao código penal*, v. I, t. I, p. 94-95.
103 BOBBIO, Norberto. *Teoria do ordenamento jurídico*, p. 94.

A resposta, aqui, merece ser observada sob dois enfoques distintos. O primeiro, já apontado anteriormente, diz respeito à analogia *in malam partem*; o segundo, sob a ótica da analogia *in bonam partem*.

Inicialmente, o que podemos entender por analogia? Quando será possível o seu recurso? A analogia é considerada uma forma de interpretação e de autointegração da lei (no nosso caso, a penal), por intermédio da qual se busca manter o equilíbrio do ordenamento jurídico, uma vez que tem por finalidade preservar o princípio da isonomia, segundo o qual os fatos similares devem receber o mesmo tratamento. Dessa forma, somente será possível cogitar de analogia quando o intérprete concluir pela lacuna legal, que conduzirá ao seu preenchimento por meio desse recurso.

Bobbio conceituava a analogia como "o procedimento pelo qual se atribui a um caso não regulamentado a mesma disciplina que a um caso regulamentado *semelhante*".[104]

E prosseguia no seu raciocínio, afirmando:

> "Para fazer a atribuição ao caso não regulamentado das mesmas consequências jurídicas atribuídas ao caso regulamentado semelhante, é preciso que entre os dois casos exista não uma semelhança qualquer, mas uma *semelhança relevante*; é preciso ascender dos dois casos uma qualidade comum a ambos, que seja ao mesmo tempo a razão suficiente pela qual ao caso regulamentado foram atribuídas aquelas e não outras consequências."[105]

A primeira hipótese, a da analogia *in malam partem*, encontra-se completamente proibida em matéria penal, sendo lícito fazer ou deixar de fazer aquilo que não estiver expressamente proibido ou imposto pelo tipo penal, não podendo o agente, inclusive, ser prejudicado com a aplicação de agravantes ou causas de aumento de pena que não abriguem, exatamente, a sua situação ou o fato por ele cometido.

Podemos trabalhar, a título de exemplo dessa afirmação, com a causa especial de aumento de pena prevista no § 1º do art. 155 do Código Penal, que diz: *A pena aumenta-se de um terço se o crime é praticado durante o repouso noturno*.

Ao estudarmos a vertente do princípio da legalidade que proíbe a criação legal por meio dos costumes, dissemos que, embora verdadeira essa afirmação, os costumes teriam grande utilidade na interpretação dos tipos

---

104 BOBBIO, Norberto. *Teoria do ordenamento jurídico*, p. 151.
105 BOBBIO, Norberto. *Teoria do ordenamento jurídico*, p. 153.

penais. No exemplo fornecido, somente poderemos aplicar a causa especial de aumento de pena se conhecermos o significado da palavra "repouso". Somente os costumes de determinado lugar nos dirão se, naquele momento, existe repouso. Há lugares em que não existe repouso, a exemplo de hospitais que funcionam, ininterruptamente, com o mesmo movimento, vinte e quatro horas por dia. Em outros, o repouso tem início logo ao anoitecer, como ocorre com aqueles vilarejos distantes, sem luz, sem asfalto, onde a comunidade, na sua maioria, trabalha na zona rural, despertando muito cedo, ainda durante a madrugada, para trabalhar no campo.

Suponha-se que o agente conheça o fato de que a vítima seja um vigilante noturno, sendo o seu horário de trabalho das 22 horas às 6 horas da manhã. Seu horário de sono, portanto, é invertido, pois dorme durante o dia para poder trabalhar à noite. Se o agente ingressar na residência da vítima por volta das 12 horas, horário de pico do seu sono, e de lá subtrair um aparelho de DVD, a pena para o delito de furto por ele cometido deverá ser especialmente agravada em razão do fato de tê-lo praticado durante o repouso noturno? A resposta só pode ser negativa, uma vez que, embora aquele fosse o horário de repouso da vítima, não era o período da noite, exigido pela lei. Se o intérprete viesse a também entender pelo repouso noturno aquela hora, pelo fato de ser o horário de repouso da vítima, estaria se valendo, contrariamente àquilo que determina o princípio da legalidade, da analogia *in malam partem*.

Ferrajoli relembra que, ainda no século passado, nos países que adotavam um regime totalitário, o emprego da analogia *in malam partem* era comum:

> "Na Alemanha nazista uma lei de 28 de junho de 1935 substituiu o velho art. 2º do Código Penal de 1871, que enunciava o princípio de legalidade penal, pela seguinte norma: 'será punido quem pratique um fato que a lei declare punível ou que seja merecedor de punição, segundo o conceito fundamental de uma lei penal e segundo o são sentimento do povo. Se, opondo-se ao fato, não houver qualquer lei penal de imediata aplicabilidade, o fato punir-se-á sobre a base daquela lei cujo conceito fundamental melhor se ajuste a ele."[106]

Em matéria penal admite-se, contudo, o recurso à chamada analogia *in bonam partem*, desde que o exegeta chegue à conclusão de que não foi intenção da lei deixar de lado determinada hipótese, sendo o caso, portanto, de lacuna.

---

[106] FERRAJOLI, Luigi. *Direito e razão*, p. 309.

Merece, neste ponto, ser levada a efeito a distinção entre lacuna voluntária e lacuna involuntária. Para tanto, trazemos à colação as precisas lições de Antônio José Fabrício Leiria, quando faz seus esclarecimentos, inicialmente, sobre as lacunas voluntárias, dizendo que essas lacunas

> "estão representadas pela inexistência de uma vontade no conteúdo da norma jurídica. Com efeito, poderá o legislador entender que, frente a uma realidade social vivenciada, um determinado fato, pela sua escassa relevância jurídica, não se apresente suficientemente maduro e com relevante carga axiológica para ser normado. Deste modo, ainda que previsto pelo legislador, este o deixa fora da lei. Pode-se mesmo dizer que, em tais casos, há um querer negativo, pois a lacuna propositada da lei não escapa à previsão do legislador. Ela insere-se no conteúdo da norma como vontade negativa desta. Como se constata, a lacuna voluntária escapa da previsão da lei, mas se insere no seu conteúdo, sob forma negativa de vontade da norma jurídica.
>
> Aqui o legislador prevê a hipótese não contemplada pela norma, mas, propositadamente, deixa fora de seu âmbito de incidência, por motivo de ordem jurídica, política, econômica, social, religiosa ou outros. Diante da realidade de um problema de lacunas da lei, o juiz desenvolve um trabalho que ultrapassa a simples interpretação, visto que vai envolver com problemas de integração do direito."[107]

E prossegue com suas lições, elucidando o conceito de lacunas involuntárias:

> "Configura-se a chamada lacuna involuntária, quando o fato, posto que revestido de todos os caracteres necessários para ser regulado, situa-se fora do campo da incidência da lei, por não haver sido previsto pelo legislador. Nesta hipótese, inexiste valoração jurídica, e o espaço vazio escapa à vontade da norma, por falta de previsão do legislador. É o inverso do que se verifica nas lacunas voluntárias."

Comparada a ordem jurídica com uma atmosfera que circunda e envolve a vida social, consoante nos fala Ferrara, poderemos dizer que as lacunas da lei se apresentam como *vácuos* dessa mesma atmosfera. São vazios do ordenamento jurídico.[108]

---

107 LEIRIA, Antônio José Fabrício. *Teoria e aplicação da lei penal*, p. 68-69.
108 LEIRIA, Antônio José Fabrício. *Teoria e aplicação da lei penal*, p. 69.

Dessa forma, em matéria penal, permite-se o recurso à analogia *in bonam partem*, desde que o exegeta chegue à conclusão de que o fato se amolda ao conceito de lacuna involuntária, pois, caso contrário, esse recurso estará também proibido, mesmo que considerado benéfico ao agente.

6.11.4. *Nullum crimen nulla poena sine lege certa*

Não basta que a lei penal esteja em vigor anteriormente à prática do fato pelo agente para que possa ser efetivamente aplicada. Todos devem, ainda, ter a possibilidade de compreender exatamente o conteúdo da proibição para que possam comportar-se de acordo com a norma. Portanto, para que não seja ofensiva ao princípio da legalidade, a lei penal deve ser certa, clara, precisa, a mais simples possível, permitindo a sua mais precisa e exata compreensão.

Em 1764, Beccaria já dizia a respeito da obscuridade das leis:

> "Se a interpretação das leis é um mal, claro que a obscuridade, que a interpretação necessariamente acarreta, é também um mal, e este mal será grandíssimo se as leis forem escritas em língua estranha ao povo, que o ponha da dependência de uns poucos, sem que possa julgar por si mesmo qual seria o êxito de sua liberdade, ou de seus membros, em língua que transformasse um livro, solene e público, em outro como que privado e de casa."[109]

Manuel Cavaleiro de Ferreira, discorrendo sobre a necessidade da certeza da lei, aduz:

> "A norma legal incriminadora tem de ser certa, isto é, tem de determinar com suficiente precisão o facto criminoso. A acção ou omissão em que o facto consiste não pode ser inferido da lei; tem de ser definido pela lei. Não é norma incriminadora constitucionalmente válida aquela cujo teor se apaga numa cláusula geral que remeta o seu preenchimento para o arbítrio do julgador. A lei penal incerta é por si inconstitucional, isto é, o princípio impõe-se ao legislador como ao juiz, que a não deve aplicar."[110]

Por intermédio da vertente do *nullum crimen nulla poena sine lege certa* extrai-se a conclusão de que a lei penal dever ser *taxativa*. A própria Constituição Federal, ao abrigar expressamente o princípio da legalidade em seu art. 5º, XXXIX, o traduziu dizendo que *não há crime sem lei anterior*

---

[109] BECCARIA, Cesare. *Dos delitos e das penas*, p. 35.
[110] FERREIRA, Manuel Cavaleiro de. *Lições de direito penal* – Parte geral, p. 55.

que o defina, ou seja, a definição da infração penal é um dado indispensável, pertencente ao conceito de legalidade.

Cláudio do Prado Amaral, dissertando sobre os fundamentos da taxatividade da lei penal, afirma:

> "Exige-se que a lei penal seja certa, isto é, que os tipos penais sejam elaborados legislativamente de forma clara e determinada, a fim de que as condutas incriminadas sejam passíveis de identificação, sem que se precise recorrer a extremados exercícios de interpretação ou integração da norma. Quer-se a clareza denotativa dos tipos penais, o que torna a norma legal prontamente inteligível a seus destinatários em termos cognitivos: todos os cidadãos. Se a norma penal incriminadora tem como um de seus objetivos intimidar para a não-realização da conduta proibida, é preciso que seja clara a todos, a fim de que saibam e conheçam sem quaisquer dúvidas o conteúdo da norma legal.
>
> O fundamento do princípio da taxatividade assenta-se em dupla base, pois: a) a norma penal incriminadora contém uma ordem de abstenção de conduta ou de realização de conduta; logo, o destinatário da norma penal precisa compreender exatamente seu conteúdo, para poder acatar a ordem; sob esse ângulo, o princípio da taxatividade encontra razão de ser na própria exigência de observância da norma penal; b) sob outro fundamento, o princípio da taxatividade encontra-se na função intimidadora da norma penal; assim, para que a intimidação ocorra, é preciso que seu conteúdo seja claro e preciso, a fim de que todos possam atendê-lo – sem compreensão da norma, não haverá intimidação."[111]

É muito comum, nos países que adotam regime totalitário, seja de esquerda ou de direita, que o ditador se valha do escudo do Direito Penal a fim de dar aparência de legalidade aos seus atos arbitrários e, na verdade, ilegais.

A vertente do *nullum crimen nulla poena sine lege certa* nos obriga a raciocinar com a diferença existente entre a legalidade formal e a legalidade material. Pode o projeto de lei ter obedecido a todos os procedimentos previstos na Constituição: iniciativa, discussão, votação, sanção/veto, promulgação, publicação e vigência. Para sua aprovação, obteve o *quorum* de votação necessário. Enfim, todo o formalismo foi cumprido. Contudo, a

---
111 AMARAL, Cláudio do Prado. *Princípios penais* – Da legalidade à culpabilidade, p. 115-116.

norma penal será tida por inválida se sua matéria não coadunar com o texto de nossa Lei Maior, com os princípios expressos e implícitos nela contidos, destacando-se, dentre eles, o princípio da legalidade.

A criação dos tipos penais dirigidos a todos nós deve ser a mais precisa possível, afastando-se toda incerteza e dúvida quanto à sua interpretação. Tipos penais que contêm os chamados conceitos vagos ou imprecisos ofendem o ditame da legalidade material, somente servindo de justificativa para abusos, arbitrariedades dos detentores do poder.

O exemplo do Código Penal alemão, citado por Ferrajoli, à época do período nazista demonstra claramente o perigo de uma norma criada com esse estilo vago, amplo, incerto, inseguro.

Leia-se novamente o artigo da Lei de 28 de junho de 1935 que substituiu o art. 2º do Código Penal Alemão de 1871, que dizia:

> "Será punido quem pratique um fato que a lei declare punível ou que seja merecedor de punição, segundo o conceito fundamental de uma lei penal e segundo o são sentimento do povo. Se, opondo-se ao fato, não houver qualquer lei penal de imediata aplicabilidade, o fato punir-se-á sobre a base daquela lei cujo conceito fundamental melhor se ajuste a ele."

O que significava o *são sentimento do povo alemão*? Obviamente que seria merecedor de pena todo aquele que praticasse qualquer comportamento que, embora não proibido pela lei penal, incomodasse o ditador, como aconteceu com o povo judeu durante a Segunda Guerra Mundial (1939-1945), quando aproximadamente 6 milhões de vidas foram eliminadas.

Entendemos ainda que a utilização exagerada de elementos normativos no tipo pode conduzir também à afetação do princípio da legalidade, na vertente da *lege certa*. Sendo os elementos normativos aqueles que, para sua compreensão exigem do intérprete a emissão de um juízo de valor, sabemos que essa valoração é pessoal, podendo, em muitas situações, conduzir a injustiças gritantes. Um mesmo fato, valorado diferentemente por dois julgadores, pode conduzir a conclusões diferentes.

René Ariel Dotti, construindo uma visão crítica a respeito da utilização dos elementos normativos, esclarece:

> "Os elementos normativos se classificam em *jurídicos* e *culturais*. Elementos normativos *jurídicos* são os que trazem conceitos próprios do Direito ('coisa alheia', 'documento',

'duplicata', 'cheque', *warrant*, 'funcionário público', 'esbulho possessório', etc.). Elementos normativos *culturais* são os que envolvem conceitos próprios de outras disciplinas do conhecimento, científicas, artísticas, literárias ou técnicas. São múltiplos os exemplos dessa categoria: 'ato obsceno', 'pudor', 'mulher honesta', 'ato libidinoso', 'arte', 'culto religioso', 'esterilização cirúrgica', 'fauna silvestre' etc.

Há uma preocupação muito viva entre os estudiosos com o grande aumento do número de elementos normativos, principalmente na legislação especial, gravemente comprometida pela inflação. Assim como ocorre com os chamados *tipos penais abertos* podem se abrir grandes margens de insegurança em função de uma interpretação que comprometa o princípio da taxatividade da lei penal. Mas é impossível suprimi-los do ordenamento positivo uma vez que os tipos legais de ilicitude refletem a natureza e o valor da realidade humana e da circunstância que a envolve."[112]

Concluindo, o princípio da legalidade, analisado sob o enfoque da *lex certa*, proíbe que a lei penal sirva de instrumento para abusos, procurando afastar as possíveis redações imprecisas que trariam à população o sentimento de completa insegurança, vez que jamais teria a certeza de que suas ações estariam ou não abrangidas por determinado tipo penal, merecendo ser ressalvado, ainda, o fato de que os chamados elementos normativos do tipo somente devem ser utilizados nos casos em que não haja outra alternativa, haja vista que, por requererem um juízo de valoração por parte do intérprete, a duplicidade de interpretações sobre o mesmo fato também fomentaria a sensação de instabilidade do direito.

---

112 DOTTI, René Ariel. *Curso de direito penal*, p. 313.

Capítulo 7
A Seletividade do Direito Penal

A seletividade do Direito Penal pode ser verificada mediante dois momentos distintos, denominados *criminalização primária e criminalização secundária*.

Por intermédio do processo de criminalização primária, o Estado seleciona determinados comportamentos existentes em nosso meio social, em tese ofensivos a bens jurídicos, proibindo-os ou impondo-os sob a ameaça de uma sanção de natureza penal, mediante uma lei por ele formalmente editada.

Uma vez em vigor a lei penal, quando descumprida, surge a possibilidade de se levar a efeito a chamada criminalização secundária, oportunidade na qual o Estado fará valer o seu *jus puniendi*, investigando, processando e, por fim, condenando ao cumprimento de uma pena o transgressor da lei penal editada anteriormente ao comportamento delitivo.

O processo de seleção surge desde o instante em que a lei penal é editada. Valores de determinados grupos sociais, tidos como dominantes, prevalecem em detrimento da classe dominada. Em seguida, já quando vigente a lei penal, surge novo processo de seleção. Quem deverá ser punido? A resposta a essa indagação deveria ser simples, ou seja, todos aqueles que descumprirem a lei penal, afrontando a autoridade do Estado/Administração. Contudo, sabemos que isso não acontece. O Direito Penal tem cheiro, cor, raça, classe social; enfim, há um grupo de escolhidos, sobre os quais haverá a manifestação da força do Estado.

Nilo Batista, Zaffaroni, Alagia e Slokar, com a precisão que lhes é peculiar, aduzem:

> "A inevitável seletividade operacional da criminalização secundária e sua preferente orientação burocrática (sobre pessoas sem poder e por fatos grosseiros e até insignificantes) provocam uma distribuição seletiva em forma de epidemia, que atinge apenas aqueles que têm baixas defesas perante o poder punitivo, aqueles que se tornam mais *vulneráveis à criminalização secundária* porque: a) suas características

pessoais se enquadram nos estereótipos criminais; b) sua educação só lhes permite realizar ações ilícitas toscas e, por conseguinte, de fácil detecção e c) porque a etiquetagem suscita a assunção do papel correspondente ao estereótipo, com o qual seu comportamento acaba correspondendo ao mesmo (a profecia que se autorealiza). Em suma, as agências acabam selecionando aqueles que circulam pelos espaços públicos com o figurino social dos delinquentes, prestando-se à criminalização – mediante suas obras toscas – como seu inesgotável combustível."[1]

Foucault, apontando a seletividade do Direito Penal, ou seja, o fato de que esse ramo do ordenamento jurídico escolhe, efetivamente, sobre quem deverá recair a sua força, quem deverá ser contido a fim de que seja mantida a chamada "paz social", aduz:

> "seria hipocrisia ou ingenuidade acreditar que a lei é feita para todo mundo em nome de todo mundo; que é mais prudente reconhecer que ela é feita para alguns e se aplica a outros; que em princípio ela obriga a todos os cidadãos, mas se dirige principalmente às classes mais numerosas e menos esclarecidas; que, ao contrário do que acontece com as leis políticas ou civis, sua aplicação não se refere a todos da mesma forma, que nos tribunais não é a sociedade inteira que julga um de seus membros, mas uma categoria social encarregada da ordem sanciona outra fadada à desordem."[2]

Leonardo Sica também adverte e esclarece:

> "A seletividade é uma marca histórica e indissociável do sistema penal. O *ius puniendi*, longe de sua conformação contratual, tem sido exercido em função dos interesses de grupos dominantes ou de Estado (se é que ambos estão distantes).
>
> Dados do Conselho Nacional de Política Criminal e Penitenciária apontam que: 2/3 da população carcerária são negros e mulatos; 76% são analfabetos ou semialfabetizados; 95% são absolutamente pobres; 98% não têm condições de contratar um advogado e 72% dos processos criminais são por roubo e furto."[3]

---

[1] BATISTA, Nilo; ZAFFARONI, Eugenio Raúl; ALAGIA, Alejandro; SLOKAR, Alejandro. *Direito penal brasileiro*, v. I, p. 47.
[2] FOUCAULT, Michel. *Vigiar e punir*, p. 229.
[3] SICA, Leonardo. *Direito penal de emergência e alternativas à prisão*, p. 51.

Maria Lúcia Karan, de forma clara, direta e objetiva, afirma, com segurança:

> "O sistema penal não se destina a punir todas as pessoas que cometem crimes. Não passando a imposição da pena de pura manifestação de poder, destinada a manter e reproduzir os valores e interesses dominantes em uma dada sociedade, e encontrando esta reação punitiva seu suporte e sua força ideológica na necessidade do desejo de criação de bodes expiatórios, não seria funcional fazê-la recair sobre todos os responsáveis por condutas criminalizadas, sendo, ao contrário, imperativa a individualização de apenas alguns deles, para que, exemplarmente identificados como criminosos, emprestem sua imagem à personalização da figura do mau, do inimigo, do perigoso, possibilitando a simultânea e conveniente ocultação dos perigos e dos males que sustentam a estrutura de dominação e poder."[4]

Somente por hipótese, suponhamos que o Estado, deixando de lado a seletividade, isto é, em vez de escolher quem e o que punir, passasse, a partir de agora, a punir todos os fatos incriminados pela lei penal, bem como todas as pessoas que os cometeram. Seria possível tal escolha política? Teria o Estado, inclusive, condições de levar a efeito tal opção? Haveria, no sistema penitenciário, vagas suficientes para prender todas as pessoas que tivessem cometido qualquer uma das infrações penais integrantes de nosso Direito Penal objetivo? Ou, o que é pior, será que algum dos encarregados de aplicar a lei penal estaria livre para poder levar a efeito o julgamento ou, mesmo, de processar a execução da pena?

Na verdade, todos somos criminosos, mesmo que em maior ou menor grau. Quem nunca praticou um crime contra a honra do seu semelhante, não comprou um produto de algum camelô, de origem duvidosa, não perturbou o sossego alheio; enfim, todos nós, mesmo sem essa noção, praticamos crimes quase que diariamente. Se fôssemos levar a ferro e fogo a aplicação de todos os tipos penais, não haveria ninguém disponível para apurar o fato criminoso, tampouco julgar o autor do delito, pois todos estaríamos presos.

O Estado ainda não acordou para o fato de que ao Direito Penal somente deve importar as condutas que ataquem os bens mais importantes e necessários ao convívio em sociedade. Enquanto o Direito Penal for máximo, enquanto houver a chamada inflação legislativa, o Direito Penal continuará a ser seletivo e cruel, escolhendo, efetivamente, quem deverá ser punido, escolha esta que, com certeza, recairá sobre a camada mais pobre, abandonada e vulnerável da sociedade.

---

4 KARAN, Maria Lúcia. *Utopia transformadora e abolição do sistema penal*. Conversações abolicionistas – Uma crítica do sistema penal e da sociedade punitiva, p. 72-73.

Faz-se mister ressaltar, por oportuno, que a seletividade não somente ocorre quando da criação e da aplicação da figura típica criminosa. Essa escolha, infelizmente, também recai no momento da execução da decisão condenatória do Estado, haja vista que, efetivamente, nem todos os condenados cumprem suas penas.

Em um passado não muito distante, a cruel seletividade do Direito Penal ocorria quando havia em nosso ordenamento jurídico a possibilidade de conversão da multa em pena privativa de liberdade, anteriormente à modificação do art. 51 de nosso diploma repressivo.

Quando alguém de classe baixa era condenado a pagar uma pena pecuniária, como, geralmente, não tinha condições de fazê-lo logo após o decurso do prazo legal destinado ao recolhimento da pena de multa, era determinada a sua conversão, com a consequente expedição do mandado de prisão.

Naquela oportunidade, os abusos cometidos pela Justiça (leia-se Ministério Público e Magistratura) eram gritantes. A Lei de Execução Penal previa um procedimento próprio para a cobrança da pena de multa, por intermédio dos seus arts. 164 a 170. Era um procedimento demorado, uma vez que, após o trânsito em julgado da sentença penal condenatória, o escrivão deveria extrair uma certidão, a ser entregue ao Ministério Público, que lhe servia como título executivo judicial. Com fundamento nessa certidão, o Ministério Público devia propor uma ação de execução, nos moldes da lei processual civil, com obediência a todo o seu procedimento – citação, nomeação de bens à penhora, embargos etc. Se, ao final, o condenado fosse considerado *insolvente*, o feito era suspenso, sem que houvesse conversão da pena de multa em privação da liberdade; caso contrário, se fosse considerado *solvente*, a pena era convertida considerando o número de dias-multa.

Como implicava "muito trabalho" a determinação legal, apenas com a certidão nos autos de que o condenado não havia recolhido o pagamento correspondente à pena de multa, o juiz, após ouvido o Ministério Público, que pugnava sempre pela sua conversão, efetivamente levava a efeito a requerida conversão e determinava a expedição do necessário mandado de prisão.

Ora, qual era o cidadão de classe média, ou média alta, que deixava de pagar a multa, permitindo a sua conversão em pena privativa de liberdade? Como se percebe, mais uma vez, somente o pobre era preso, pois que, realmente, não tinha condições de quitar o seu débito pecuniário para com o Estado, sendo que este último não se importava, conforme impunha a lei anterior, com o fato de ser insolvente.

A modificação do art. 51 do Código Penal, ocorrida inicialmente pela Lei nº 9.268, de 1º de abril de 1996, e, atualmente, pela Lei nº 13.964, de 24 de dezembro de 2019, veio a bom tempo, evitando que, pelo menos no que diz respeito à pena de multa, a seletividade do Direito Penal volte a brilhar, pois que agora não mais é permitida a sua conversão em pena privativa de liberdade.

Concluindo, o Direito Penal é seletivo no momento em que escolhe os comportamentos que deverão ser proibidos ou impostos (criminalização primária), quem deve responder pelas ações criminosas praticadas (criminalização secundária) e, ainda, quem deverá cumprir a pena aplicada pelo Estado, razão pela qual devemos reduzir ao máximo o número de infrações penais, a fim de torná-lo o mais justo possível.

Capítulo 8

Implementação das Finalidades Sociais do Estado Como Fator Inibidor da Prática de Infrações Penais

Após tudo o que foi dito linhas atrás, podemos concluir que a transformação do Estado Social em Estado Penal foi a mola propulsora do processo de inflação legislativa que nos aflige atualmente. O Direito Penal simbólico se transformou na ferramenta preferida dos nossos governantes, sendo utilizado com a finalidade de dar satisfação à sociedade, em virtude do aumento da criminalidade.

Eric Hobsbawm, com argúcia, salientou:

> "Todo observador realista e a maioria dos governos sabiam que não se diminuía nem mesmo se controlava o crime executando-se os criminosos ou pela dissuasão de longas sentenças penais, mas todo político conhecia a força enorme e emocionalmente carregada, racional ou não, da exigência em massa dos cidadãos comuns para que se *punisse* o antissocial."[1]

Formalmente, vivemos uma democracia social, na qual a nossa Carta Maior, conhecida como "a Constituição Cidadã", preconiza serem direitos sociais a educação, a saúde, o trabalho, a moradia, o lazer, a segurança, a previdência social, a proteção à maternidade e à infância, a assistência aos desamparados, conforme se verifica pela leitura de seu art. 6º, constante do Capítulo II, correspondente aos Direitos Sociais, do Título II, que cuida dos Direitos e Garantias Fundamentais.

Contudo, como bem observado por Dulce Chaves Pandolfi:

---
1 HOBSBAWM, Eric. *A era dos extremos*, p. 335.

> "no Brasil, passados quase 15 anos do fim da ditadura militar, muitas são as dificuldades para a consolidação de uma sociedade democrática. Se no campo político os avanços foram grandes, em outras áreas as mudanças foram bem menos significativas. O novo regime não conseguiu reverter a acentuada desigualdade econômica e o fenômeno da exclusão social expandiu-se por todo o país. A despeito da implantação de um Estado de direito, os direitos humanos ainda são violados e as políticas públicas voltadas para o controle social permanecem precárias. Se, formalmente, pela Constituição de 1988, a cidadania está assegurada a todos os brasileiros, na prática, ela só funciona para alguns. Sem dúvida, existe aqui um déficit de cidadania, isto é, uma situação de desequilíbrio entre os princípios de justiça e solidariedade."[2]

Uma família na qual seu mantenedor não tem emprego, não possui casa própria ou, mesmo, um endereço fixo, em que seus membros, quando adoecem, são abandonados à própria sorte pelo Estado, os filhos não podem ser educados em escolas dignas, as crianças são desamparadas, usadas como ferramentas no ofício da mendicância; enfim, enquanto houver tantas desigualdades sociais, a tendência será o crescimento da criminalidade aparente, ou seja, aquela criminalidade de que cuidam os noticiários, a criminalidade violenta, urbana, que faz com que seja derramado sangue quando das suas ações.

Otávio Cruz Neto, Marcelo Rasga Moreira e Luiz Fernando Mazzei Sucena, em aprofundado estudo sobre a juventude e o tráfico de drogas na cidade do Rio de Janeiro, evidenciaram, acertadamente:

> "Vivemos numa sociedade permeada por contradições socioeconômico-políticas que delineiam, no limiar do marco histórico-temporal deste início de século, um movimento crítico e tenso, de grave potencialização de conflitos. Entre atônitos e preocupados, deparamo-nos com um mundo globalizado e hegemônico, capaz de desenvolver processos socializadores distintos e determinados, que propiciam, ao mesmo tempo, a satisfação de alguns com seu avanço tecnológico e sedutores bens de mercado e a frustração de muitos, excluídos até mesmo do acesso a seus direitos vitais.

---

2 PANDOLFI, Dulce Chaves. *Cidadania, justiça e violência* – Percepção dos direitos e participação social, p. 45.

Imersas nesse cenário, perfilam-se situações complexas e inconclusas que se contrapõem às iniciativas conciliatórias e despertam problemas de difícil resolução, dos quais se podem destacar, dentre outros, a valorização dos anseios do mercado em detrimento de demandas da sociedade civil; o crescimento desmesurado da especulação financeira, gerando brutal diminuição da atividade produtiva e a elevação do desemprego; a convivência próxima e diária, no âmbito de uma sociedade de consumo, entre a pobreza e a opulência; a impotência das campanhas pela paz ante o gigantismo de uma indústria bélica que municia a violência criminal, além da reduzida credibilidade de partidos e instâncias políticas junto à população, sobretudo entre os mais jovens."[3]

Existem, portanto, infrações penais que são cometidas por pessoas que pertencem às classes sociais mais baixas. Normalmente, infrações patrimoniais ou que ofendem a integridade física, a saúde ou a vida das pessoas. Os crimes contra a dignidade sexual, a exemplo do estupro, também são comuns, sem falar no uso e no tráfico de drogas.

A outra criminalidade, tida como oculta, infinitamente pior do que a aparente, não diz respeito à ausência do Estado Social: a criminalidade organizada, cujos mentores intelectuais fazem parte das camadas sociais mais elevadas, que ocupam os noticiários dos jornais na qualidade de membros respeitáveis e admirados da nossa sociedade, que por um erro de cálculo, vez por outra, caem as suas máscaras em público, e todos tomam conhecimento do seu verdadeiro (mau) caráter.

Existe uma diferença gritante entre a criminalidade aparente, praticada pelas camadas sociais mais baixas, e aquela outra, oculta, cometida pelos intocáveis das camadas superiores. A primeira, como regra, somente existe em razão da impotência do Estado em gerir a coisa pública. A incapacidade do Estado de fazer diminuir o abismo econômico existente entre as classes sociais permite o surgimento de um espírito de revolta que, com sua própria força, tenta, a todo custo, diminuir as desigualdades. O problema desse tipo de criminalidade é de natureza eminentemente social, ao contrário da outra, pior, cuja raiz se encontra na índole, no caráter daquele que comete a infração penal.

---

3 NETO, Otávio Cruz; MOREIRA, Marcelo Rasga; SUCENA, Luiz Fernando Mazzei. *Nem soldados nem inocentes*, p. 23-24.

Ivan Luiz da Silva, em minucioso estudo sobre o crime organizado, declarou:

> "Para compreendermos melhor o fenômeno social da criminalidade, é necessário que façamos uma análise da estrutura social, na qual estamos inseridos, e das inter-relações entre seus participantes; só assim, portanto, poderemos compreender em que estágio social nos encontramos e como essa realidade interfere na criminalidade e vice-versa."[4]

Comparativamente, um homicídio praticado por alguém que se encontra desempregado, transformado em um indigente, que somente é encontrado embriagado, numa escala valorativa, significa muito menos do que um delito de corrupção praticado por um funcionário público, que ocupa o cargo de presidente de uma comissão de licitação destinada à aquisição de remédios para a distribuição em farmácias populares. O comportamento do funcionário corrupto, geralmente intocável, é infinitamente superior em termos de gravidade ao do homicida, visto que aquele pode ser comparado a um genocida, pois que, com o seu prejuízo ao erário, causa a morte de milhares, e não de uma só pessoa.

Mas como a corrupção não sangra, a sociedade tolera mais o corrupto do que o homicida. O corpo da vítima, ensanguentada, caída ao chão, choca muito mais do que cifras colocadas em um pedaço de papel, que apontam o quanto o Estado foi lesado.

A hora é de mudança. Garrido, Stangeland e Redondo, fazendo uma projeção no sentido de estudar a delinquência e a sociedade do século XXI, professam:

> "O incremento da delinquência é somente um sintoma a mais das deficiências na organização da sociedade humana. O crescimento econômico e os sucessos técnicos não tem eliminado a delinquência, senão que a tem fomentado. Uma sociedade dominada pelo egoísmo desenfreado, pela luta para triunfar, ainda que para isso tenha que pisar nos demais, tem muita delinquência. O egoísmo e agressividade dominantes nesta sociedade toma a forma de corrupção, delitos contra o meio ambiente, mas também delitos contra qualquer vizinho: roubos, furtos, lesões, agressões sexuais. [...].

---

4 SILVA, Ivan Luiz da. *Crime organizado* – Aspectos jurídicos e criminológicos, p. 31.

Como podemos conseguir o cumprimento básico das normas de convivência, sem cair em um sistema opressivo e policial? Nossa visão para o século que vem é um modelo ecológico, com um crescimento sustentável, baseado no equilíbrio entre os seres humanos e os recursos naturais existentes, e também um equilíbrio cívico entre grupos sociais. Do mesmo modo se deverá buscar um equilíbrio na política criminal, a liberdade individual e os interesses da comunidade. Equilibrar estes extremos é uma questão política, e o papel dos criminólogos não é defender suas convicções ideológicas pessoais, senão aportar informação confiável sobre as diversas estratégias de controle."[5]

Concluindo, entendemos ser possível reduzir, e não eliminar, a criminalidade tida como aparente a partir do momento em que o Estado assumir a sua função social, diminuindo o abismo econômico existente entre as classes sociais. No que diz respeito à criminalidade não aparente, praticada, como regra, pelas camadas sociais mais altas, a questão em jogo é de caráter moral, não tendo o Estado condições para impor tais atributos às pessoas que não pensam no seu próximo, não se preocupam com as cenas veiculadas pelos meios de comunicação de massa, que anunciam crianças morrendo de fome, idosos padecendo em filas de hospitais em busca de atendimento; enfim, cidadãos destituídos de dignidade porque o Estado retirou aquilo que lhes restava...

O estabelecimento do Estado Social e o necessário processo de diminuição das figuras típicas, nos termos propostos pelo Direito Penal do Equilíbrio, farão com que diminuam os índices da criminalidade violenta, aparente, bem como permitirão ao Estado ocupar-se daquela considerada a mais nefasta de todas, quase sempre oculta, mas organizada.

---

5 GARRIDO, Vicente; STANGELAND, Per; REDONDO, Santiago. *Princípios de criminologia*, p. 887/888.

Capítulo 9
A Ideia da Ressocialização

Muito se tem discutido ultimamente a respeito das funções que devem ser atribuídas às penas. O nosso Código Penal, por intermédio de seu art. 59, diz que as penas devem ser necessárias e suficientes à *reprovação* e à *prevenção* do crime. Assim, de acordo com a nossa legislação penal, entendemos que a pena deve reprovar o mal produzido pela conduta praticada pelo agente, bem como prevenir futuras infrações penais.

De acordo com as lições de Ferrajoli:

> "são teorias absolutas todas aquelas doutrinas que concebem a pena como um fim em si própria, ou seja, como 'castigo', 'reação', 'reparação' ou, ainda, 'retribuição' do crime, justificada por seu intrínseco valor axiológico, vale dizer, não um meio, e tampouco um custo, mas, sim, um dever ser metajurídico que possui em si seu próprio fundamento. São, ao contrário, 'relativas' todas as doutrinas *utilitaristas*, que consideram e justificam a pena enquanto um meio para a realização do fim utilitário da prevenção de futuros delitos."[1]

As teorias absolutas, com os olhos voltados para o passado, ou seja, simplesmente para a infração penal praticada pelo agente, advogam a tese da retribuição, sendo que as teorias relativas, com os olhos voltados para o futuro, buscando evitar que outras infrações penais sejam cometidas, apregoam a prevenção.

Na reprovação, conforme preconiza a teoria absoluta, reside o caráter retributivo da pena. Nesse sentido é a lição de Roxin:

> "A teoria da retribuição não encontra o sentido da pena na perspectiva de algum fim socialmente útil, senão em que mediante a imposição de um mal merecidamente se retribui,

---
1 FERRAJOLI, Luigi. *Direito e razão*, p. 204.

equilibra e espia a culpabilidade do autor pelo fato cometido. Se fala aqui de uma teoria 'absoluta' porque para ela o fim da pena é independente, 'desvinculado' de seu efeito social. A concepção da pena como retribuição compensatória realmente já é conhecida desde a antiguidade e permanece viva na consciência dos profanos com uma certa naturalidade: a pena deve ser justa e isso pressupõe que se corresponda em sua duração e intensidade com a gravidade do delito, que o compense."[2]

A sociedade em geral se satisfaz e, na verdade, busca tão somente fazer com que a pena tenha essa finalidade, pois que tende a fazer com ela uma espécie de "pagamento" ou compensação ao condenado que praticou a infração penal, desde que, obviamente, a pena seja privativa de liberdade. Se ao condenado for aplicada uma pena restritiva de direitos ou mesmo a de multa, a sensação, para a sociedade, é de impunidade, pois que o homem, infelizmente, ainda se regozija com o sofrimento causado pelo aprisionamento do infrator.

A razão da adoção de uma tese minimalista, equilibrada, do Direito Penal, deixaria de lado todas as hipóteses de encarceramento que não fossem extremamente necessárias para a manutenção da sociedade.

Sarrule, com precisão, criticando o pensamento retribucionista atribuído à pena, aduz:

"O fim da pena não é atormentar o réu para anular o mal que o delito implica, porque na realidade não o anula, senão que gera uma nova espiral de violência que não pode, por suas características, retornar as coisas ao estado anterior.

A vingança implica uma paixão, e as leis, para salvar a racionalidade do direito, devem ser isentas de paixões."[3]

Como se pode perceber, os olhares dos adeptos da teoria absoluta, que pregam a retribuição do mal cometido pelo agente, ao praticar a infração penal, com o mal correspondente à pena, são dirigidos ao passado, ao passo que os seguidores da teoria relativa têm o seu foco voltado para o futuro, vale dizer, com a prevenção de novas infrações penais, sendo esta última, por isso, considerada como uma teoria *utilitarista*, que discorre a respeito da utilidade da aplicação da pena.

---

2 ROXIN, Claus. *Derecho penal* – Parte general, t. I, p. 81-82.
3 SARRULE, Oscar Emílio. *Las crisis de legitimidad del sistema jurídico penal (abolicionismo o justificación)*, p. 32.

A teoria relativa, portanto, sob o enfoque utilitarista, fundamenta-se no critério da prevenção, que se biparte em:

a) prevenção geral – negativa e positiva;

b) prevenção especial – negativa e positiva.

A prevenção geral pode ser analisada sob dois enfoques. Por meio da prevenção geral negativa, conhecida também por *prevenção por intimidação*, a pena aplicada ao autor da infração penal tende a refletir com a sociedade, fazendo com que as demais pessoas, que se encontram com os olhos voltados à condenação de um de seus pares, reflitam antes de praticar qualquer infração penal.

Segundo Hassemer, com a prevenção por intimidação:

> "existe a esperança de que os concidadãos com inclinações para a prática de crimes possam ser persuadidos, através da resposta sancionatória à violação do Direito alheio, previamente anunciada, a comportarem-se em conformidade com o Direito; esperança, enfim, de que o Direito Penal ofereça sua contribuição para o aprimoramento da sociedade."[4]

Por meio dessa vertente da prevenção geral, tida como negativa, a sociedade é advertida a respeito do Direito Penal tanto mediante ameaça da pena, em abstrato, contida na lei, como também na oportunidade em que essa mesma lei é aplicada, gerando a condenação de um de seus pares. Nesta última hipótese, o agente, na verdade, serve de *exemplo*[5] aos demais, fazendo com que a sua condenação reflita em seu meio social, levando à compreensão de todos aqueles que o cercam, ou que, pelo menos, tiveram conhecimento da sua condenação, as consequências pela prática de determinada infração penal.

Nesse sentido, prelecionam Paulo César Busato e Sandro Montes Huapaya:

> "[...] a intimidação ou coação psicológica (efeito dissuasório) pretende atuar em dois momentos: em uma primeira etapa, antes da comissão do delito, com a 'cominação penal' dirigida à generalidade das pessoas, provocando uma sensação de desagrado e impedindo a comissão do delito; e, em um segundo momento, posterior ao fato delitivo, mediante a 'execução exemplarizada da pena' e sua influência psicológica em outros, já que do contrário se esvaziaria a ameaça inicial."[6]

---

4 HASSEMER, Winfried. *Três temas de direito penal*, p. 34.

5 Merece registro a posição de Ferrajoli, quando assevera que "mais do que qualquer outra doutrina utilitarista, esta ideia da função exemplar da execução da pena dá margem, com efeito, à objeção kantiana segundo a qual nenhuma pessoa pode ser utilizada como meio para fins a ela estranhos, ainda que sociais e elogiáveis" (*Direito e razão*, p. 223).

6 BUSATO, Paulo César; HUAPAYA, Sandro Montes. *Introdução ao direto penal* – Fundamentos para um sistema penal democrático, p. 216-217.

Segundo Nilo Batista, Zaffaroni, Alagia e Slokar:

> "a lógica da dissuasão intimidatória propõe a clara utilização de uma pessoa como recurso ou instrumento empregado pelo Estado para seus próprios fins: a pessoa humana desaparece, reduzida a um meio a serviço dos fins estatais."[7]

Paulo de Souza Queiroz, dissertando sobre a segunda vertente da prevenção geral, considerada como *positiva*, afirma:

> "Para os defensores da *prevenção integradora ou positiva*, a pena presta-se não à prevenção negativa de delitos, demovendo aqueles que já tenham incorrido na prática de delito; seu propósito vai além disso: infundir, na consciência geral, a necessidade de respeito a determinados valores, exercitando a fidelidade ao direito; promovendo, em última análise, a integração social."[8]

Por outro lado, com enfoque distinto do anterior, ou seja, o da prevenção geral, existe a finalidade preventiva especial da pena, que pode também ser concebida em seus dois sentidos: positiva e negativa. Por intermédio da prevenção especial negativa, busca-se levar a efeito a neutralização daquele que praticou a infração penal, neutralização que ocorre com a sua segregação no cárcere, retirando o agente momentaneamente do convívio social, impedindo-o de praticar novas infrações penais, pelo menos na sociedade da qual foi retirado. A neutralização do agente, como se percebe, somente ocorre quando a ele for aplicada pena privativa de liberdade.

De acordo com o raciocínio da prevenção especial positiva, segundo Roxin, "a missão da pena consiste unicamente em fazer com que o autor desista de cometer futuros delitos".[9]

No escólio de Cezar Roberto Bitencourt, "a prevenção especial não busca a intimidação do grupo social nem a retribuição do fato praticado, visando apenas àquele indivíduo que já delinquiu para fazer com que não volte a transgredir as normas jurídico-penais".[10]

O art. 1º da Lei de Execução Penal afirma o caráter ressocializador da pena dizendo que "a execução penal tem por objetivo efetivar as disposições de sentença ou decisão criminal e *proporcionar condições para a harmônica integração social do condenado e do internado*".

---

7   BATISTA, Nilo; ZAFFARONI, Eugenio Raúl; ALAGIA, Alejandro; SLOKAR, Alejandro. *Direito penal brasileiro*, v. I, p. 120.
8   QUEIROZ, Paulo de Souza. *Funções do direito penal*, p. 40.
9   ROXIN, Claus. *Derecho penal* – Parte general, t. I, p. 85.
10 BITENCOURT, Cezar Roberto. *Manual de direito penal* – Parte geral, p. 81.

Para que a pena possa realizar as suas funções, Foucault preconiza a adoção de sete princípios fundamentais:

1. Princípio da correção (a detenção penal deve ter por função essencial a transformação do comportamento do indivíduo).
2. Princípio da classificação (os detentos devem ser isolados ou, pelo menos, repartidos de acordo com a gravidade penal de seu ato, mas principalmente segundo sua idade, suas disposições, as técnicas de correção que se pretende utilizar nas fases de sua transformação).
3. Princípio da modulação das penas (as penas, cujo desenrolar deve poder ser modificado segundo a individualidade dos detentos, os resultados obtidos, os progressos ou as recaídas).
4. Princípio do trabalho como obrigação e como direito (o trabalho deve ser uma das peças essenciais da transformação e da socialização progressiva dos detentos).
5. Princípio da educação penitenciária (a educação do detento é, por parte do Poder Público, ao mesmo tempo uma precaução indispensável no interesse da sociedade e uma obrigação para com o detento).
6. Princípio do controle técnico da detenção (o regime de prisão deve ser, pelo menos em parte, controlado e assumido por pessoal especializado que possua as capacidades morais e técnicas de zelar pela boa formação dos indivíduos).
7. Princípio das instituições anexas (o encarceramento deve ser acompanhado de medidas de controle e de assistência até a readaptação definitiva do antigo detento).[11]

A esses princípios eu ousaria acrescentar ainda mais um que, com certeza, a meu ver, é o mais importante de todos, qual seja: o princípio da cristandade. Deverá o condenado, pelo menos, ter o direito de conhecer a Palavra de Deus. Tal conhecimento o levará a se adaptar, com mais facilidade, às regras do cárcere, tornando-o apto a cumprir as determinações que lhe forem impostas.

Aqueles que militam perante a Justiça Criminal podem testemunhar a diferença entre um preso convertido, ou seja, que teve um encontro verdadeiro com Jesus, e aquele que não tomou essa decisão de vida.

Raramente os presos convertidos causam algum problema durante a execução de sua pena. Não se rebelam, atendem a todas as autoridades, otimizam seu tempo com trabalho, lazer e, principalmente, com o conhecimento diário das Sagradas Escrituras.

---

11 FOUCAULT, Michel. *Vigiar e punir*, p. 224-225.

Portanto, em razão da redação contida no *caput* do art. 59 do Código Penal, podemos concluir pela adoção, em nossa lei penal, de uma *teoria mista ou unificadora da pena.*

Santiago Mir Puig aduz que a luta entre as teorias acima mencionadas, que teve lugar na Alemanha, em princípios do século XX, acabou tomando uma direção *eclética,* iniciada por Merkel. Tal como a posição assumida por nossa legislação penal, Santiago Mir Puig entende que "a retribuição, a prevenção geral e a especial são distintos aspectos de um fenômeno complexo da pena".[12]

9.1. A RESSOCIALIZAÇÃO SOB O ENFOQUE DO DIREITO PENAL DO EQUILÍBRIO

Parece-nos que a sociedade não concorda, pelo menos à primeira vista, com a ressocialização do condenado. O estigma da condenação, carregado pelo egresso, o impede de retornar ao normal convívio em sociedade.

Não faz muito tempo, os meios de comunicação informaram que uma mulher, condenada pelo homicídio de uma atriz da Rede Globo, havia se matriculado em uma Faculdade de Direito no Estado do Rio de Janeiro. Para nossa surpresa, os alunos, que com ela estudariam, abandonaram a sala de aula, sob o argumento de que não seriam colegas de uma "homicida". Ora, será que aquela condenada, ao fazer a prova de vestibular, matriculando-se numa Faculdade de Direito, queria buscar a sua tão almejada ressocialização, depois de já ter cumprido o tempo de condenação que lhe fora imposto pelo Estado?

Não somente esse caso demonstra que a sociedade não está preparada para receber o egresso. Quando surgem os movimentos de reinserção social, quando algumas pessoas se mobilizam no sentido de conseguir emprego para os egressos, a sociedade trabalhadora se rebela, sob o seguinte argumento: "Se 'nós', que nunca fomos condenados por praticar qualquer infração penal, sofremos com o desemprego, por que justamente aquele que descumpriu as regras sociais de maior gravidade deverá merecer atenção especial? Sob esse enfoque, é o argumento, seria melhor praticar infração penal, pois que ao término da pena já teríamos lugar certo para trabalhar![13]"

E as discussões não param por aí. Como o Estado quer levar a efeito o programa de ressocialização do condenado se não cumpre as funções sociais que lhe são atribuídas pela Constituição Federal? De que adianta ensinar um ofício ao condenado durante o cumprimento de sua pena se, ao ser colocado em liberdade, não conseguirá emprego e, o que é pior, muitas vezes voltará ao

---
12 MIR PUIG, Santiago. *Derecho penal* – Parte general, p. 56.
13 Vide Resolução no 96, de 27 de outubro de 2009, do Conselho Nacional de Justiça (CNJ).

mesmo ambiente que lhe propiciou o ingresso na "vida do crime"? O Estado não educa, não fornece habitação para a população carente e miserável, não se preocupa com a saúde de sua população; enfim, é negligente em todos os aspectos fundamentais para que se preserve a dignidade da pessoa humana.

A ideia minimalista aliviaria o problema da ressocialização. Sabemos que quanto maior o número de condenações que conduzam ao efetivo cumprimento da pena de privação de liberdade, maiores serão os problemas posteriores.

Raúl Cervini preleciona:

> "A prisão, como sanção penal de imposição generalizada não é uma instituição antiga e que as razões históricas para manter uma pessoa reclusa foram, a princípio, o desejo de que mediante a privação da liberdade retribuísse à sociedade o mal causado por sua conduta inadequada; mais tarde, obrigá-la a frear seus impulsos antisociais e mais recentemente o propósito teórico de reabilitá-la. Atualmente, nenhum especialista entende que as instituições de custódia estejam desenvolvendo as atividades de reabilitação e correção que a sociedade lhes atribui. O fenômeno da prisonização ou aculturação do detento, a potencialidade criminalizante do meio carcerário que condiciona futuras carreiras criminais (fenômeno de contágio), os efeitos da estigmatização, a transferência da pena e outras características próprias de toda instituição total inibem qualquer possibilidade de tratamento eficaz e as próprias cifras de reincidência são por si só eloquentes. Ademais, a carência de meios, instalações e pessoal capacitado agravam esse terrível panorama."[14]

Nilo Batista, Zaffaroni, Alagia e Slokar apontam, ainda:

> "Os riscos de homicídio e suicídio em prisões são mais de dez vezes superiores aos da vida em liberdade, em meio a uma violenta realidade de motins, abusos sexuais, corrupção, carências médicas, alimentares e higiênicas, além de contaminações devido a infecções, algumas mortais, em quase 80% dos presos provisórios. Assim, a prisonização é feita para além da sentença, na forma de pena corporal e eventualmente de morte, o que leva ao paradoxo da impossibilidade estrutural da teoria. Quando uma instituição não cumpre sua função, por regra não

---

14 CERVINI, Raúl. *Os processos de descriminalização*, p. 46.

deve ser empregada. Na realidade paradoxal do continente latino-americano, as penas não deveriam ser impostas se se mantivesse, coerentemente, a tese preventista especial positiva. A circunstância de que sequer seja mencionada tal possibilidade prova que prevenção especial não passa de um elemento do discurso."[15]

Merece destaque a lição de Gevan de Carvalho Almeida, quando afirma:

"Ingressando na prisão, o condenado se 'socializa', isto é, aprende a viver em uma nova sociedade que tem leis próprias, classes, e uma rígida hierarquia que ele se vê na contingência de respeitar até por uma questão de sobrevivência. É o chamado fenômeno da 'prisonização', que atinge inclusive os funcionários do sistema penitenciário que convivem com os presos. Aos poucos, sem que percebam, vão adquirindo sua linguagem, o jargão próprio dos presidiários, que finda sendo usado até pelos médicos, assistentes sociais, psicólogos e outros profissionais."[16]

Se não bastasse, quando se discute a respeito da função ressocializadora da pena, além das críticas anteriores, que, na verdade, apontam para direção completamente oposta quando o preso é obrigado a conviver no ambiente depressivo, humilhante e degradante do cárcere, um dos maiores desafios consiste, justamente, em definir o que se quer dizer com *ressocialização*.

Winfried Hassemer, professor da Universidade de Frankfurt, arguiu:

"O que realmente se quer atingir com o fim apontado: uma vida exterior conforme ao Direito, ou só conforme o Direito Penal (?), uma 'conversão' também interna, uma 'cura', um consentimento (?) com as normas sociais/jurídicas/penais (?) de nossa sociedade? A resposta ainda está pendente. Sem uma determinação clara e vinculante, nenhum programa de recuperação, a rigor, se justifica."[17]

Ferrajoli ainda complementa, dizendo:

"Na medida em que seja realizável, a finalidade da correção coativa da pessoa constitui, portanto, uma finalidade moralmente inaceitável como justificação externa da pena,

---

15 BATISTA, Nilo; ZAFFARONI, Eugenio Raúl; ALAGIA, Alejandro; SLOKAR, Alejandro. *Direito penal brasileiro*, v. I, p. 126.
16 ALMEIDA, Gevan de Carvalho. *O crime nosso de cada dia*, p. 110.
17 HASSEMER, Winfried. *Três temas de direito penal*, p. 39.

além de violar o primeiro direito de todo e qualquer homem, que é a liberdade de ser ele próprio e de permanecer como é."[18]

Na verdade, não se pode generalizar o termo *ressocialização*, razão pela qual o processo de individualização da pena existe. Aquele condenado que nunca aprendeu um ofício externamente, enquanto gozava de sua liberdade, talvez desperte interesse em aprendê-lo no sistema penitenciário. Se não tinha instrução básica, não sabia ler ou escrever, ou mesmo se, tendo algum conhecimento, isso era insuficiente para colocá-lo no mercado de trabalho, talvez o sistema possa ajudá-lo de alguma forma.

Contudo, há outros presos com nível superior, formação acadêmica, intelectual e profissional invejáveis. O que fazer com eles? Ensinar-lhes o ofício da marcenaria? Ou, quem sabe, a informática? É claro que se tentarmos forçar-lhes esse tipo de trabalho manual estaríamos incorrendo em situação ridícula.

Cada preso tem sua particularidade, sua individualidade, não podendo ser confundido com os demais. Para alguns, a ressocialização, entendida no sentido de educação e habilitação para a prática de um ofício, seria um passo importante visando ao futuro egresso. A sua especialização em determinada área de trabalho faria com que sua mão de obra se tornasse competitiva, mesmo sendo vista com reservas, considerando que ele traz consigo as marcas do cárcere, ou seja, o efeito estigmatizante que dificilmente será esquecido, até que efetivamente demonstre o seu valor.

Por outro lado, o que fazer com aqueles condenados altamente "sociáveis" que praticaram infrações penais que envolviam uma capacidade de inteligência elevada? Para esses, a pena não alcançaria o seu efeito ressocializador, pois, na verdade, foram eles retirados do seio da sociedade para a qual estavam plenamente habilitados. Para esse tipo de condenado, a pena não alcançaria esse efeito ressocializador, mas tão somente aquele de natureza segregadora.

Enfim, os problemas parecem insolúveis. Contudo, podem ser minimizados, evitando-se condenações desnecessárias, por fatos de somenos importância, que têm o condão de tão somente aumentar as angústias sociais.

Concordamos com Cezar Roberto Bitencourt quando professa:

> "O conceito de ressocialização deve ser submetido necessariamente a novos debates e a novas definições. É preciso reconhecer que a pena privativa de liberdade é um instrumento, talvez dos mais graves, com que conta o Estado para preservar a vida social de um grupo determinado. Este tipo de pena, contudo, não resolveu o problema da ressocialização do delinquente: a prisão não ressocializa.

---

[18] FERRAJOLI, Luigi. *Direito e razão*, p. 220.

As tentativas para eliminar as penas privativas de liberdade continuam. A pretendida ressocialização deve sofrer profunda revisão."[19]

Por isso, outra alternativa não nos resta a não ser a adoção de um Direito Penal do Equilíbrio, fazendo com que seja diminuído o número de condenações, cujos reflexos, consequentemente, também diminuirão após o efetivo cumprimento da pena.

---
19 BITENCOURT, Cezar Roberto. *Falência da pena de prisão*, p. 132.

Capítulo 10
Conclusão

Por tudo o que foi exposto, percebe-se que os discursos extremados, vale dizer, o abolicionista, que busca a eliminação completa do Sistema Penal, bem como o movimento de lei e ordem, que prega a aplicação de um Direito Penal Máximo, partem de pressupostos equivocados e completamente antagônicos entre si.

Os abolicionistas, com fundamento no princípio da dignidade da pessoa humana, acreditam firmemente na ideia do completo afastamento do Sistema Penal, uma vez que entendem, mediante inúmeros argumentos – crueldade, seletividade, cifra negra etc. –, que os outros ramos do ordenamento jurídico, a exemplo do civil, do administrativo, do tributário, conseguem, perfeitamente, resolver todos os nossos conflitos interindividuais, sem a necessidade da intervenção drástica do Direito Penal, juntamente com todo o sistema que lhe é inerente.

Os adeptos do Direito Penal Máximo equivocam-se, também, em razão de falsidade dos seus discursos, uma vez que, apontando como sua finalidade a proteção de qualquer bem jurídico, tenha ou não valor relevante, utilizam a ferramenta do Direito Penal com o fim de ocupar o papel de educadores, buscando resolver todos os problemas sociais, por menores que sejam, com o terror da pena, fazendo com que o Direito Penal seja reconhecidamente simbólico.

A transformação do Estado Social em um Estado Penal deu origem ao discurso equivocado do Direito Penal Máximo.

Entretanto, ocupando uma posição intermediária, encontra-se o Direito Penal do Equilíbrio, que procura resolver os conflitos sociais com seriedade, buscando somente proteger os bens mais importantes e necessários ao convívio em sociedade. Preserva, portanto, o princípio constitucional da dignidade da pessoa humana, uma vez que somente intervém no direito de liberdade de seus cidadãos nos casos estritamente necessários, pois que sem essa intervenção ocorreria o caos social.

Para tanto, para se reconhecer o Direito Penal do Equilíbrio, seus princípios fundamentais devem ser obedecidos tanto no momento da criação da lei quanto no da sua efetiva aplicação. Alguns princípios de observância obrigatória, a exemplo da intervenção mínima, lesividade e adequação social, individualização da pena, proporcionalidade, deverão merecer a atenção do legislador no momento da criação da figura típica. Outros, como os princípios da insignificância e da culpabilidade, terão sua aplicação dirigida mais ao caso concreto trazido ao crivo do Poder Judiciário.

Sob o enfoque minimalista, a chamada principiologia do Direito Penal exerce papel fundamental, sendo basicamente todos os princípios originários daquele princípio maior, que é o da dignidade da pessoa humana, fruto de conquista do Século das Luzes.

Embora o Direito Penal do Equilíbrio seja, segundo entendemos, a melhor e mais razoável posição a ser assumida em um Estado Democrático de Direito, sabemos também que a utilização do Direito Penal não deverá ser realizada em substituição ao Estado Social. Mesmo sob um enfoque minimalista, o Direito Penal não pode ter a pretensão de tentar resolver todos os problemas, até os mais graves, que afligem a sociedade.

Também é verdade que, mesmo o Estado se esforçando ao máximo para cumprir suas funções sociais, ainda assim teríamos o cometimento de infrações penais, pois que, se voltarmos à história da humanidade, após o pecado original, a primeira infração penal de natureza grave cometida não tinha qualquer ligação com necessidades básicas do cidadão.

Quando Caim matou Abel, o homicídio foi praticado por pura inveja, egoísmo; enfim, sentimentos que dizem respeito ao ser humano, tenha ele ou não condições sociais dignas.

A finalidade, portanto, de um Direito Penal do Equilíbrio é evitar a aplicação desnecessária e cruel do mais forte de todos os ramos do ordenamento jurídico, com todas as suas sequelas, que por todos são conhecidas, a exemplo da estigmatização do egresso, das dificuldades de sua reinserção ao convívio em sociedade, da sua marginalização, pois que a prisão, ao invés de ressocializar, corrompe o condenado.

Assim, a ideia de discorrer sobre tema tão empolgante teve por finalidade fazer com que as autoridades despertem para a realidade do Direito Penal, mostrando ser ele, efetivamente, *seletivo*, pois que recai, como regra, tão somente sobre a parcela mais excluída da sociedade.

Uma tomada de posição equilibrada fará com que sejam abolidas todas as contravenções que, por definição, tocam a proteção de bens não tão importantes quanto aqueles protegidos pelos delitos/crimes. Não somente as contravenções penais, mas todas as infrações penais que não atenderem aos princípios fundamentais do Direito Penal do Equilíbrio devem ser eliminadas, para que se possa chegar à pureza do sistema, a fim de que a Justiça, aqui compreendida no sentido amplo, com todas as suas implicações, possa realmente se comprometer com aquilo que seja importante para a sociedade, deixando de lado tudo que não goze do *status* exigido pelo Direito Penal.

Nossos legisladores são verdadeiros colecionadores de tipos penais. Nos termos de um processo nefasto de inflação legislativa, a cada dia novas infrações penais são criadas, proibindo ou impondo novos comportamentos sob a ameaça de sanção penal. Contudo, embora a toda hora venham à luz novas infrações penais, aquelas antigas, que não retratam mais a realidade da sociedade, cuja existência também não mais se justifica, ainda permanecem no catálogo repressivo, estando a postos toda vez que alguém, por infelicidade, recordar-se da sua existência para, numa situação ou outra, valer-se da ameaça da pena com o fim de justificar atos de arbitrariedade.

Já vivemos suficientemente o problema da inflação legislativa. A hora é de mudança, de coragem para a adoção de um sistema diferente, garantista, que procure preocupar-se com o princípio da dignidade da pessoa humana, que consiga enxergar em outros ramos do ordenamento jurídico força suficiente para a resolução dos conflitos sociais de somenos importância.

Concluindo, já é hora – na verdade, já passou da hora – de ser adotado um Direito Penal do Equilíbrio, por meio do qual o Estado perderá seus poderes de coerção em benefício do direito de liberdade de seus cidadãos.

Referências

ALMEIDA, Gevan de Carvalho. *O crime nosso de cada dia*. Rio de Janeiro: Impetus, 2004.

AMARAL, Cláudio do Prado. Princípios penais – Da legalidade à culpabilidade. *Revista do IBCCRIM*, São Paulo, 2003. v. 24.

ARÚS, Francisco Bueno. *La ciencia del derecho penal – Un modelo de inseguridad jurídica*. Madrid: Civitas, 2005.

BARCELLOS, Ana Paula de. *A eficácia jurídica dos princípios constitucionais*. Rio de Janeiro: Renovar, 2002.

BARROS, Flávio Augusto Monteiro de. *Direito penal – Parte geral*. São Paulo: Saraiva, 1999.

BATISTA JÚNIOR, Onofre Alves. *O poder de polícia fiscal*. Belo Horizonte: Mandamentos, 2001.

BATISTA, Nilo. *Introdução crítica ao direito penal*. Rio de Janeiro: Revan, 1996.

BATISTA, Nilo; ZAFFARONI, Eugenio Raul; ALAGIA, Alejandro; SLOKAR, Alejandro. *Direito penal brasileiro*. Rio de Janeiro: Revan, 2003, v. I.

BECCARIA, Cesare. *Dos delitos e das penas*. São Paulo: RT, 1999.

BIANCHINI, Alice. *Pressupostos materiais mínimos da tutela penal*. São Paulo: Editora Revista dos Tribunais, 2002.

BITENCOURT, Cezar Roberto. *Falência da pena de prisão*. São Paulo: Editora Revista dos Tribunais, 1993.

BITENCOURT, Cezar Roberto. *Manual de direito penal*. São Paulo: Saraiva, 2000.

BOBBIO, Norberto. *Teoria do ordenamento jurídico*. Brasília: Editora UnB, 1982.

BONAVIDES, Paulo. *Curso de direito constitucional*. São Paulo: Malheiros, 1998.

BOSCHI, José Antonio Paganella. *Das penas e seus critérios de aplicação*. Porto Alegre: Livraria do Advogado, 2002.

BUSATO, Paulo César; HUAPAYA, Sandro Montes. *Introdução ao direito penal – Fundamentos para um sistema penal democrático*. Rio de Janeiro: Lumen Juris, 2003.

BUSTOS RAMIREZ, Juan; HORMAZÁBAL MALARÉE, Hernan. *Leciones de derecho penal*. Madrid: Trotta, 1997.

BUSTOS RAMIREZ, Juan; HORMAZÁBAL MALARÉE, Hernan. *Nuevo sistema de derecho penal*. Madrid: Trotta, 2004.

CABETTE, Eduardo Luiz Santos; NAHUR, Marcius Tadeu Maciel. *Direito Penal do Inimigo e teoria do mimetismo – uma abordagem soba ótica girardiana*. Porto Alegre: Nuria Fabris Editora, 2014.

CABETTE, Eduardo Luiz Santos; NAHUR, Marcius Tadeu Maciel. *Direito Penal do Inimigo e teoria do mimetismo* – uma abordagem soba ótica girardiana. Porto Alegre: Nuria Fabris Editora, 2014.

CALHAU, Lélio Braga. *Vítima e direito penal*. Belo Horizonte: Mandamentos, 2002.

CANOTILHO, José Joaquim Gomes. *Direito constitucional e teoria da Constituição*. Coimbra: Almedina, 2002.

CARRARA, Francesco. *Programa do curso de direito criminal*. Campinas: LZN, 2002, v. II.

CERVINI, Raúl. *Os processos de descriminalização*. São Paulo: Editora Revista dos tribunais, 1995.

CHAMPLIN, Russel Norman; BENTES, João Marques. *Enciclopédia de bíblia, teologia e filosofia*. São Paulo: Candeia, 1997.

CHOUKR, Fausi Hassan. *Processo penal de emergência*. Rio de Janeiro: Lumen Juris, 2002.

CIOTOLA, Marcello. *Princípios gerais de direito e princípios constitucionais* – Os princípios da constituição de 1988. Rio de Janeiro: Lumen Juris, 2001.

COBO DEL ROSAL, Manuel; VIVES ANTÓN, Tomás S. *Derecho penal* – Parte general. Valencia: Tirant lo Blanch, 1999.

COMPARATO, Fábio Konder. *A afirmação histórica dos direitos humanos*. São Paulo: Saraiva, 2001.

CÓRDOBA RODA, Juan. *Culpabilidad y pena*. Barcelona: Boschi, 1977.

CORNEJO, Abel. *Teoría de la insignificância*. Buenos Aires: Ad-Hoc, 1997.

CREUS, Carlos. *Esquema de derecho penal* – Parte general. Buenos Aires: Astrea, 1993.

CURY URZÚA, Henrique. *Derecho penal* – Parte general. Santiago: Editorial Jurídica de Chile, 1982. t. I.

DAHRENDORF, Ralf. *A lei e a ordem*. Rio de Janeiro: Instituto Liberal, 1997.

DANTAS, Ivo. *Princípios constitucionais e interpretação constitucional*. Rio de Janeiro: Lumen Juris, 1995.

DAMÁSIO, Celuy Roberta Hundzinski. Luta contra a excisão. *Revista Espaço Acadêmico*, Ano I, n. 03. Disponível em: <www.espacoacademico.com.br>.

DELGADO, Lucrecio Rebollo. *Derechos fundamentales y proteción de datos*. Madrid: Dykinson, 2004.

DIAS, Jorge de Figueiredo; ANDRADE, Manuel da Costa. *Criminologia* – O homem delinquente e a sociedade criminógena. Coimbra: Coimbra Editora, 1997.

DONNA, Edgardo Alberto. *Derecho penal* – parte general, Fundamentos – Teoría de la ley penal. Buenos Aires: Rubinzal-Culzoni Editores, 2008. t. I.

DORNELLES, João Ricardo W. *Conflitos e segurança* – Entre pombos e falcões. Rio de Janeiro: Lumen Juris, 2003.

DOTTI, René Ariel. *Casos criminais célebres*. São Paulo: Editora Revista dos tribunais, 2003.

____. *Curso de direito penal* – Parte geral. Rio de Janeiro: Forense, 2001.

ESPÍNDOLA, Ruy Samuel. *Conceito de princípios constitucionais*. São Paulo: Editora Revista dos Tribunais, 2002.

ESQUERDO VAELLO, Esperanza. *Introducción al derecho penal*. San Vicente del Raspeig: Universidad de Alicante, 2002.

ESTEFAM, André. *Direito penal* – Parte geral. São Paulo: Saraiva, 2010.

FERNANDES, Newton; FERNANDES, Valter. *Criminologia integrada*. São Paulo: Editora Revista dos Tribunais, 2002.

FERRAJOLI, Luigi. *Direito e razão*. São Paulo: Editora Revista dos Tribunais, 2002.

FERREIRA, Manuel Cavaleiro de. *Lições de direito penal*. Lisboa: Verbo, 1992.

FLETCHER, George P. *Las victimas ante el jurado*. Valencia. Tirant lo Blanch, 1997.

FOUCAULT. Michel. *Vigiar e punir*. Petrópolis: Vozes, 1975.

GARRIDO, Vicente; STANGELAND, Per; REDONDO, Santiago. *Princípios de criminologia*. Valencia: Tirant lo Blanch, 2001.

GARÓFALO, Raphaele. *Criminologia*. Lisboa: Clássica, 1916.

GOMES, Luiz Flávio. *Norma e bem jurídico no direito penal*. São Paulo: Editora Revista dos Tribunais, 2002.

____. *Princípio da ofensividade no direito penal*. São Paulo: Editora Revista dos Tribunais, 2002.

GRECO, Rogério. *Código penal comentado*. Rio de Janeiro: Impetus, 2008.

____. *Curso de direito penal* – Parte geral. Rio de Janeiro: Impetus, 2008. v. 1.

____. *Curso de direito penal* – Parte especial. Rio de Janeiro: Impetus, 2008. v. 2.

____. *Curso de direito penal* – Parte especial. Rio de Janeiro: Impetus, 2008. v. 3.

____. *Curso de direito penal* – Parte especial. Rio de Janeiro: Impetus, 2008. v. 4.

____. *Código penal comentado* – Doutrina e jurisprudência. Rio de Janeiro: Impetus, 2008.

HASSEMER, Winfried. *Três temas de direito penal*. Porto Alegre: Fundação Escola Superior do Ministério Público, 1993.

HASSEMER, Winfried; MUÑOZ CONDE, Francisco. *Introducción a la criminología*. Valencia: Tirant lo Blanch, 2001.

HOBSBAWM, Eric. *Era dos extremos*. São Paulo: Companhia das Letras, 2001.

HULSMAN, Louk; DE CELIS, Jacqueline Bernart. *Penas perdidas* – O sistema penal em questão. Niterói: Luam, 1993.

HUNGRIA, Nelson. *Comentários ao código penal*. Rio de Janeiro: Forense, 1958. v. I, t. I.

JAKOBS, Günther. *Derecho penal* – Parte general. Madri: Marcial Pons, 1997.

JAKOBS, Güinther; CANCIO MELIÁ, Manuel. *Derecho penal del enemigo*. Madrid: Civitas, 2003.

JIMÉNEZ, Emiliano Borja. *Curso de política criminal*. Valencia: Tirant lo Blanch, 2003.

JIMÉNEZ DE ASÚA, Luiz. *Princípios de derecho penal – La ley e el delito*. Buenos Aires: Abeledo-Perrot, 1958.

KARAM, Maria Lúcia. Utopia transformadora e abolição do sistema penal. *In*: PASSETI, Edson; SILVA, Roberto B. Dias da. *Conversações abolicionistas – Uma crítica do sistema penal e da sociedade punitiva*. São Paulo: IBCCRIM, 1997. v. 4.

LEIRIA, Antônio José Fabrício. *Teoria e aplicação da lei penal*. São Paulo: Saraiva, 1981.

LOPES, Maurício Antônio Ribeiro. *Princípio da insignificância no direito penal*. São Paulo: Editora Revista dos Tribunais, 1997.

LUISI, Luiz. *Os princípios constitucionais penais*. Porto Alegre: Fabris, 1991.

MARCHI JÚNIOR, Antônio de Padova. *Abolicionismo criminal*. Disponível em: <www.direitopenal.adv.br>.

MATHIESEN, Thomas. *A caminho do século XXI – Abolição, um sonho impossível? – Conversações abolicionistas*. São Paulo: IBCCRIM, 1997. v. 4.

MAURACH, Reinhart; ZIPF, Heinz. *Derecho penal – Parte general*. Buenos Aires: Astrea, 1994.

MELLO, Celso Antônio Bandeira de. *Curso de direito administrativo*. São Paulo: Malheiros, 1994.

MEZGER, Edmundo. *Tratado de derecho penal*. Madrid: Editorial Revista de Derecho Privado, 1935.

MIR PUIG, Santiago. *Derecho penal – Parte general*. Madrid: Reppertor, 1996.

MIRABETE, Julio Fabbrini. *Execução penal*. São Paulo: Atlas, 2002.

MUÑOZ CONDE, Francisco. *Edmund Mezger y el derecho penal de su tiempo*. 4. ed. Valencia: Tirant lo Blanch, 2003.

NETO, Otávio Cruz; MOREIRA, Marcelo Rasga; SUCENA, Luiz Fernando Mazzei. *Nem soldados, nem inocentes*. Rio de Janeiro: Fiocruz, 2001.

OLIVEIRA, Edmundo. *O futuro alternativo das prisões*. Rio de Janeiro: Forense, 2002.

OLIVEIRA, Fábio Corrêa Souza de. *Por uma teoria dos princípios – O princípio constitucional da razoabilidade*. Rio de Janeiro: Lumen Juris, 2003.

OLIVEIRA, Onivan Elias de. Material utilizado em sala de aula no Curso de Negociação e Gerenciamento de Crise, ministrado pela Policia Militar do Estado da Paraíba, 2011.

OSNA, Gustavo. *Three strikes and you're out – Encarceramento, seletividade e exclusão à luz da sistemática californiana*. Universidade Federal do Paraná.

PABLOS DE MOLINA; Antonio García; GOMES, Luiz Flávio. *Criminologia*. São Paulo: Editora Revista dos Tribunais, 2000.

PACHECO, Rodolfo. *Gerenciando crises.* Estado do Rio Grande do Sul. Secretaria da Justiça e Segurança Pública. Brasília: Secretaria da Justiça e Segurança Pública, 2009.

PALAZZO, Francesco. *Valores constitucionais e direito penal.* Porto Alegre: Fabris, 1989.

PANDOLFI, Dulce Chaves. *Cidadania, justiça e violência* – Percepção dos direitos e participação social. Rio de Janeiro: Fundação Getúlio Vargas, 1999.

PARMA, Carlos. *Culpabilidad:* lineamientos para su estudio. Mendoza: Cuyo, 1997.

PASCHOAL, Janaína Conceição. *Constituição, criminalização e direito penal mínimo.* São Paulo: Editora Revista dos Tribunais, 2003.

PEIXINHO, Manoel Messias. *A interpretação da Constituição e os princípios fundamentais.* Rio de Janeiro: Lumen Juris, 2000.

PRADO, Luiz Régis. *Bem jurídico-penal e constituição.* São Paulo: Editora Revista dos Tribunais, 1996.

QUEIROZ, Paulo de Souza. *Do caráter subsidiário do direito penal.* Belo Horizonte: Del Rey, 1998.

QUEIROZ, Paulo de Souza. *Funções do direito penal.* Belo Horizonte: Del Rey, 2001.

REVISTA HISTÓRIA Y VIDA. Barcelona: Mundo Revistas, n. 436, 2004.

ROXIN, Claus. *Derecho penal* – Parte general. Madrid: Civitas, 1997.

RUBIN, Daniel Sperb. *Janelas quebradas, tolerância zero e criminalidade.* Disponível em: <http://jus.uol.com.br/revista/texto/3730>.

SÁNCHEZ, Olga Martínez. *Los principios en el derecho y la dogmática penal.* Madrid: Dykinson, 2004.

SANTOS, Juarez Cirino. *A moderna teoria do fato punível.* Rio de Janeiro: Freitas Bastos, 2000.

SARLET, Ingo Wolfgang. *Dignidade da pessoa humana e direitos fundamentais.* Porto Alegre: Livraria do Advogado, 2001.

SARRULE, Oscar Emílio. *Las crisis de legitimidad del sistema jurídico penal* – abolicionismo o justificación. Buenos Aires: Editorial Universidad, 1998.

SICA, Leonardo. *Direito penal de emergência e alternativas à prisão.* São Paulo: Editora Revista dos Tribunais, 2002.

SILVA, Carlos Augusto Canêdo Gonçalves da. *O genocídio como crime internacional.* Belo Horizonte: Del Rey, 1999.

SILVA, Ivan Luiz da. *Crime organizado* – Aspectos jurídicos e criminológicos. Belo Horizonte: Ciência Jurídica, 1998.

SILVA SÁNCHEZ, Jésus-Maria. *La expansión del derecho penal.* 2. ed. Madrid: Civitas, 2001.

SILVESTRONI, Mariano H. *Teoría constitucional del delito*. Buenos Aires: Editores del Puerto, 2004.

SODRÉ, Moniz. *As três escolas penais.* Rio de Janeiro: Freitas Bastos, 1955.

STRECK, Lênio Luiz. A dupla face do princípio da proporcionalidade: da proibição de excesso *(Übermassverbot)* à proibição de proteção deficiente *(Untermassverbot)* ou de como não háblindagem contra normas penais inconstitucionais. *Revista da Ajuris*, Ano XXXII.

TAVARES, Juarez. Critérios de seleção de crimes e cominação de penas. *Revista Brasileira de Ciência Criminais*, número especial de lançamento, São Paulo, 1992.

TOLEDO, Francisco de Assis. *Princípios básicos de direito penal*. São Paulo: Saraiva, 1994.

WACQUANT, Löic. *As prisões da miséria.* Rio de Janeiro: Zahar, 1999.

WELZEL, Hans. *Derecho penal alemán.* Santiago: Jurídica de Chile, 1993.

YACOBUCCI, Guilhermo J. *El sentido de los principios penales.* Buenos Aires: Depalma, 1998.

YOUNG, Jock. *A sociedade excludente*. Rio de Janeiro: Revan, 2002.

ZAFFARONI, Eugenio Raul. *Manual de derecho penal* – Parte general. Buenos Aires: Ediar, 1996.

ZAFFARONI, Eugenio Raul. *Tratado de derecho penal* – Parte general. Buenos Aires: Ediar.

Índice Remissivo

A

abolição da pena de morte 130
abolicionismo 5, 8, 12
abolitio criminis 148
aborto 39
aborto eugênico 39
aborto praticado por médico 39
adultério 39
agravantes 150
analogia 149, 150
analogia in bonam partem 150, 151, 153
analogia in malam partem 149-151
antijuridicidade 106
antijuridicidade material 105
antinormatividade 103
antropologia 37
aplicação da pena 34
arrependimento posterior 40
associacionismo 48
atavismo 47
atipicidade 33, 102
ato administrativo 90
ato obsceno 32, 98, 99
atos preparatórios 96

B

banimento 7, 34, 87, 128, 134, 135
beijo lascivo 99
bem jurídico 79
bullying 50

C

campos de concentração 27, 28
causa de justificação 99, 104
causa de justificação de cará ter consuetudinário 97
causa especial de aumento de pena 148, 151
causas da delinquência juvenil 45
causas de aumento de pena 150
cifra negra 8, 9, 15, 179
circunstâncias atenuantes e agravantes 111
circunstâncias judiciais 111, 141
classificação do condenado 112
cláusula pétrea 137
código penal militar 131
cogitação 96
cominação 34, 109, 128
comissão técnica de classificação 112
comportamento delitivo 37-39, 53
composição dos danos 40
comunicação de massa 1
conceito analítico de crime 139, 143
conselho nacional de política criminal e penitenciária 158
consertando as janelas quebradas 18
constitucional de direito 2
contravenções penais 3, 79, 95, 181
controle social 40
controle social formal 49
controle social informal 44

convenção americana sobre direitos humanos 129, 130
costume 149
costume ab-rogativo 149
costume contra, extra ou *ultra legem* 149
costume integrativo, subsidiário ou elucidativo da norma penal (costume *intra legem*) 149
costumes 98, 148-150
criação dos tipos penais 83, 94, 155
crime de bagatela 106
crime organizado 166
crimes ambientais 89
crimes contra a vida 109
crimes contra os costumes 165
crimes de colarinho branco 9
crimes hediondos 86
criminalidade de bagatela 102
criminalidade não aparente 167
criminalidade organizada 2, 165
criminalidade violenta 164, 167
criminalização 31, 32
criminalização primária 157, 161
criminalização secundária 157, 161
criminologia 28, 37, 38, 40, 46, 138
criminosonato 46
cristianismo 69
critério trifásico 111
culpabilidade 27, 38, 42, 100, 105, 106, 122, 137, 139, 140, 142, 143

D

declaração dos direitos do homem e do cidadão 71, 91
decretos legislativos 145
deflação legislativa 4
degredo 135
delinquente habitual 27, 28
delinquente ocasional 27
delitos de bagatela 101
delitos de perigo abstrato 95
deportação 135
desterro 135
desvio primário 50
desvio secundário 50
devido processo legal 7
dignidade da pessoa humana 69-71, 73, 91
direito constitucional 5
direito natural 62, 63, 144
direito penal de emergência 13, 21, 158
direito penal do autor 26
direito penal do cidadão 23
direito penal do equilíbrio 1-5, 30, 64, 77, 89, 100, 104, 107, 108, 143, 167, 178-181
direito penal do fato 26
direito penal do iluminismo 78
direito penal do inimigo 23-25, 27, 29
direito penal do risco 36
direito penal máximo 1, 2, 12, 15, 16, 23, 29, 100, 179
direito penal mínimo 2, 5, 11, 30-32, 35, 81
direito penal moderno 36, 78, 142
direito penal objetivo 4
direito penal positivo 4
direito penal simbólico 13, 163
direitos do preso 133
direitos e garantias fundamentais 163
direitos e garantias individuais 2

direitos fundamentais 2, 3, 84, 85, 129
direitos humanos 2, 65, 72, 84, 164
direitos naturais 91
direitos sociais 163
dos delitos e das penas 1

E
elementos normativos culturais 156
elementos normativos do tipo 156
elementos normativos jurídicos 155
embriaguez 95
erro judiciário 130
escola biológica 47
escola biológica da criminologia 46
escola clássica 41, 42
escola de chicago 43, 49
escola ecológica 54
escola italiana 46
escutas telefônicas 75
estado democrático de direito 73, 180
estado natural 24
estado pararelo 25
estado penal 6, 13
estado social 6, 13
estupro 165
excisão 70
excisão mínima 70
execução da pena 34
executoriedade 90, 91

F
fascismo 132
fato de bagatela 106

filosofia do direito 63
fixing broken windows 18
funções da pena 122
fundamentos da república 128

G
grupos terroristas 23
guerra declarada 7

H
habeas corpus 135

I
ilicitude 38, 100, 104-106, 140
individualização da execução penal 111
individualização da pena 33, 34
individualização das penas 108, 110
infibulação 70
inflação legislativa 1, 17, 81, 159, 163, 181
inquisição 92
interpretação dos tipos penais 32, 77, 97, 148, 150
intranscendência da pena 34
investigação criminal 23
ius puniendi 10, 35, 86, 158

J
jogo do bicho 32, 99
juizados especiais criminais 25
juízo de censura 11, 17, 118, 122, 137, 138, 141, 143

juízo de culpabilidade 139, 141

juízo de valor 76

jusnaturalismo 63

jus puniendi 157

morte-suplício 136

movimento abolicionista 7, 9, 12

movimento de lei e ordem 5, 12, 15-18, 132, 179

L

lacuna involuntária 152

lacuna voluntária 152

legalidade formal 35, 154

legalidade material 35, 154

lei ambiental 90

lei complementar 146

lei de execução penal 111, 133, 134, 160, 172

lei de introdução ao código civil 62

lei dos juizados especiais criminais 25

lei ordinária 146

leis complementares 145

leis da imitação 48

leis delegadas 145

leis ordinárias 145

limite negativo ao direito penal 86, 127

limite positivo ao direito penal 84, 127

livre-arbítrio 42

M

magna carta inglesa 143

majorante 111, 148

medicina forense 37

medicina legal 46

medida de segurança 27, 118

medidas provisórias 145

minorantes 111

N

nações unidas 72

neocriminalização 1

neopenalização 1

neutralização ou da deriva 44

nexo de causalidade 103

norma penal em sentido estrito 108

novatio legis in mellius 147

O

objeto jurídico do delito 78

organização criminosa 23

organização internacional do trabalho 133

P

pena-base 111, 141

pena de caráter perpétuo 131

pena de morte 3, 7, 12, 70, 81, 87, 129-131

pena de trabalhos forçados 132

pena necessária 123

pena privativa de liberdade 24

penas cruéis 7, 135, 137

penas pecuniárias 126

penas privativas de liberdade 125

penas restritivas de direitos 25, 125

penas substitutivas 16

Índice Remissivo

pena suficiente 121, 123
perdão judicial 120
perdimento de bens 6
perigosidade 27
período iluminista 69, 136
pluralismo político 73
poder de polícia 88, 90
política criminal 39
ponderação de bens ou interesses 75
positivismo 46, 63
preceito primário 104, 108
preceito secundário 108, 118, 128
predisposições agressivas 46
prestação pecuniária 126
presunção de inocência 42
presunção de legitimidade 90
prevenção especial 13, 112, 171, 172, 176
prevenção especial negativa 112, 172
prevenção especial positiva 172
prevenção geral 13, 118, 171, 172
prevenção geral negativa 171
prevenção integradora ou positiva 172
prevenção por intimidação 171
princípio da adequação social 32, 93, 94, 97-100, 102
princípio da adequação social 32, 93, 94, 97-100, 102
princípio da classificação 173
princípio da correção 173
princípio da culpabilidade 27, 34, 118, 137, 139, 141, 142
princípio da dignidade da pessoa humana 7, 8, 27, 30, 34, 42, 68, 69, 71, 73, 74, 77, 113, 123, 128-132, 137, 179, 181
princípio da educação penitenciária 173

princípio da humanidade 88, 120, 128
princípio da individualização da pena 33, 73, 107, 108, 112
princípio da individualização das penas 114
princípio da insignificância 4, 33, 77, 100-104, 106, 107
princípio da intervenção mínima 12, 20, 31, 77, 79, 87, 89, 93, 94, 107, 117
princípio da isonomia 150
princípio da legalidade 35, 61, 143-146, 149-151, 153, 155, 156
princípio da lesividade 32, 91-97
princípio da limitação das penas 34, 68, 127
princípio da modulação das penas 173
princípio da necessidade 120, 121
princípio da necessidade da pena 118
princípio da ofensividade 93
princípio da pessoalidade 34
princípio da pessoalidade ou da intranscendência da pena 123
princípio da proporcionalidade 20, 34, 109, 113-117, 121
princípio da reserva legal 145
princípio da responsabilidade pessoal 34, 123, 125
princípio das instituições anexas 173
princípio da suficiência da pena 120, 121
princípio da sujeição 144
princípio da taxatividade 154, 156
princípio de justificação 104
princípio do controle técnico da detenção 173
princípio do trabalho 173
princípio expresso 74
princípio implícito 74

principiologia do direito penal 180
princípios 61, 62, 65-67
princípios constitucionais implícitos 114
princípios gerais do direito 62
princípios positivos do direito 62
prisão perpétua 2, 129
processo de expansão do direito penal 24
processos de criação dos desvios 49
psicologia 37
psiquiatria 37

R

racismo 86
reação social 37, 38, 41, 49, 53
regime inicial de cumprimento da pena privativa de liberdade 122
regressão atávica 47
regresso atávico 47
rei João Sem Terra 143
remição 134
repouso noturno 148, 150, 151
resoluções 145
responsabilidade pelo resultado 142
responsabilidade penal objetiva 139
responsabilidade penal sem culpa 142
ressocialização 4, 112
ressocialização do condenado 174
ressocialização do egresso 74
revisão *pro societate* 148
revogação dos tipos penais 31, 76, 100
revolução francesa 144

S

secularização 93
século das luzes 69, 180
seletividade do direito penal 157, 158, 160
simbolismo do direito penal 15
síndrome da mulher de potifar 55
síndrome de Estocolmo 58-60
síndrome de Londres 60
síndrome do supermacho 47
sistema carcerário 4
sistema de freios e contrapesos 146
sistema penitenciário brasileiro 74
sociologia 37
suicídio 95
suplício 135
suspensão condicional do processo 25

T

técnicas de neutralização 45, 138
tentativa de suicídio 9
teoria clássica 41
teoria da aprendizagem da delinquência 41
teoria da associação diferencial 48
teoria da contenção 44
teoria da retribuição 169
teoria das contraculturas 46
teoria das influências 41
teoria das predisposições agressivas 41
teoria das subculturas 43, 46
teoria da tensão 43, 45

teoria do aprendizado da delinquência 48

teoria do bem jurídico 77, 78

teoria do delito 105, 106

teoria do delito como eleição 41

teoria do delito como eleição racional 43

teoria do etiquetamento 49

teoria do etiquetamento (*labeling approach*) 41, 48

teoria dos princí pios 64

teoria dos vínculos sociais 43, 45

teoria ecológica 43

teoria finalista da ação 105

teoria garantista 2

teoria mista ou unificadora da pena 174

teorias absolutas 169

teorias criminológicas 41

teorias das influências 43

teorias do controle social informal 43

teorias relativas 169

teoria utilitarista 170

terceira velocidade do direito penal 24

terrorismo 23, 86

terroristas 25

three strikes and you're out 18, 21

tipicidade 38, 97, 99, 100, 104-106, 140

tipicidade conglobante 33, 104

tipicidade formal 103

tipicidade material 33, 103, 104, 106

tipicidade penal 103

tipo conglobante 103

tipos penais abertos 156

tipos penais incriminadores 4, 12

Tiradentes 124

título executivo judicial 160

tolerância zero 14

tortura 29, 73, 86

trabalho forçado 133

trabalho penitenciário 134

trabalhos forçados 7, 34, 87

tráfico ilícito de entorpecentes 86

transação penal 25

trânsito em julgado 147

tratado de Versalles 26

tratados e convenções internacionais 2, 4

U

uso de drogas 95

V

vacatio legis 147

vadiagem 95

valores sociais do trabalho e da livre iniciativa 73

vitimologia 40

Rua Alexandre Moura, 51
24210-200 – Gragoatá – Niterói – RJ
Telefax: (21) 2621-7007

www.impetus.com.br

Esta obra foi impressa em papel offset 75 grs./m²